不为人知的赚钱内幕，巧赚不赔的赚钱手法……
鲜为人知的股市后幕，滴血流泪的基金市场……

金钱战争

——破译富豪赚钱的“数字”游戏

王宇　著

星斗棋盘的经济时代，波云诡谲的经济风波，谁能翻云覆雨？股市风云变幻，到底是谁在主导？牛市、熊市，只有谁才不会被套？银行大街小街密布，是谁能通过它呼风唤雨？

谁在发行股票？谁在购买股票？是字面游戏还是金钱战争？
谁在挥手上亿元？谁在一毛毛地数？一滴汗到底值多少钱？

中国财政经济出版社

图书在版编目（CIP）数据

金钱战争：破译富豪赚钱的“数字”游戏/王宇著.—北京：中国财政经济出版社，2008.4

ISBN 978-7-5095-0559-5

Ⅰ.金…　Ⅱ.王…　Ⅲ.商业经营-通俗读物　Ⅳ.F715-49

中国版本图书馆CIP数据核字（2008）第035109号

中国财政经济出版社出版

URL: http://www.cfeph.cn

E-mail: cfeph@cfeph.cn

社址：北京市海淀区阜成路甲28号　邮政编码：100036

发行处电话：88190406　财经书店电话：64033436

北京财经印刷厂印刷　**各地新华书店经销**

787×1092毫米　16开　17.25印张　250000字

2008年4月第1版　2008年6月北京第3次印刷

印数:15071—20080　定价:35.00元

ISBN 978-7-5095-0559-5/F·0456

（图书出现印装问题，本社负责调换）

序

一本让人心里感到震撼的书

星斗棋盘的经济时代，波云诡谲的经济风波，谁能翻云覆雨？股市风云变幻，到底谁在主导？牛市、熊市，只有谁不会被套？银行大街小街密布，谁能通过它呼风唤雨？是的，世界几十亿人口，然而，财富却将永远只是掌握在少数几个人手中。

一个偶然的机会让我看到了《金钱战争》这本书的初稿，该书书名很特别，很有震撼力，也很吸引人。曾经读过很多经济方面的书，但是从来没有看过一本这样好的书。

它披露了一个令人感到好像不可思议的逻辑，它告诉我们大众与富豪生活最重要的、惟一不同的地方到底在哪。王宇先生用他特有的、独特的眼光和他细腻而强撼的笔触把这场金钱争夺战描写得淋漓尽致。正像书中所说的：穷人靠一点点的钱维持生命，富豪只是把赚钱当作一种游戏。大部分富豪都是一挣几个亿，而我们都是一毛一毛地挣！这就是差别，这就是无奈。

市场经济每天演绎着扣人心弦的财富故事，财富是每个人人生的追求。财富属于任何人，每个人都需要金钱，所有人争夺金钱的斗争就是一场真正的“金钱战争”。在这场战争中谁能获胜？谁能成为富豪？谁能成为最后的大王？面对众多的艰难险阻和纷纭莫测的市场，玩家要不断磨练自己，不断成长，并击败竞争对手，成就众人瞩目的赢家，这便是一种类似大富翁式的电子游戏，这就要看谁懂得了游戏规则？谁掌握了最高的战术？要是谁掌握游戏规则谁就能拥有财富，那么要想赢得“金钱战争”的胜利，也许只有不按规矩出牌才是一条比较成熟的方法。无论是李嘉诚、史玉柱等富豪都是不按规矩出牌的典范。对此王宇先生以他独到的见解，向大家一一展示了这场“金钱战争”的战术及其规则。

我们大部分人都很保守，从来不相信自己能赚很多的钱，认为自己一辈子就该这样，不相信会有什么改变，所以他们很少去想如何去赚钱和如何才能赚到钱。而富人，他们骨子里就深信自己生下来就是和一般人不一样的，他们不甘心只做穷人，他们相信自己能做富人，他们有强烈的赚钱意识，这些东西都是他们血管里流淌的东西，这些东西就像支撑人的身体一样来支撑他们的信念，他们会想尽一切办法使自己致富。然而他们赚钱的方法与穷人太不一样了，简直让我们目瞪口呆！他们是靠智慧致富的。然而，对于我们来说，靠智慧致富的概念与富豪靠智慧致富的概念完全不一样，我们也许只是为了挣100元就煞费苦心，而他们没有几千万甚至几个亿的商业收入可能就不会去做。他们的脑袋的价值前所未有地得到肯定，他们用脑袋实现了创富道路上的飞跃，这也是富翁队伍中一道独特的风景。对此，王宇先生在《金钱战争》一书中，向我们展示了这些富豪们的思想、态度、习惯以及他们赚钱的智慧。

在这个世界上我们每个人都需要钱，金钱不能买到世界上所有的东西，但是没有金钱是万万不能的。因此，金钱战争也就开始了，它是一场不易察觉的、但又真实存在的战争。看看一浪高过一浪的房价，狂热的股市，节节上升的物价……整个空气中都充满着战争的火药味。在这个年代，争夺金钱的战争已经没有年龄、身份、资历的限制。只要有足够的自信，只要有尝试的勇气，谁都有可能成为战胜方。但金钱战争本身就是一个高风险的行为，在激情背后需要冷静的思考，在机遇面前需要理智的选择。《金钱战争》会让你拥用足够的自信和勇气，教你如何把握住面前的机遇。

《金钱战争》一书，足以颠覆你以前的挣钱思想，让你重新审视自己的挣钱方法和生活方式；

《金钱战争》一书，是一本能够震撼所有人的书，足以让人的心灵为之一动；

《金钱战争》这本书好，好就好在其语言的铿锵有力，分析得精练与别致；

《金钱战争》这本书实，不来半点的虚假成分，也不来任何的渲染。

《金钱战争》书中的每一句话都会给人一份心灵的震撼，它能让我们明白一些事情，也许就是这些道理，让我们的人生更精彩，让我们知道将来如何应对，让我们……

周建武

2008 年 2 月 26 日

再序

从《狼道》到《金钱战争》

——突破“狼道”，破译血腥的“金钱”争夺

股市泡沫有多大？崩盘是不可避免还是马上转入牛市？有“狼性”的股民应该如何做？基金市场一盘混乱，如何才能从基金市场上走出来？

几年了，《狼道》一书的问世，让我们感受到了一个人如何才能做出决定其成功的策略！

现而今，《金钱战争》的问世，带来的震撼无疑更加强烈！因为它能告诉我们当前一些需要了解的东西，让我们知道什么才是真正的股市，让我们知道什么才是真正的基金市场。

好的图书是会说话的，一本《狼道》引起了这个社会关于“狼性”的大讨论，讨论的结果我们不必细究，因为所有具有震撼力的东西都会带来“争议”。《狼道》给了我们启迪，给了我们新的希望和新的生活方式，给了我们智慧和财富……，我们不能停滞不前，我们还要去创造更多的财富。于是，我们只有好好地研究狼，把狼的优点总结，然后为我们而用。学习狼性之所以能在大家面前引起共鸣，是因为人对自己永远是不满足的，处于激烈竞争中的企业或个人更不会目光短浅、满足现状。在国内大

多数企业，企业文化中大都参有“狼性”的文化，太多的实例已经证明，依靠狼性的团队合作精神是可以为我们一生的事业做出一些成绩的。在《狼道》中，狼性与人性的碰撞给了我们太多的启示：生活中的狼性法则很明显，就是让我们紧紧盯住一个目标，然后就去实现它，无论前面的道路是多么的曲折，有多么的艰险，锲而不舍、用心专一是我们的初衷，也是我们永恒的目的。

无数企业梦想能够拥有具备“狼道”素质的员工和团队，“狼道”的组织生存能力是极强的，是不可战胜的！对待工作中的困难要一个个地、毫不留情地把它们克服掉、消灭掉；在工作和事业开拓中不要命的拼搏精神；在工作的逆境中，要粗暴地对待一个又一个难关，不能对难关仁慈。所以，狼性文化是目前每一个人、每一个企业员工和管理者必须发扬的一种文化。

是的，《狼道》对我们的改变是全方位的，它让我们知道，在这个世界上存在多种多样的生活方式和生存技能。看过《狼道》的人都有一种深切的体会：这本书从精神上改变了我们。在《狼道》的精华中，我们不难发掘出狼性的坚韧、团结、战斗力以及无与伦比的执行力。不难知道，《狼道》的力量对于这个社会的贡献是多么强大，但很难想象，这本书改变了多少人的命运。

王宇先生的另一力著《金钱战争》问世了，这本书在带给我们震撼的同时，一定会引起我们深深的思考：从《狼道》到《金钱战争》，它们为什么都会有这么强烈的“精神抨击”呢？

星斗棋盘的经济时代，波云诡谲的经济风波，谁能翻云覆雨？股市风云变幻，到底是谁在主导？牛市、熊市，只有谁才不会被套？银行大街小街密布，是谁能通过它呼风唤雨？是的，世界几十亿人口，然而，财富却将永远只是掌握在少数几个人手中。……

一系列的疑问，难道不是我们百思而不得其解的社会现实吗？我们都知道，在“狼性”的世界中，战斗发生在每时每刻，因为不战斗就意味着会死亡、不战斗就意味着会被驱逐。在《狼道》的思想内涵中，我们应该可以学会生存，学会适应复杂而多变的社会环境。但我们必须拥有更高层次的生活追求，在这个世界上，每一项新生事物的诞生往往都伴随着对现状的不满。在“狼性”的字典里，“原地踏步”的后果跟没有竞争力的后果一样可怕。狼所需要的仅仅是食物，我们所要得到的却是财富。于是，在我们的内心深处有了关于“金钱”的疑问。

市场经济每天都演绎着扣人心弦的财富故事，财富是每个人人生的追求。财富属于任何人，每个人都需要金钱，所有人争夺金钱的斗争就是一场真正的“金钱战争”。我们大部分人虽然都具有“狼性”精神，但都有自己的保守性。很多人从来都不相信自己能赚很多钱，他们认为自己就是一个平凡的人，所以，他们很少去想如何去赚钱和如何才能赚到钱。

其实人生中，大部分时间都是在人与人之间争夺金钱的战争中度过，没有钱真的不行。有人说，金钱不是万能的，但是没有钱是万万不能的。所以，我们不得不面对这个现实问题。

富人，他们骨子里就深信自己生下来就是和别人不一样，他们是一只有准备、拥有更大野性的“狼”。在他们的内心深处，有强烈的赚钱意识，这种意识被他们演变成一种支撑他们的信念，他们会想尽一切办法使自己致富。《金钱战争》这本书就是向我们展现了这些富豪的思想、态度、习惯及其赚钱的智慧。

最明显的问题是：

谁在发行股票？谁在购买股票？是字面游戏还是金钱战争？谁在挥手上亿元？谁在一毛毛地数？一滴汗到底值多少钱？这些问题我们谁也逃避不了，谁都需要面对这个问题。这就是现实生活中的“金钱战争”。

金钱战争无时无刻不存在，它是一场不易察觉的、但又真实存在的战争。看看狂热的股市，节节上升的物价，就连大街小巷里的叫卖声都充满着战争的火药味。在这个年代里，只要有足够的自信，只要有尝试的勇气，谁都有可能成为胜利方。《金钱战争》这本书无疑很好地诠释了这种“战争”带来的震撼力。

一本《狼道》畅销中国三年，被评为影响中国的十大畅销书之一。《金钱战争》一书，更是揭幕了富豪“争夺金钱”的“战争”中其狼性本质，是一本让无数在股市、基金、房地产等领域迷惑之人必读的经济巨著。

《狼道》一书，让我们深刻地明白，想要生存就必须让自己强大，让自己充满竞争力。它让我们知道如何做出正确的决定。

《金钱战争》一书，让我们改变了我们的生存思想，让自己的生存方式以更加完美的方式呈现。它让我们知道一些事情的本质，让我们知道为什么只有这样做或那样做才是对的。

无疑，《狼道》和《金钱战争》都是好书，因为好书不仅能占领市场，更能占领我们的心理，改变我们的生活方式。

从《狼道》到《金钱战争》，两次的心灵震撼，两次的人生飞跃，都是值得深研的好书。

周建武

2008 年 4 月 7 日

前言

星云棋盘，波云诡谲的股市风波与经济浪潮中，谁在翻云覆雨？

雾里看花，节节高升的房地产，谁是最终的赢家？

明明白白，稳赚不赔的基金，最终能否实现诺言？

如何掌握游戏规则，是参与游戏的重要保证；如何在游戏中获胜，是每个游戏参与者必须掌握的。每个人都需要金钱，所有人争夺金钱的斗争就是一场真正的“金钱战争”。

在面对众多的艰难险阻和纷纭莫测的市场，玩家要不断磨练自己，不断成长，并击败竞争对手，成就众人瞩目的赢家，这便是一种类似大富翁式的玩转游戏，要是谁掌握游戏规则谁就能拥有财富，而你的人生就不会在窘迫中度过。

本书列举了大量的例子，从李嘉诚的创富之路到陈丽华的发家秘诀，从房地产到股市的转接，从美国一个小职员到身价百亿的富豪都一一讲述了这些富豪赚钱的金钱数字游戏，还有其他富豪、富企其创富不为人知的内幕，本书也会为你摘去它的神秘面纱，让你在淋漓尽致的真实故事里遨游，同时也为你的创富之路提供财富箴言，让你的富豪梦不再只是梦。

也许，**我们只有知道富豪是如何赚钱的，才能真正让我们明白应该如何做。**

富豪是干什么的？他掌控着香港的经济；经营着世界上最大的港；垄断着面向中国内地的输电线；享有着来自顶级地产商和零售商的美誉；拥有着最大的移动手机运营商的头衔。惟有他能够在其领域中频繁地被世界所感知，进而影响全球这一行业的未来……这就是类似华人首富李嘉诚一样的人物。

富人有着极为灵敏的金钱嗅觉，他们每次赚钱都是一场轰轰烈烈的战争。

房地产、股市被他们看作是圈钱的宝地。在变幻莫测的股市，他们是如何运转自如的？难道这真的是上天注定？抑或他们拥有特异功能？

富人的身上总是蒙着一层神秘的面纱。他们到底是如何致富的呢？究竟什么才能称得上富豪？在这样的年代，争夺金钱的战争已经没有年龄、身份、资历的限制。只要有足够的自信，只要有尝试的勇气，谁都有可能成为战胜方。但金钱战争本身就是一个高风险的行为，在激情背后需要冷静的思考，在机遇面前需要理智的选择。

生活在地球上的每个人都需要金钱，金钱战争是一场不易察觉的、但又真实存在的战争。看看一浪高过一浪的房价，狂热的股市，节节上升的物价……整个空气中都充满着战争的火药味。上市企业与富人疯狂的“赚钱”行为，这其中少不了有秘密。关于这些秘密当然也是富豪们赚钱的捷径之一，本书都将一一为您剖析。

到底真正的金钱战争是如何的？我们拭目以待！

目录

富豪赚钱的方法让我们平民大众目瞪口呆！

穷人，很少想到如何去赚钱和如何才能赚到钱，认为自己一辈子就该这样，不相信会有什么改变。富人，骨子里就深信自己生下来不是要做穷人，而是要做富人，他有强烈的赚钱意识，这也是他血液里的东西，他会想尽一切办法使自己致富。然而他赚钱的方法与穷人太不一样了，简直让我们目瞪口呆！

真正的富人卖房，有钱人买房，穷人看热闹！

地产行业近年来一直是富豪众多的领域，这种情况既有时代特色，也值得我们深思，房地产行业的暴利究竟有多少？2006－2007年排在胡润百富榜前十的富豪中，有6位左右旗下企业主营业务为房地产，资产总值占前十大富豪总资产的50%以上。如果加上几家兼做房地产的企业，在前十大富豪中，仅有两人不涉及房地产业。

房地产到底是如何孕育那么多的富豪？让我们拭目以待！

第三章　游在股海里的鲨鱼——大鳄的“战争”游戏

很少富豪是靠买股票发家，而众多百姓是梦想靠买股票挣钱！

富豪想办法发行股票，大众想办法买到好股票！

如果把股票视作商品，股票应该是当今中国惟一供不应求的商品，生产这种供不应求的商品自然是赚钱最快、最多、最不费心。一则来自大洋彼岸的故事曾经打动了千万投资者的心，纽约一位老太太因早年买入股票而若干年后成为千万富翁；而世界首富之一——巴菲特的财富故事更是中国投资者耳熟能详的。

然而，股票是什么？传说中的投资股市挣钱的神话是如何的？

第四章　触目惊心的诱惑——融资“战争”游戏

有的企业只融资不做事，有的企业只做事不融资！

融资有时就是圈钱，与发展无关！

融资，是富豪或企业发展必须走的路，那么融资是一个什么游戏？

稳赚不赔，向赚钱者取经

第五章　颤栗于薄冰上的庞然大物——另类者的“银行战争”

有的人用银行的钱挣钱，有的人用银行的钱骗钱，有的人用银行的钱圈钱，还有人所有的钱都是银行的钱！

银行贷款是银行以债权人身份安排使用资金的主要形式。解决资金不足的一条途径就是银行贷款。无论哪个富豪，他们的发家都离不开银行贷款。有的人利用银行发了家，成为福布斯富豪榜上的一员，也有的人因为银行贷款，走进了监狱……

第六章　打赢金钱战争的武器——“人脑”之间的游戏

富豪的大脑转的比 CPU 还要快，想法更是与别人有着天壤之别！

知识发财，智慧创富。对于我们来说，靠智慧致富的概念与富豪靠智慧致富的概念完全不一样，我们也许只是为了挣100元就煞费苦心，而他们就可能没有几千万甚至几个亿的生意的收入就不会去做。他们的脑袋的价值前所未有的得到肯定，他们用脑袋实现了创富道路上的一种飞跃，这也是富翁队伍中一道独特的风景。

第七章　金钱战争的战场——基金之间的游戏

立足于金钱游戏之中，不在游戏中死亡，就在游戏中暴发！

现在的基金已经深入到千家万户和平常百姓！证券投资基金之所以不同于股票，是因为它是典型的“组合投资者”，是“理性投资”的示范者，通过组合投资，分散区域性市场风险，分散个股的非系统性风险，从而获得持续而稳定的收益。

第一章

富人的赚钱运动

——金钱的“战争”游戏

富豪赚钱的方法让我们平民大众目瞪口呆！

穷人，很少想到如何去赚钱和如何才能赚到钱，认为自己一辈子就该这样，不相信会有什么改变。富人，骨子里就深信自己生下来不是要做穷人，而是要做富人，他有强烈的赚钱意识，这也是他血液里的东西，他会想尽一切办法使自己致富。然而他赚钱的方法与穷人太不一样了，简直让我们目瞪口呆！

1. 以假乱真——“面具”操作大揭密

股市后面有一场令无数人震惊的战争！

以假乱真，兵家出奇制胜中兵不厌诈的高级策略，《三十六计》中“无中生有”计的进化，然而这招已被人们运用到何种程度，你想到过吗？然而，这一招被用到股市上，那就产生了令人恐惧的结果：无数股民上当！无数股民赔钱！于是，在这场金钱战争中，股民彻底地失败了！

提到“以假乱真”，在人们大脑的潜意识中可能都会认为是不良现象。其实，任何事情都是两面的，不可一概而论。人们也可以用“以假乱真”掩盖事情的真实性，在不伤害对方的情况下达到自己的目的。英国图书馆搬书就是一例，并且达到了两全其美之效。而“草船借箭”就是运用自己智慧达到了自己的目的，其实这也没有过错，手段也并非卑鄙无耻，这只是个人聪明才智的一种体现而已。

然而，总有些人为了自己的利益，带上善良的面具，运用骗人的手段为自己的银行卡充值，比如银广夏就是一个很好的例子，其运用做假账，虚构财务信息来扩大自己的实力，拉拢人心，同时隐瞒企业内部重大事项，以掩盖其真实面目，然后通过上市的股票大肆掠夺股民的钱。

以假乱真，假账造就高收益

银广夏公司的前身是广夏磁技术有限公司，始创于 1992 年，主营特色资源开发、生态农业产业化和天然植物精华萃取加工。1993 年，公司进行股份制改组，原公司及其他发起人之净资产与投资折为 4400 万股发起人股，年底发行社会公众股 3000 万股，其中职工股占 300 万股，公司总股本达 7400 万股。“广夏实业股份有限公司”于 1994 年初正式成立。

银广夏以“银广夏 A”在深圳证券交易所挂牌交易。2000 年，银广夏以 13. 97 元的价位启动，一年后涨至 37. 99 元，折合为除权前的价格 75. 98 元，全年上涨 440%，高居深、沪两市第二。而之后的年报显示，在股本扩大 1 倍的基础上，每股收益攀升至 0. 827 元。而 2001 年净资产低于股票面值，公司股票实行特别处理，简称由“银广夏 A”变为“ST 银广夏”。2002 年中期公司股票暂停上市。银广夏在 2001 年中报利润比去年同期少了 18003. 21 万元，以至于净亏损 1953. 36 万元，这是该公司上市以来第一次出现账面亏损。出现亏损的原因在于此次银广夏中报抽去了其控股公司天津广夏的利润，而以往银广夏的超常规巨额利润中，来自天津广夏的贡献经常超过 70%。在对银广夏调查时，重点调查是其控股公司天津广夏，最后得出的结论便是：银广夏近 4 年累计虚构销售收入10亿多元，虚增利润7.7亿元。而长达7年之久的“银广夏”的“假”到底是如何造出来的呢?

■ 伪造虚假单据，虚构巨额利润

银广夏“比天高”的利润来自于天津广夏，而天津广夏本身也是不正当的冒牌货，其造假手段也及其低劣。

天津广夏的出口交易全是虚构出来的，虚拟多家单位，从原材料采购到生产、销售、出口，其全部单据均为伪造。

银广夏这几年利润神话的支柱天津广夏本来就是冒牌货，其造假采用的手段也是非常的低劣。包括采购原料合同、购货发票、银行汇款单、出口销售合同、出口报关单、德国诚信贸易公司支付的货款进账单等100余件关键财务文件。其造假从1995年的200万虚假利润开始，一直发展到2000年的5亿多元。而真相却是，天津广夏近几年来几乎每年亏损1500-2000万元。天津广夏人为地神化了二氧化碳超临界萃取技术，连续数年谎报巨额利润。

天津广夏在造假，银广夏同样也在造假。银广夏分布在各地的主要控股公司几乎全部在利润上做文章：深圳广夏投资公司其实是一个“空壳”；上海广夏文化发展有限公司通过虚假确认电视广告收入、拍摄费用等虚增利润；武汉世贸大厦（银广夏控股子公司）通过虚构售房收入等虚增利润；芜湖广夏公司多计资本化利息费用、少计经营费用虚增利润；而在银川，银广夏利用募集资金投资时收取高额利息等方式“调整”利润。

经过这一系列的“利润调整”，银广夏从1998年到2001年，累计虚构销售收入104962.6万元，虚减费用4945.34万元，利润虚增77156.7万元。实际上，从1999年至2001年，3年分别亏损5003.2万元、14940.1万元和2557.1万元，总亏损额为22500.4万元。

■ 虚假财务信息迷惑人心

银广夏年报称，1999年募集的配股资金3亿多元已全部投入承诺的配股资金项目，实际上仅投入了1.78亿元，其余被银广夏董事局及其控股子公司所占用。2000年年报披露，以价值为4351万元的超临界萃取设备作为投资，对芜湖广夏华东玻璃制品股份公司进行增资扩股，并设立了芜湖广夏生物技术股份公司，公司注册资本7535万元，其中银广夏持股44.29%，天津广夏持股35%。而事实上，直至2001年3月份芜湖广夏生物技术股份公司才成立，注册资本仅为3184万元，银广夏持股30%，天津广夏根本没有出资。

■ **隐瞒企业重大事项**

早在银广夏上市后，曾先后3次配股，由于内部管理混乱，发展方向频频失误，“圈”来的几亿元资金转瞬即逝。而在财务报告中，太多的重大财务事项均被隐瞒。

1994年3月，银广夏董事会称，银广夏决议出资1000万元收购深圳广夏软盘配件有限公司，控股75%。而此前银广夏已与大股东深圳广夏文化有限公司、香港中昌国际有限公司签订了资产承包合同，将大股东下属全资公司深圳广夏软盘配件公司的资产由银广夏承包经营。

1997年，银广夏董事局做出对深圳广夏软盘配件公司、深圳广夏微型软盘有限公司、深圳广夏录像器材有限公司注销的决定。此事项非但未在财务报告中公示，而且被工商部门依法吊销法人资格后，这三家公司依然出现在银广夏的年报中。而银广夏在未履行资产收购的相关程序下，非法收购大股东深圳广夏文化事业有限公司已关停的深圳广夏软盘配件公司，银广夏被大股东“抽血”960万元，此重大事项未进行应有的披露。

以上几条虚构假账，为的只是获取巨大的高额利润，因为人们关注的总是那些实力雄厚的大企业，认为大企业一般不会赔。而实际上有多少上市公司在账面上做文章，谁也不知道，又不可能去查，只能看表面、凭感觉。而一些大企业用假借来的钱做自己的生意，赚自己的钱，确实是高明中的高明。像银广夏这样以假乱真，以无变有的操作手法，确实蒙蔽了太多人的眼睛，而人们一直停留在其面具上，以至于其真实面目无人知晓。

以假乱真，借鸡生蛋

以假乱真，在钱上大动干戈，这似乎是大企业的操作手法，然而，事实不分大小，不分群体，这招用的都是淋漓尽致。

日前，市面上好多都是用招“集资”，然后再放贷，从中收取高额利息，这就有一例：

某市妇幼卫生用品有限公司老板，早在20年前就开始向村里放高息集资，开始以2分、3分的高利息吸引村民向其“钱庄”投资，只要存放1万元，3年下来就可以从他那里取得2万元（利息高达1万元），而照此算，1万元6年后就可收到4万元。如此高的利息，的确吸引了不少人的眼光，从而让他们自掏腰包，在这个“钱庄”存钱。据透露，他通过此种方式融资最少超过1亿元，至少有5000人以上在他那里存钱。

据村民介绍，“庄主”50多岁，是县人大代表，平时给人的印象很好。他放高利息借钱，让村里早期借钱给他的人发了财，因为他的利息高，有的村民凭他的利息建了小洋楼，而这都只是他虚假的一面，是为最后做的铺垫。

其实仔细想想，都会明白，天上不会掉馅饼，即使掉下了的东西也一定是“糖衣炮弹”，处处皆陷阱。人们总是会为金钱、利益所诱惑，从来都不想为什么你会如此幸运，不能被表面上的假象所迷惑。像这个“私人钱庄”，如果人们仔细想想的话就会知道，以二、三分的高息，每年需还的利息就足以让他透不过气来。而其经营的公司、超市也都只是门面，效益不好，基本上是亏损，而表面上的收益都是给别人吃的定心丸。

以假乱真，古今中外皆有载

三国的“草船借箭”人人皆知，诸葛亮就是用这招“亦真亦假”术在3天之内获得10万支箭的。

其实，当初周瑜故意为难诸葛亮，让其3天之内，打造10万支箭来。不料诸葛亮满口答应。其实人人皆知，在3天内要打造10万支箭，是根本不可能的事情。但诸葛亮却答应了。这必定是心中有数，否则不会轻易去冒这个险。当时要打造10万支箭，就是有钱、有材料，时间也来不及。惟一的办法就只有借，向谁借？当然只有曹操。曹操会借吗？他会借箭给你来杀他吗？办法总比困难多，没有做不到、只有想不到。诸葛亮想到了。他怎么向曹操借呢？

诸葛亮的神机妙算是出了名的，他早算出了哪一天江上有大雾。而一条妙计随想而出。在一个大雾蒙蒙的早上，诸葛亮派出几十艘木船，千帆齐发，船上扎满了稻草，当船驶到江中央的时候，敲锣打鼓，鞭炮齐鸣，杀声震天，佯装攻打曹营的样子。曹操站在城墙上一看，江面上朦朦胧胧地有很多船只向他驶来，曹操以为周瑜真的要进攻自己，于是，就命令所有的弓箭手万箭齐发，结果箭一支支射到了船的稻草上。不到一个时辰，诸葛亮就满载而归，收到曹操“送”来的10多万支箭。这就是历史上著名的“草船借箭”的故事。

外国也无所不同。英国大英图书馆，是世界上著名的图书馆，里面的藏书非常丰富。有一次，图书馆要搬家，也就是说从旧馆要搬到新馆去，结果一算，搬运费要几百万，根本就没有这么多钱。怎么办？有一个高人，向馆长出了一个点子，结果只花了几千块钱就解决了问题。

图书馆在报上登了一个广告：从即日开始，每个市民可以免费从大英图书馆借10本书。结果，许多市民蜂拥而至，没几天，就把图书馆的书借光了。书借出去了，怎么还呢？大家给我还到新馆来。就这样，图书馆借用大家的力量搬了一次家。

草船借箭、图书馆搬家其实都是掩盖了其真实目的，最终达成了所预期的目的。这确实是史上经典的巨作，也为世人所借鉴。

在人们的思想中，“以假乱真”可能都会认为是一种卑鄙的手段，其实这本来就是一个充满真假的世界，无假何来真也，真真假假才是人一生的精彩之所在，更何况在金钱上呢？这完全是无法避免的，谁让人们心中存在利益关系呢？

“以假乱真，‘面具’操作”的高明用法，往往是常人所无法想象的，然而它却可能发挥出无比巨大的力量，可能使一个乞丐一跃成为百万富翁，也可以使一个跌入谷底之人飞上蔚蓝的天空。然而，其用法是否会给别人带来痛苦，是否把自己的快乐建立在别人的痛苦之上，又有几人去考虑，更何况是金钱呢？

运用以假乱真法，使对方产生错觉，为自己搭桥建路，确实是一种万能之策。不过，在运用之前一定要全方面考虑，切记不可把自己逼入绝路。但是，有时利用一下，就能让你咸鱼翻身。

2. 笼络人心——财富暴涨赚钱法

人心要笼络，人脉即财脉！

古代帝王讲：水能载舟亦能覆舟，得人心者得天下；兵法上则说：攻心为上，攻城为下；而民间解释：天时不如地利，地利不如人和。争夺消费者的“人心”也是另一场无形的金钱争夺战争！

人脉是企业的命脉，无论是员工还是客户，都是企业的生命所在。人们工作是为了赚钱，经商也是为了赚钱，而经营企业必须得到员工乃至大众的支持才能有所成就，正所谓“得人心者得天下”。

国君欲得到子民的拥戴，而厂商欲得到消费者的青睐。随着时代的进步，各个行业间竞争日益激烈，因为消费者选择的品牌多了，而企业被选中的几率就相对减少了。“如何才能吸引顾客的眼睛？”成了企业的一大难题。应对市场要做到有招出招，欲得市场先得人心，眼睛不要只盯着消费者的腰包，要关注消费者的内心。产品一定要迎合目标人群，对于品牌和技术的双重期待才能得到市场，从而得到财富。

以情动人赢得市场

当今世界上的知名品牌数不胜数，虽然其知名度相当高，然而也并非是所有的产品都是完美无缺的，那么他们究竟是如何打造品牌赢得市场的呢？

海尔是当今世界知名企业，它是青岛的骄傲，更是中国的骄傲。有人说海尔闻名于世，一是有好的产品，二是有不断创新的服务观念，这话不假。尤其是后者更能温暖人心，让人心甘情愿地选择海尔。比如海尔在售后服务上，他们用这样的语句：“真诚为海尔用户服务，是我们义不容辞的责任。”这就足以使人们内心产生股股暖流，从而为之所动。

海尔集团自 1984 年成立，20 多年来，一直都是国内家电行业老大，家用电器做到家喻户晓的企业并不是非常多，而近几年海尔集团更是进军数码领域，成绩也相当不错。而其中的奥秘就是以情动人，笼络市场。

人心是一笔无形资产，是一笔不可忽视的巨大财富。对于企业、商家而言，赢得人心才是事业健康、持续发展的关键。从海尔公司的“真诚到永远”、TCL 公司的“为员工创造机会，为顾客创造价值”，到长虹公司“以产业报国，民族昌盛为己任”，都可以看出企业经营者对人心向背的重视程度。从这个意义上讲，经营人心就是经营财富。而市场竞争的法则就是：谁赢得了用户的心，谁就在市场上占有一席之地。

当年，海尔董事长砸冰箱，随其抡起的大锤落下，即把对消费者负责的真诚，传输给全社会。不合格海尔冰箱被砸烂，不可能几天后海尔冰箱质量就会迅速提高成为优质产品。这一点，可以说人人明白。但是，这不重要，重要的是公众被这份真诚的情感深深打动了。海尔用真诚打动公众，用情感感动公众，从此走进了公众心里。

抓住你的心——“腾迅”Q 币游戏币之高深赚钱法

在中国目前最流行的、普及面而最广的虚拟货币应数 Q 币。而 Q

币就是 QQ 游戏和真实货币交易的媒介，也是“腾迅”公司长盛不衰的重大成功发明。QQ 是“腾迅”的支柱，也是最受人们欢迎的一种用于消遣娱乐的聊天工具，比之电话、手机更为时尚，在其功能上也更为之高深：可以网上视频；可以说出自己难以启齿的话语；最为关键的是网络上什么人都有，而大部分都是来自各个城市的陌生人，不用过多考虑现实中的各种复杂的因素，可以随心所欲地向对方倾诉自己的一切。这也是大多数人喜欢 QQ 的原因。随着 QQ 队伍的壮大，“腾迅”的腰包渐渐鼓了起来，也逐渐由 QQ 派生出来多数基于 QQ 与货币有关的功能。比如 QQ 商城、QQ 宠物、QQ 空间等级制度等，这些是与 Q 币扯上关系的，还有最让人痴迷的 QQ 游戏，随之而来产生了游戏币，这可以说是“腾迅”又一大赚钱战略。

在 QQ 的用户中，绝大多数是青少年。而“腾迅”也正抓住青少年期强烈的好奇心，对世界万物充了幻想，充满了梦幻般的色彩这一心理特征，进行了商业化的改造。而这一改造，人们也随之得到了不少改变。一个 14 岁的男孩，每天回家第一件事就是打开电脑登录 QQ，令他着迷的不仅是聊天、对作业、找到新朋友，还有那些让他感到自信的东西——不俗的打扮、有品位的配饰、能操纵别人命运的特殊权力……这一切都让他觉得自己与众不同，他愿意付出一切得到这些在现实生活中难以轻易获得的感觉。而要得到这种感觉也是需要付出代价的，那就是你需要用“钱”买，而这里所说的钱，不是真正的人民币，而是其易过容之后的“Q 币”。

在“腾迅”上几乎所有的服务都需要收费，而付费通道，是“腾讯”公司必须解决的问题，而且必须既顺畅，又能方便获得。

2002 年 5 月，“腾讯”公司开发了虚拟货币系统，代表符号定名为“Q 币”，被定义为 1 个 Q 币代表 1 元人民币，即现在网民口中说的“兑换”。用户付费后通过等值面额的卡号、密码与 QQ 号关联进行“充值”。如果用户不买 Q 币，那 Q 币就不存在，Q 币的价值和用户的充值价值是相匹配的。

■ QQ 空间

目前人们都步步紧跟时代的步伐，惟恐落伍，也都向着时尚的统一战线前进。以前，人们都是写日记，而现在则取而代之的网上博客取得了大众的喜爱。人人都想拥有自己的一块小天地，包括成人，而博客的出现正好挽救了如饥似渴的人们，也从中赚了不小的一笔。

QQ 空间也是模拟博客而出现的，它跟 QQ 紧密相连，就像 IE 与 WINDOWS 的关系一样。它也更为方便，只要你有 QQ，就可以申请 QQ 空间，并且由于 QQ 的惟一性就使不会有人与你同名。申请成功之后，就是对自己空间的调整、装扮等等。“腾迅”也设了一些免费的商品供没有钱而又虚荣心强的人进行空间设置，为的就是增加你的上线时间。至于那些收费的虚拟商品，他会让你心甘情愿地把钱掏出来，不过不是直接地钱与人的交易，而是 Q 币与钱之间的兑换艺术，并且还可以通过法律来执行某些操作。

既然是空间，那么总可以存放一些东西，空间里的板块也是由“腾迅”专门设计出来的，如 QQ 秀、音乐收藏、迷你屋等，都是大众追求时尚的乐果!

仅 QQ 秀就从两三元到七八元不等，一身打扮少说也要二三十元。然而正是这些小打小闹汇集成腾讯巨大收入。据腾讯网站公布，2006 年腾讯在互联网增值服务上的收入为 18.253 亿元人民币，同比增长了 132.0%。虽然只是小钱，然而，汇集到一块显然是一个不可小视的数字。

■ 游戏币赚钱法

游戏是供人们休闲娱乐的，喜欢游戏是人之常情。“腾迅”正是抓住了人们的这种心理，借助人们对 QQ 的喜欢，再加上人们的休闲娱乐方式，开发了大量的游戏，也为自己赚了不小的一笔。

人一般情况下都会有所喜好，甚至对什么上瘾，成人都会如此，更何况孩子，所以目前孩子的“网瘾”也是迅速增长，困扰了不少的学生家长和老师，但是这只能说是人们或者孩子的错，不该对其上瘾。

QQ 华夏的方法：为创造一个美满和谐的游戏世界，避免时下许多“网游”打着免费旗号却只是“少数人玩得爽的游戏”这种情况在《QQ 华夏》发生，它们特意为各位准备了 8 条免费致富的道路，可满足勤奋型、懒惰型、异想天开型、守株待兔型等各类型人士的迫切需要。保证人人都能轻松赚钱，快乐游戏！八大致富财路：上线收钱，走路拣钱；升级领钱，还送会员；答题拼图，靠智慧赚钱；精炼镶嵌，靠绝活赚钱；摆摊寄售，做生意赚钱；深入虎穴，杀 BOSS 赚钱；换卦解卦，跑卦挣钱；三国决战，当王者挣钱。

精彩刺激的“三国城战”一直是《QQ 华夏》最为出彩的内容之一，加入了神话道具和众多战略战术的华夏、百果、鲛衣三城之战总能引得万人关注——不仅因为获胜氏族所能拥有的权利和荣耀，更是因为随之所能获得的巨额财富！想要富可敌国，三国城战一定能如你所愿！

古人云：得道多助，失道寡助。要想成为最富有的人，先做好一个德高望重、众人拥护的族长吧！

8 条金光大道指引完毕，现在就选择一条你最看好的路，踏上《QQ 华夏》的神话探险之旅吧！不过，“条条大道通罗马”，相信最有激情和最富创造力的你们，一定能走出比这 8 条路更快乐、更刺激、更宽广的游戏大道！

腾迅的高明赚钱法从本质上来说，就是吸引大众，让大众心甘情愿地为自己掏腰包，其实这也无何不可。看到这些东西，难道你就不会为之所动吗？它是否也很符合常人的心理呢？能抓住顾客的心理，就是庞大的“腾迅”的赚钱方式。由此可见，“腾迅”人的头脑是多么的聪颖，这招在古今中外均已实验过，而且都是满载而归。

做事业，一定要有广阔的人际关系，一定要有自己坚实的后盾。继资本、知识、信息之后，消费者正在成为市场的关键驱动要素，企业发展战略制定的第一步到最后一步，都是为了赢得消费者的芳心和厚爱。企业战略就是赢心战略，得人心者得天下，赢人心者赢世界！

所以，企业最为核心的价值观就是“像偏执狂一样关注并满足客户需求”。当你满足了他们的要求，他们才会自愿掏腰包，你才能赢得财富。

成就事业，就要先得人心，得人心将会为你带来取之不尽的财富。“笼络人心”已成为时下最有效的财富暴涨赚钱法。

3. 原则之变通——生财有路

天圆地方，智圆行方。规矩自有妙道，变通更胜一筹！按规矩做事有时是很多人不能做成事的根本原因，不按规矩出牌有时才是赚钱的不二法门。

对财富的渴望是我们每一个平凡人的梦想，但财富的获得在很多人看来是遥不可及的。这个世界上80%的财富掌握在20%的人手中，那么，这20%的人是如何积累起如此之多的财富的呢？他们的财富思想和财富密码又是什么呢？为什么你是穷人，为什么你离富人越来越远，关键原因就在于穷人和富人的思维方式的不同。富人懂得灵活掌握情势的变化，与时俱进，找到新的财富之源，最后也大都钱财万贯，跻身于富豪之列。

钱的赚法多种多样，正所谓“条条大路通罗马”。虽然“无规矩不成方圆”是句至理名言，但在遵守原则的同时，切记不可墨守成规，一成不变，因为这个世界需要的就是创新，需要的就是变通。古语云：“穷则变，变则通，通则久。”这就是告诉人们不要死守原则，而“变”就成了通向财富大门的金钥匙。

变通是一种超越

成功的商界人士毋庸置疑都灵活变通，他们对人生的看法通常乐观向上，这就是心理学家所谓的“韧性”……期待未来的成功。韧性越强也就意味着从长远来看，你坚持的时间更长久、获得成功的可能性也越大。

温州人无道胜有道，只要能赚钱，一切都能变通，变通就是道，温州人深得赚钱的“王道”和“霸道”。温州没有什么资源，自己也没有什么技术特长和优势，创业者能不能摸索出一条通向成功创业的路径？温州人的回答是：“灵活变通，无中生有。”温州地理位置偏僻、资源贫乏，温州企业自身也没有多少技术与人才，但依靠市场化的头脑与手段，温州的民营企业却“无中生有”，成功地配置、聚集了各种生产资源为己所用，屡屡创造出令人惊叹的“零资源现象”、“零技术现象”、“零生产现象”。温州人靠新理念、新思路、新办法赚钱，靠能吃苦赚钱，靠灵活变通赚钱。所谓“无中生有”，不是什么都没有，有的是创业精神，有的是市场经济头脑。这是最重要的，也是最稀缺的。只有思想才是真正的资本，其他的都是资源。思想不解放，市场意识不强，市场手段落后，是万万不可发展“无中生有”的“零资源经济”。创业一方面是冒险，一方面是脚踏实地。创业者要有敏锐的市场本能，能从混浊不堪的市场中看到空白点，要有先知先觉的敏感度，看准之后，要毫不犹豫，努力去做。

富人与穷人之间本来就有很多差异，这些差异很多都超越了大众的基本看法。找差异，求变通，你也可以成富人

■ 学习

穷人：学手艺。

富人：学管理。

■ 交际圈子

穷人：穷人的交往圈子多数是穷人，所以他们喜欢走穷亲戚，排斥与富人交往，久而久之，心态成了穷人的心态，思维成了穷人的思维，做出来的事也就是穷人的模式。谈论的问题是打折的商品，交流的是节约的技巧，这虽然有利于训练生存能力，但是眼界也就渐渐囿于这些琐

事，雄心壮志也渐渐地消磨掉了。

富人：最喜欢交一些对自己有帮助，能提升自己各种能力的朋友。不纯粹放任自己仅以个人喜好交朋友。

■ 时间

穷人：一个人如果享受着充足时间是不可能挣大钱的，要想悠闲轻松就会失去很多挣钱的机会。穷人的时间不值钱，有时甚至多余，不知道怎么打发，怎么混起来才不烦。如果一个人可以为买一斤萝卜多花了一毛钱而烦恼不已，却不为虚度一天而心痛，这就是典型的穷人思维。

富人：一个人无论用什么方式挣钱，不管钱挣得是多是少，都必须经过时间的积淀。富人的玩也是一种工作方式，是有目的的。富人的闲，闲的是身体，修身养性，以利再战，他的脑袋一刻也没有闲着；穷人的闲，闲的是思想，他手脚都在忙，忙着去麻将桌上多摸几把。

■ 投资及对待财富

穷人：认为就是少用一点就等于赚的越多。比如开一家面馆：收益率是100%，投入2万，一年就净赚2万，对穷人来说很不错了。穷人即使有钱，也舍不得拿出来，即使终于下定决心投资，也不愿冒风险，最终还是走不出那一步。他们最喜欢做的就是用鸡生蛋，然后蛋生鸡，一本万利，他们永远都不会想到建筑在一只母鸡身上的希望，是多么的脆弱。

富人：出发点是万本万利。同样的开面馆，富人们会想，一家面馆承载的资本只有2万，如果有1亿资金，岂不是要开5000家面馆？要一个一个管理好，那得用多少心，累白多少根头发呀？但是如果投资酒店的话，一个酒店就足以消化掉所有的资本，就算收益率只有25%，一年下来也有2500万利润！

■ 激情

穷人：缺少激情。他不管做什么事情总是按部就班，不会出大错，但也绝不会做到最好。一个没有激情的人是不可能全心全意投入工作的，大部分的穷人不能说没有激情，但他的激情总是消耗在一些无关紧要的事情上：如上司表扬了，他会激动；商店打折了，他会激动；电视里破镜重圆了，他的眼泪一串一串往下流，他们有的只是一种情绪。

富人：激情不仅是一种天性，也是生命力的象征，有了激情，才会有灵感的火花，才会有鲜明的个性，才会有人际关系中的强烈感染力，也就有了解决问题的魅力和方法。“燕雀安知鸿鹄之志?”、“王侯将相，宁有种乎？”有这样的激情，穷人也会变成富人！

■ **自信**

穷人：穷人的自信是武装出来的，往往不是发自内心和自然天成的。他们要通过一身高级名牌的穿戴和豪华的配置才能给他们带来更多的自信。

富人：一次李嘉诚在谈到他的经营秘诀时说：“其实也没什么特别的，光景好时，决不过分乐观；光景不好时，也不过度悲观。”其实就是一种富人特有的自信。自信的人常都不会被外力所左右，自信的人才可能有正确的决定。

■ **习惯**

穷人：有个故事，一个富人送给穷人一头牛。穷人满怀希望开始奋斗。可牛要吃草，人要吃饭。于是穷人把牛卖了，买了几只羊，吃了一只，剩下的来生小羊。可小羊迟迟没有生下来。穷人又把羊卖了，换成鸡。想让鸡生蛋赚钱为生，但是日子并没有改变，最后穷人把鸡也杀了，穷人的理想彻底崩溃了。这就是穷人的习惯。

富人：据有关专家说，富人成功的秘诀是：当他们没钱时，不管有多困难，也不去动用投资和积蓄，因为他们相信压力会使他找到赚钱的新方法，还清账单。这是个好习惯。一个人的性格形成习惯，然而习惯却可以决定成功。

■ **消费花钱**

穷人：买名牌可以满足自己的虚荣心，最喜欢试验刚出来的流行时尚产品，在他们的眼里贵的就是好的，他们不在乎产品的质量。

富人：买名牌是只是为了节省挑选的时间。而且与消费品的售价相比，他们更在乎产品的质量，比如他们会买15元的纯棉T恤，却不会买昂贵的莱卡制品。

“人弃我捡”——赚钱之道贵在灵活变通

晋商做生意讲究灵活变通，用一句话说就是“千方百计抓商机，想方设法创效益”。日升昌票号有句名言：“人弃我取，人取我予”，这句话从某一方面概括了晋商的经营之道。“人弃我取，人取我予”是一个成语，来源于《史记·货殖列传》“白圭乐观时变，故人弃我取，人取我予”。说的是战国的商人白圭创造的一种适应时节变化的经商致富办法。这个方法说起来其实很简单，也就是别人不要的我要下来，别人要的我就给予。

好比在丰收的季节，农民收的粮食很多，就没有人收购，理所当然价钱也就便宜下来，于是白圭就大量买下粮食。这时，粮价虽然很低，但蚕丝、漆等因不是收丝或割漆的季节，没有大量上市、价钱自然很高，白圭赶紧把这些货物卖出去。可是到了收丝的时节，蚕丝大量上市，价钱就便宜下来，而粮价却上涨。这时，白圭就收进蚕丝，卖出粮食。白圭就是在这买进卖出之间，牟利致富的。

山西蒲州土地很多，但是人口众多，很多人都是拿着资本去别的地方做生意。由于经商所带来的利益大于在家务农，所以外出经商之人多能以富归里。这些商人虽然走南闯北，到过五方都会，但是并没有什么稀奇之处。王海峰虽然和其他商人一样也是外出经商，但他的经营方式却与众不同。

在明代，蒲人外出经商大多是西到秦陇，东到淮浙，西南到蜀。刚开始王海峰也是去了以上的地方，但经过一段时间后，他认为这些地方经商盈利不太多，决定走青州和沧州。这两个地方是明代的长芦盐区，盐行北直隶和河南之彰德、卫辉二府。由于官僚显贵、势豪与奸绅上下勾结，这一盐区的运销不能正常进行，商人纷纷离去。但是王海峰认为，这里是春秋时期齐国管仲收鱼盐之利的地方，陶朱公也是在此富至千金。经商就要做到“人弃我取，人去我就”。所以，这个地方可以大干一场。

到了沧州后，他熟悉了该盐区盐政，了解了该盐区的运销历史，从中找出经验教训，然后向政府提出了整顿盐制、严禁走私的建议。后来，经过对长芦盐区的整顿，盐的运销又繁荣起来，盐商又蜂拥而至，盐税的收入比过去增加三倍多，从此，王海峰也就成为这一盐区著名的富商。

嘉靖四十二年（1563 年），70 岁的王海峰离开盐商界回到故里。明代大学士张四维对他评价说：“蒲州虽然多豪商巨贾，但少见像王海峰这样有雄才大略的商人。”虽然史料上关于王海峰的经商活动记载十分简略，但他的“人弃我取、人去我就”的做法，对于我们今天的商业经营者来说，这种经商经验仍是值得借鉴的。

“人弃我捡”，这种剑走偏锋的险招虽然往往可以出奇制胜，但它的前提是建立在有洞观全局的眼光和成竹在胸的信心上的，否则，这种便宜也不是好“捡”的。

其实财富并不是遥不可及的神话，哪怕是对任何一个平凡的人来说，坚定的自信加上灵活变通的办事方法是成功的重要条件。在富人看来，没有办不到的事，困难不是障碍，不管在什么情况下，他们总能用灵活变通的本领找到解决事情的方法。灵活变通为他们创造了一条通向财富的阳光大道。

富人拥有财富，但是“他们”并不愿意让穷人分享自己的财富和经验。而穷人所能做到的：就是了解富人致富的门道和绝技并加以学习和借鉴，从而使自己也变成富人。

要想赢得“金钱战争”的胜利，也许只有不按规矩出牌才是一条比较成熟的方法。无论是李嘉诚、史玉柱等富豪都是不按规矩出牌的典范。

4. 能舍即得——舍、弃都是大手笔

战争伊始，是人与人的对抗，时至今日，战争依然在继续，却已被金钱所取代。有战争必有取舍。舍弃，是胆量，是气魄，是运气，也是金钱之争的必备战略。

舍得舍得，小舍小得，大舍大得，不舍不得。老子说：“欲将取之，必先予之。”这就好比是商家要赚钱，要想赚更多的钱，就要抛却手边的蝇头小利，才能取得以后的丰硕成果，这就是舍弃。有的人会赚钱，有的人不会赚钱，有的人只为眼前的利益，有的人却每走一步都在为以后打算，这就关乎赚钱的舍弃理念。赚钱只是人生的一个手段，最终目的也是让自己过上自己喜欢过的生活，在赚钱的过程中，人必须懂得舍弃，舍弃是一种精神，是商人必不可少的洞察商机的能力。

舍得是气魄

如果一个让你白赚1500万元的机会放在你面前，并且合理合法，你会放弃吗？肯定不会的。但万科董事长王石却选择了放弃，这对一般人来讲简直是匪夷所思的事情。

经合肥市长的邀请，王石代表万科同合肥国土局签订了1000亩土地的购地合约，并约定一个月内支付总价的25%作为首期款。三个星期后，万科的首期款还没来得及支付，合肥就传来消息：另外一家企业也看中了万科签下的这1000亩地，合肥国土局有意牵线让万科出让500亩，每亩额外补偿给万科3万元。真是天上掉下来一个大馅饼。王石的下属高兴地向他汇报这件事。但出乎意料，王石指示：对万科来讲，500亩、1000亩都很大，退回500亩地，并且不要补偿。下属认为是听错了，因为大家都知道王石是一个注重诚信和商业道德的领导人，可赚到这1500万元并没有违反商业道德呀。王石说，如果我收了这个钱，

公司就会出现新的神话：瞧，老板多有眼光，没动 1 分钱就赚了 1500 万元。这样对公司员工产生的影响会是什么样呢？也许员工都会钻牛角尖去想办法倒腾土地赚大钱，谁还有心思去好好设计房子、建房子和精心维护房子？所以这钱万科不能要。

万科在王石的带领下已成为我国的知名企业，王石的“舍得”精神一直被业内人士广为流传，他的“舍得”也让其事业发展的更加顺利，同时也为自己创造了更多的财富，有舍必有得，舍得是一种气魄。

陈丽华：舍得之间成就非凡人生

陈丽华在 2006 年“中国十大女富豪”中以总资产 55 亿元稳居榜首，乃是“内地第一富婆”、“内地最富有的女企业家”，但是许多人不免为之惊讶。因为此前大家对陈丽华了解得实在太少。其实并非是陈丽华和她的富华集团不著名，而是她除了她的紫檀博物馆，绝少在媒体上主动曝光。这些因素也为她平添了些许神秘色彩。

1982 年，陈丽华移居香港掘到了第一桶金。她在比华利买了 12 幢别墅后高价卖出，迅速完成了原始积累。从此之后，她没有再恋战香港，出人意料地移师北京，这一移，让她成功躲过了金融风暴。

与众多的房地产商不同的是陈丽华从不大肆炒作自己，很多业内人士甚至都说不出其旗下的房地产项目。其实这与她的经营思路有关。由地产发家的陈丽华从不贪大求多，一向以步步为营、稳健投资著称。其实在北京经营地产初期，她走得也很坎坷。

长安俱乐部地处长安街黄金地段，毗邻天安门广场，是 20 世纪 90 年代初陈丽华自香港转战内地投资的第一个房地产项目，总投资 4.5 亿元。做一个俱乐部，在长安街上，当时陈丽华只是考虑了这条街的寸土寸金，却没有过多地考虑到施工的难度。

1993 年，就在陈丽华拿到这块地的第 4 年，长安俱乐部终于开工了。这 4 年里，陈丽华每一天都是在等待中度过。长安俱乐部的建造可谓一波三折，可是在一年后建成交付使用的时候，总经理陈丽华的儿子赵勇又给陈丽华出了一道新的难题。

陈丽华的儿子赵勇称：当时我们想越豪华越好，就那样装了。装完以后，我们请了美国会所管理公司CCA管理，签了合约后对我们的装修全都否定。最后董事长决定，既然我们要干就要干最好的，要搞一个成功的会所。拆掉是短期的伤痛和损失。但从长远来考虑，俱乐部改完过后，会是成功的。

陈丽华称：我投资长安俱乐部，就是要把它盖成一个五星级的会员之家。干一件事，就要一定干好，要干就要干到家。

如今在北京众多的高档会所中，今天的长安俱乐部依旧是财富和地位的象征。这不能不归功于陈丽华当年的眼光和决断。

陈丽华说：“你就得舍。能舍就能得，你要不能舍，就不能得。舍得、舍得，这两个字是不能分开的。”

简单的舍得两个字不仅是长安俱乐部成功的奥秘，也成就了陈丽华非凡的一生。“舍”是前提，“得”是目的。“舍”的结果最终是为了“得”。“风物长宜放眼量”，舍得其实是一种很深的学问，往往需要大气量、大气度，不迷于那种一镢头挖口井式的“得”，而是取得长久的回报。

比尔·盖茨的舍弃理念

比尔·盖茨之所以成为商业奇迹的缔造者，就是因为他懂得选择方向，而且更重要的是他的舍弃理念。

■ 学业的舍弃造就转机

哈佛大学这个人们心目中的理想学堂，比尔·盖茨却在大三时毅然选择了退学，表现出了一般人所没有的决心和勇气，他的舍弃也铸就一个非凡的人物。离开学校以后，刚刚20岁的比尔·盖茨就对计算机深感兴趣，并开始深入研究。他深信，总有一天计算机会像电视一样走入千家万户。他坚定的信念不但打动了自己，还打动了伙伴，打动了父母。试想一下，假如比尔·盖茨依然在哈佛深造，学习课本上千篇一律的东西，他还有可能革新电脑界吗？没有舍弃何来转变？

■ 比尔·盖茨的金钱舍弃理念

在私人花费上，比尔·盖茨非常节俭，衣着从来不挑名牌，更多的时候是与妻子一块去买打折的衣服。但是在事业上，他会不惜重金让自己的产品打入市场。在电脑软件竞争尤其激烈的时候，比尔专注的是攻下市场而非金钱，当其他软件价格都在50至100美元的时候，比尔则以接近免费的低廉价格，即1.5美元推出自己的产品。正由于微软公司操作系统的普及，客户会认为这些系统整合得很好，便会一同购买微软公司的其他软件。尤其在互联网逐渐发展起来的时候，为了与网景抢占网络浏览器软件市场，比尔决定免费赠送客户大量的软件、使用手册与免费的电话服务。相比之下，网景的行销则显得很保守。虽然，这种舍弃的大手笔让微软一时亏损许多，但却由此获得了大份额的市场。比尔心里很清楚，一旦自己的产品成为行业标准，将会产生不可估量的价值，所以他一直告诫下属，不要为了在营销上少花钱而浪费时间。

■ 微软掌门人的经济舍弃理念

在微软刚起步的时候，兼任总裁的魏兰德将自己的办公室装饰得非常气派，比尔看到后非常生气，认为魏兰德在这上面的花费是完全没有必要的，并告诫魏兰德说："微软还处在创业时期，如果形成这种浪费的作风，不利于微软的进一步发展。"

在公司步入正轨，微软在电脑软件行业独领风骚，成为业界营业额最高的公司时，比尔的这种作风也不曾改变。比尔与温布莱德相好的时候，在一家饭店约会，助理为他在该饭店订了一间非常豪华的房间。比尔看到所订房间的奢华后简直气坏了，禁不住骂道："哪个混账东西干的好事？"

作为微软的掌门人，比尔的动向关乎着微软的命运，所以他一年四季都很忙，甚至一个星期要到四、五个国家召开十几次会议。每次坐飞机，他大都坐经济舱，没有特殊情况，他是绝不会坐头等舱的。有一次，比尔应邀出席在美国凤凰城举办的电脑展示会，主办方给比尔订了张头等舱的机票，比尔知道后，硬是将其换成了经济舱。像这样的例子在比尔身上还发生过多次。

■ 生活中的舍弃细节

比尔由于忙而很少回家吃午餐，所以经常把汉堡包当午餐，久而久之这已经成了他的一个习惯。有一次，为了庆祝新秘书里卡的生日，比尔特意带着妻子，以及几个职员来到一家高级饭店，每个人都点了酒与风味菜肴，只有比尔点了酒与汉堡包。妻子后来对他抱怨说：“你为什么不点些菜，你那样会让里卡感到难堪的。”比尔笑笑说：“我就喜欢吃汉堡包，没想那些。”

有一次，在出席一个重要会议时，比尔拒绝了主持人为他租的高级轿车，而是租了一辆很普通的汽车前往会议。他的俭朴作风感染了许多人，在微软他已经成为员工，尤其是一些新员工的榜样，使得微软员工的朴素在业界内也是很出名的。

舍弃，并不是一句简单说说的话而已，它是赚钱的一种大手笔，只有真正懂得舍弃才能成为真正的成功者。试想，如果比尔·盖茨没有舍弃学业，他会在计算机领域独领风骚吗？如果他不舍弃眼前的小利金钱，他能带领微软独占市场吗？如果他仅仅为了享受物质生活，他能成为微软员工的榜样吗？答案是肯定的，不能。大多不成功的商人，都是因为他们不懂得舍弃，不懂得鱼与熊掌不能兼得的理论。舍弃，是一种哲学，要想赚比他人更多的钱，要想比他人更能成功，就要先学会舍弃。

有位名人曾说过：“当你紧握双手，里面什么也没有；当你打开双手，世界就在你手中。”很多时候我们都应该懂得舍弃。能否舍弃人生路上必须舍弃的东西，这或许是衡量一个人是否成熟、是否具有智慧的一个重要标准。因为只有当一个人能够冷静而准确地认识自己，认识环境，能够理性、客观地规划自己的理想与生活的时候，他才敢舍弃，他才能够舍弃。舍弃是大自然的规律，舍弃是生存的一种方式，舍弃是勇敢者的行为，而每一次放弃都是为了下一次得到更多的回报，因为能舍即得，也是个因果循环的道理。

商人的一生大都是经历过舍弃才成功的，对成功者而言舍弃并不一定等于成功，而是给了成功一次机会。若舍弃是明智的，距离成功也就更近些。“金钱战争”有时是一场舍大取小的战争，只是很多人不知道什么是“大”还是“小”，因为有时看着大实际上是小。

5. 由零变亿——概念致富的奇特路

零，一个“空头”数字；亿，一个“天文”数字；由零变亿，奇迹往往就发生于此！金钱战争有时就是一场由零到亿的数字游戏。

步入金钱的战争时代，赚钱已经成为人们生活的主题，变成富豪已经成为人们奔波的目标。许多人在看到别人踏入富人圈的时候，问自己最多的就是：“我比别人差了哪一步？”其实人人都是平等的，没有什么好坏之分，只不过别人先于你抓住由零变亿的机会而已。由零变亿，一步之遥，相差何止千里？要知道，富人天生并非富人，他们的财富也不是从天上掉下来的，想成为富人不妨先观望一下他们的致富之路。

废纸妙手点成金

2007年“胡润百富榜”的首富是香港上市中国企业“玖龙”纸业老板张茵。她不仅成为中国首位女性首富，也是世界上最富有的女白手起家者。

张茵祖籍山东，生于广东韶关，长于黑龙江省鸡西市，父母是转业军人。由于父亲在1966年时因为文化大革命入狱，身为其他7个兄弟姊妹长姐的她，肩上重担可想而知，张茵带了3万元钱闯荡香港。她入行造纸业，改变往纸浆里面掺水的做法，触犯了同行的“潜规则”，遭到黑社会恐吓。

自从大陆在20世纪80年代喊出经济改革开放口号，10多年练功有成后，俨然成为全球新兴富豪养成班，晋升富比士富豪排行榜者逐年攀升，不但和另一金砖四国成员印度相互较劲，2006年的上榜人数更是大有逼近日本之势，女首富张茵就是其中最耀眼的毕业生，这位废纸女王，靠着被人弃如敝屣的废纸累积了惊人的财富，个人资产据估计已近47亿美元。

1985年大陆经济处于刚起步阶段，踏出社会还不到10年的张茵，在广东有一份相当稳定的工作，但年仅27岁的她，放弃安稳的职位，带着仅有的3万块钱前往香港发展。当年虽有港商提出年薪50万港元的优越条件企图延揽张茵，但她还是毅然决定自己创业。

1990年，她移民美国开始废纸回收，击败各路高手，成为该领域全美冠军。1988年，她在广东东莞建厂——东莞中南纸业有限公司。此后她在中美两地遥相呼应并以美国积蓄的财富和经验扩大东莞工厂的再生纸生产规模。问鼎中国内地首富之后，张茵的新梦想就是，在中国实现年产包装纸100万吨，成为中国牛卡纸大王。

其实，废纸回收并不是张茵的创业首选，是一位造纸厂厂长的一句话改变了她的决策，也从此改变了她的一生。那位厂长告诉她，废纸就是森林，将来造纸业的发展肯定要从资源回收往再生纸发展。20世纪80年代和张茵一起在港创业的事业伙伴回忆当年，说张茵是个强势、目标明确且工作效率极佳的人，而且对于下属一向赏罚分明。

仅在不到5年的时间内，张茵在港的废纸回收生意已近饱和，由于香港无法拓展更多货源，自然也无法成就张茵想要成为废纸大王的梦想。她在1990年辗转前往美国洛杉矶发展，和出生于台湾、成长于巴西的牙医刘名中结婚，并共同成立美国中南控股公司，专营废纸回收业务。

10多年的时间转眼间过去了，张茵在美国的事业由1变7，现在中南控股公司旗下不但有7间包装和运输厂，废纸回收场更分布纽约、芝加哥和加州等地，不仅是全美最大的废纸出口商，在美国对大陆出口商排名中同样名列前茅，按出口量计已连续5年挤进前10大，2005年的排名为全美第5大，现在中南控股每年出口的废纸数量足以填满17艘航空母舰。

2006年3月，以张茵为首的“玖龙”纸业终于在港上市，此后股价一路飙涨，IPO每股仅3.4港元的股票，曾一度高达14港元。现在的“玖龙”造纸是一个不折不扣的业界龙头。在外界人士看来，张茵之所以能够如此成功，其主要原因就是掌握了大陆世界工厂时代来临的契机，加上垃圾处理者对于有人愿意回收废纸十分乐意，所以回收成本并不高，且自美国回航大陆的货柜船多为空船，还能享有运费折扣，大陆在大跃进时期砍伐过多森林，经济起飞后，木材和纸浆更是供不应求。

目前，全球造纸业的巨擘是美商Smurfit Stone，第二是Weyerhaeuser，但在高额生产成本的侵蚀之下，美国造纸业的优势早已不如过往，加之欧、美造纸业者使用的机械多为20世纪70年代和80年代的老旧机台，竞争力差距不在话下，“玖龙”很快就会取代Smurfit Stone的地位。手上“玖龙”持股高达72%的张茵已夸下海口，她的目标向来都是业界第一，“玖龙”不仅只是大陆第一，未来还要晋升全球包装纸业的龙头地位！分析师指出，大陆挟着低廉的劳动力和土地的优势，造纸又多以便宜的煤作为燃料，而美国使用天然气，造纸业确实逐渐转进大陆。

2006年的福布斯榜上富豪里白手起家者约占6成，但多数女富豪的上榜都是来自父母庇荫，像张茵这样创业致富的女士并不多，不过，她从不认输，自认工作能力和抗压性都不输男性，并表示自己反而因为女性的身份得到更多人的尊重。

“佛罗里达狼”——借助中国概念从职员到富豪

从普通职员到富豪，“佛罗里达狼”只用了短短的5年时间。现在，他是众人眼里的“中国通”，美国OTCBB上市公司“G技术”的总裁，这家公司宣称其业务开发重点集中在中国的信息科技、生命科学、医疗保健、环保技术等领域。

知情者称他是在中国概念浓墨重彩下，玩了场异常简单直白的资本游戏——通过“纸上并购”中国企业，借道中国概念催动股票高涨。

20世纪90年代初，"佛罗里达狼"还是一个不起眼的公司小职员，而他却因一次商务旅行改变了自己的一生。1992年，他第一次来到中国就得出中国是自己福地的结论，毫无疑问，这次旅行开启了他对中国商机的想象力。这次旅行也成了他的宝贵经历，而他确实是一位在中美商贸方面有着十余年经历的"中国通"。

此后几年，他迅速给自己添加了大量中国印记：担任一家拥有3000名员工的合资制造企业总裁；中国一家上市公司的董事会成员；长三角某省世贸中心的成员以及若干中国有官方色彩机构的美国代表。

"佛罗里达狼"在履历中隐去了部分的具体名称，旁人无法证实真伪。事实上，他自己所描述的经历有的也互相矛盾，但几年的努力的确使他在一些美国商人眼中被视为"中国通"。

"中国通"的形象使他在1999年前得到了一些为美国机构做顾问的机会，此后带给他的回报更超乎其想象。2002年，"佛罗里达狼"终于抓住了实现中国商机的机会。

2002年，G技术与"佛罗里达狼"名下的一家咨询公司合并，中国概念成为G技术的新卖点，而"佛罗里达狼"作为"中国通"被郑重介绍给资本市场。

■ "中国概念"的纸上并购

"通过他人的名义低买高卖公司股票，同时在较好的价格对自己的期权行权"，有关人士称，"佛罗里达狼"的个人盈利模式非常简单。

并购中国企业是"佛罗里达狼"获得财富的开始。从2001年底开始，G技术开始在"中国概念"的康庄大道上高歌猛进，其宣称并购的数家企业多为中国公司，包括上海的C公司、Y投资咨询公司以及位于长三角的Z公司。

据称C公司在中国的电脑技术行业特别厉害，目前正与英特尔、AMD等知名跨国公司结盟。Y投资咨询公司业务包罗万象，据称包括了绝大多数你能想到的企业服务，且在当地和国内非常有影响力。而Z公司是集销售和科技于一体的信息技术公司，主要业务是为客户在商业上提供创新性的技术解决方案，其客户包括金融机构、通讯公司、医院、超市、机场、火车站和政府部门等，拥有一流的技术服务部门，是多家国际厂商产品的特约技术中心。

可事实真相是，C公司只不过在一些电脑卖场拥有销售英特尔、AMD芯片的业务；Z公司是某种电脑周边设备的分销商，其“一流的技术服务部门”和“多家国际厂商产品的特约技术中心”就是给买自己设备的客户做维修，但销售额比较大；而Y公司则鲜有人知晓。

并购以上企业，G技术需要付出的代价并不大，在股价远不足1美金的情况下，支付给C公司80万股限制股票；Z公司40万股普通股；Y公司9.2万股普通股，而这3个公司要做的，只是把公司的财务报表交给G技术。

有关人士说：“几乎每一个G技术在国内的业务都是假的或违规的”。例如G技术主要报表收入和资产的来源都是Z公司，G技术称拥有其80%股权，而实际上其股东是两位黄姓自然人，该公司与G技术没有任何法律上的关系，整整4年时间，G技术在报告一家与自己毫无关系的企业的财务数据。更加让人惊奇的是，最后又将这家与自己毫不相干的企业卖给了另一家OTCBB公司。

像这样的超低成本并购只是停留在纸上，但“佛罗里达狼”的用意显然并不在此，单单合并Z公司报表带来的销售收入在2002年就高达1337万美元，一直亏损的G技术开始盈利，而且股价也随之上涨。

谁也不清楚“佛罗里达狼”在股票的转卖之间赚了多少钱，但在并购实施中，G技术的股价与低位相比，最多时涨了30来倍。然而从OTCBB的行情显示，该公司2002年至2004年之间异常活跃，股价比此前放大了数十倍。

■ 继续“转型”

与财务和并购等方面的“技术手段”相比，“佛罗里达狼”很清楚中国元素的重要性，把中国元素卖给美国人，把美国元素向中国人销售，这不仅是他发家的开始，也是他成功的关键。

虽然添加了中国元素，但经过几次并购之后，G技术留给资本市场的仍只是一家技术含量谈不上多高的IT企业。2005年，G技术的股价逐渐下滑，股票再度跌至低于0.1美元。卖掉不属于自己的Z公司，“佛罗里达狼”再度通过新的并购实施“转型”。

这一次的对象是美国资本市场所青睐的，中国的矿、中国的房地产和中国的药业，前两者在中国的两个西部城市，后者设立于北京。根据2006年2月初和3月下旬的公告，G技术一家子公司获得了国内某房地产企业和某药业企业的股份，两者的经营收入都在千万美元等级。

由此看来，Z公司的利用价值已完，需找另外的替身了，这两家公司的业绩当然比Z公司好。受公告激励，2006年初跌到5美分的股价快速上升，在3月底最高冲至接近50美分，价格仍然不高，但对比原来的低价是十倍的涨幅，而且交易量创下了公司上市以来的最高记录。

由零变亿是所有人都期待、都梦寐以求的，“佛罗里达狼”之所以可以创造出这样的神话，与他的慧眼识商机是分不开的，但是他这种获得财富的方式并不是我们所提倡的，君子爱财取之有道。在他迅速致富的背后，有太多的问题值得我们深思……

在多数人眼中，想要成为亿万富翁就要有这些构成要素：家传祖业，比如洛克菲勒；科技先锋，比如比尔·盖茨；资本高手……还有那一大批通过房地产、保健品等“时代机会”发起来的企业家。其实想要做亿万富翁，靠的是机会和实力，同时也要靠智慧，学会用最简单的方法创造最多的利益，才是致富之本。

由零变亿，富人的赚钱运动，金钱的战争游戏，参透其中奥秘，方能与之比邻。

6. 未雨绸缪——多元化赚钱方式

多元化，事业必然的发展趋向。

未雨绸缪，多元化发展——永远让你领先于他人一步，用多元化投资创造财富人生。

现实社会中正处于成长期的中小型企业，他们大多都是依靠新技术和新市场而一炮打响的，这类企业的领导者往往是战场上的佼佼者、排头兵。在辉煌的同时，他们也非常清楚：技术的更新、市场的饱和，将使他们最熟悉的战场在一定时间内进入衰退阶段，如若继续困守在原来的战场，企业很难再有更大的发展空间。这时，就需要企业未雨绸缪，早早开辟自己的新战场，而这种新战场的开拓就是事业面向多元化的发展。

多元化是企业领导者一种非常自然的想法。随着社会的发展，各个单一领域的竞争已经到了白热化的地步。虽然有许多人在创业之初就偿到了多元化带来的苦楚，但今时不同往日，单一领域的创业者已经开始为事业的多元化发展未雨绸缪，对创业者而言那种单一的、特定的事业发展领域已经不能满足他们的成功欲望。中国有句话叫“实践是检验真理的惟一标准”，面对着社会的发展趋势，多元化已经成为事业发展的必然趋向。

多元化 PK 专业化

多元化发展是企业发展的一种战术，一种策略，但它对企业而言，究竟是“陷阱”还是“馅饼”，却一直是目前企业所困扰的问题。多元化与专业化本身并没有明确的分界，正确的多元化可以使企业的绩效与高度集中、单一市场或者单一技术的企业的最佳绩效相媲美。错误的多元化却使得企业绩效与单一市场或者单一技术一样糟糕，在错误行业中高度集中的企业所产生的绩效也一样糟糕。它们都是企业发展过程中一种试错的过程，它们是企业内在知识及其能力的外在表现，二者的区别在于实施多元化的企业各项业务之间是否有一个共同的结合核心。如果企业内在知识及其能力与其外在表现相符，那么不论是多元化还是专业化，企业都会取得成功，反之则必定失败。

多元化曾经一度成为大众最为接受的经营策略。许多大型的美国企业都曾公开表明，他们相信不要把全部鸡蛋放在同一个篮子里的治理哲学，即企业的多元化哲学。从经济学的角度来讲，市场经济专业化分工的原则，从根本上要求企业必须专业明确。虽然在多元化与专业化的关系中，专业化永远是第一位的，多元化永远是第二位，多元化有限度而专业化是无止境的。但社会在发展、时代在进步，专业化的发展越来越受局限，越来越不能满足成功者的胃口，多元化是事业的转变，不仅可以拓宽事业的发展道路，还可以让经商人在享受赚钱的乐趣时，享受挑战的乐趣。

对于任何一个企业而言，无论哪一种事业类型的多元化，都有可能使企业至少在某一个阶段获得成功。所以多元化的真真假假，它的好与坏也并没有绝对的指标来界定或者区分。尤其对快速发展的中小型企业来说，多元化的发展动向也可以助其降低风险、保证收益。但是，要想真正走好多元化道路，企业必须实现专业化向多元化的转型，在一个清晰的指导战略下着手开展新业务、整合好各方面的资源、力争打好每场战役。

总而言之，多元化不仅给市场注入了新鲜的血液，同时也给企业带来了成长的反思。

“七匹狼”玩转多元化

很多人称多元化为一朵摇曳着妩媚风姿的罂粟之花，虽然它无时无刻不在散发着迷人的香气，但走近它，接触它，或许会引诱企业闯入一个莫测的深渊。

但是一匹来自闽南福建的狼，却演绎了一个多元化的传奇故事……

不管在中国还是在世界，服装界最为关注的活动之一就是“发布流行趋势”。

2001年3月30日，在北京举行的“2001－2002秋冬中国流行趋势”发布会上，福建七匹狼集团代表中国设计师协会举办了都市休闲装“世纪本色”七匹狼休闲装专题发布会。

2002年2月21日和22日，在美国总统布什访华期间，外交部把七匹狼休闲服饰作为国宾礼品赠送布什。

同年，在搜狐网站首页醒目的位置上、在报道世界杯群雄争霸的《足球》报内、在中央电视台广告黄金时间段中，让特立独行的“七匹狼”一下子“奔”得更远。

拥有众多“黄金名片”的七匹狼，创立于20世纪80年代末，由立志于创造中国服装名牌的七位年轻侨眷精心设计了Logo。而“七”是代表生命、活力和胜利的吉祥数字。“狼”是闽南话“郎”谐音，不仅蕴含着品牌的诉求对象，又体现了年轻创业团体矢志不移的创业精神。

在2001年，七匹狼集团产值达到上亿元，其销售收入达到上千万元。

“七匹狼”可以在短短几年内取得让人眼红的成绩，与它在多个领域里的多元化发展是分不开的。如今的“七匹狼”集团形成了以服饰为主业，同时涉及香烟、酒、茶、皮具，甚至房地产等其他行业的多元化产业格局。

对众多企业来说“多元化”是一个既爱又恨的词。纵观世界500强，无一不是多元化发展的典范。多元化，其实就是将多个单一化公司的经营活动，组合在一个公司内部进行，通过公司纵向扩充经营品种、横向扩展经营领域，在更大范围内满足消费者多样化的需求，从而使公司在获得高额利润的同时，形成优势互补、技术关联、风险分散的公司整体。

由此可见，多元化有着降低经营风险、灵活转移经营战略等诸多优点。正因为这些优点，多元化也几乎成了企业竞相发展和效仿的战略之一。但是，多元化的美妙前景却常常只是企业飞跃的空中楼阁，很多著名的企业都尝到过多元化失败的苦果。

例如山东烟台的荣昌公司原本是一个著名的生产“肛泰”的知名企业，后来转而生产荣昌食品，致使消费者心理发生了微妙的变化，“肛泰”与食品实在不能同时接受，结果导致品牌延伸一败涂地。

可是，作为企业发展到一定阶段必然要经历的一个选择，面对多元化这朵诱人的奇葩，如何去其糟粕，取其精华？

下面我们先来看看“七匹狼”集团的发展历程：

1990年，七匹狼的第一代产品变色夹克上市，在中国最大的市场上海成为抢手货。

1992年，“七匹狼”商标获福建省著名商标称号。同时，“真假狼之战”成了当年上海乃至北京、广东和福建报刊的头版新闻。

1996年，七匹狼鞋业有限公司成立，同年与福建晋江烟草专卖局、龙岩卷烟厂联合推出“金牌七匹狼”高档香烟。

1997年，七匹狼酒业有限公司成立。

1998年，七匹狼茶业公司创建。

1999年，与狼共舞服装有限公司成立。“七匹狼”被评为年度影响中国服装市场十大男装品牌。

2000年，七匹狼商务礼品有限公司成立。七匹狼（四川）酿酒有限公司成立。与江西云祥集团联合成立房地产开发有限公司。

2001年，七匹狼成功地进行了股份制改造，并进入上市辅导期。

2002年初，“七匹狼”正式荣获“中国驰名商标”称号。

如果将七匹狼集团近12年的历史细细梳理，再对其多元化发展加以研究，就会明白这个“荒野中真正的英雄”多元化成功的奥秘和经验所在。多元化的发展更有利于企业的发展。东方不亮西方亮，不能在一棵树上吊死！企业的多元化能让一个企业慢慢壮大。当自己的一个方面失去竞争力的时候，可以放弃，可以寻找新的产品，这个就是企业多元化的优势！

多元化经营成功的基本法则

■ 进入目标行业的成功法则

时机法则：企业应掌握进入目标行业的适当时机，这个时机是企业现有的资源与能力，目标行业经营所需的资源与能力之间的差距为最小。

目标法则：企业进入目标行业的最高和最低目标一定要明确，最高目标必须根据不同企业的具体情况来制定，无统一的标准，但最低目标应该是企业可以承受目标行业经营的最大限度的损失，且对现有行业经营的影响最小。

主体法则：进入目标行业的主体应选择能够最大限度地缩小能力差距的组织和人员。

方式法则：进入目标行业的方式应选择能够最大限度地缩小能力差距且实现进入目标的方式。

地域法则：企业要从总体战略层次选择进入目标行业的地域。

节奏法则：企业要根据自身的整体管理能力来把握进入目标行业的节奏。

■ **企业多元整合的成功法则**

法则一：企业要不断根据市场、技术变化，调整产品结构和行业结构。

法则二：企业要根据资源的不同特质，在不同行业和产品中进行分配，尤其是重视资源的共享，以追求协同优势。

法则三：企业要根据企业资源、多元化经营的深度和广度，不断调整自身的组织结构，形成企业整体战略。

法则四：企业要在多元化经营的主要领域范围内有效地部署。

法则五：在并购和联盟类的方式进入目标行业时，企业要从战略高度重视企业文化的融合，主要是体制文化、行业文化、区域文化、技术文化等要素的融合。

法则六：企业要重视品牌延伸的有效范围及其局限，采取适当的品牌延伸或分离策略。

现代社会各行业的发展都有一个共同点，有的是靠技术创新，有的是靠人才优势，有的是市场品牌，有的是管理系统等，而为了规避单一市场的风险，寻求新的利润来源，越来越多的企业已经看到了多元化发展的前景。多元化的发展就是对整个价值观以及运作模式的统一，也是为单一动作创造更广阔的空间。这是新时代的一种新赚钱理念，也是新时代各行业的必然发展趋势。

未雨绸缪，以终为始。多元化赚钱的座右铭，成功企业家的经验之谈，金钱战争中的告捷之道。

7. 心“诚”体“勤”——勤劳赚钱更服众

知识武装头脑，勤劳创造财富！

心“诚”体“勤”——成功的基本准则！

穷人和富人，从本质上来讲就是不同的。富人对人生的要求，不仅仅是穿什么样的衣服，吃什么饭，住什么样的房子，坐什么样的车。富人首先应该是好学、勤奋、吃苦、独立、自信、真诚、果敢、善于思考、勇于冒险、敢于不同、想别人不敢想做他人不能做的事。

勤劳的富豪

王永庆被称为最抠门的富豪。王永庆曾说过一段发人深省的话：“我幼时无力进一步学习，长大后必须做工谋生，也没有机会接受正规教育，像我这样一个身无专长的人，只有吃苦耐劳才能补其不足。我还常常想，由于生活的煎熬，我才产生了克服困难的精神和勇气，幼年生活的困苦，也许是上帝对我的赐福。”王永庆常说：“要常常警惕自己，稍一松懈就导致衰退，经常要有‘富不过三代’的警觉。”“一勤天下无难事”，正是他的这句话贯穿了他整个奋斗的人生。

2006年，王永庆年满90岁。这一年，这个意志力惊人的世纪老人，突然决定隐身台后并交棒于下一代。世人警觉到，一个属于经营之神的长达半个多世纪的辉煌朝代在逐渐落下句号。留给世人的是一个庞大的石化王国和一段让人说不完、道不尽的富豪传奇。

人生信念和习性养成与幼时的成长经历是密不可分的。王永庆是一位真正的白手起家者，1917年1月18日他出生在台北县一个俗称“情人谷”的偏僻地方，父母以种茶为生，家境十分困难，每日三餐以番薯充饥。

虽然家里贫穷，但父亲深感文盲之苦，所以十分重视子女的教育。王永庆7岁时，就被父亲送到新店国民小学就读。学校在离家10公里之外，王永庆必须一大早起床，到附近的水井提水，把家中的大水缸装满后才步行上学。放学后，还经常要肩扛一袋50斤重的饲料返家养猪。在王永庆9岁那年，父亲病倒在床，一家的生计全靠母亲种菜、种番薯、养猪来维持。于是，上小学三年级的王永庆开始半工半读，为邻居看牛，每月赚取5毛钱来贴补家用。他上小学用的书包是一条粗布巾作的口袋，穿的衣服是补丁加补丁，整天赤着脚，几乎没有穿过一双鞋。而小学期间，对书本不感兴趣的王永庆，从来没有下过苦功读书，所以成绩总列在班里的最后10名。

穷人的孩子早当家。年幼的王永庆从小就很理解父母的处境，为了分担家庭生活的压力，15岁的王永庆小学毕业后便无奈辍学。由于在家乡找不到工作，在征得父母同意后，经叔叔介绍，到嘉义一家米店当小工。当时，白花花的大米是王永庆梦寐以求之物，为此他格外珍惜这份工作，除认认真真做工之外，还细心观察老板经营米店的诀窍，为今后自行创业做准备。

每当人们谈到“王永庆”三个字时，脑海中浮现的是企业巨子的传奇形象，联想到的首先是“财富”与“企业经营管理”之间的问题，这正是因为他事业上杰出的成就，所以人们把焦点集中在他的“致富”和“成功之道”上，“王永庆”三个字，似乎除了名词之外，也是形容词，与白手起家、勤奋坚毅、合理化经营管理结下不解之缘。

台北的凌晨2点半夜深人静，敦化北路底的台塑大楼十三楼，一盏灯缓缓亮起。一位90岁的老人，起床办公，他就是台塑集团董事长王永庆。

王永庆每天晚上10点睡觉，2点半起床办公，每周工作100多小时，每天宁静的台塑大楼总会传来沉稳而缓慢的脚步声，出现一个颀长的身影，脊背挺直。无数个相似的寂静深夜里，包括全球最大的石化园区云林麦寮六轻、中国最大民营火力电厂华阳电业漳州电厂，宁波大乙烯计划都是由这个房间思索出来。

作为一名企业家，王永庆无疑散发着钻石的光芒，“王永庆”三个字是华人世界里永远无法忽略的名字。王永庆身上折射的是一个时代的缩影，是通过勤劳简朴，顽强拼搏而白手起家的一代中国人的杰出代表。

郑裕彤：心“诚”体“勤”就能成功

从金铺打工的少年到香港新世界集团的创始人，郑裕彤被称为香港的超级富豪，其个人资产在香港排名第三。人们说他是运气，而他自己却说是勤奋。

如今，郑裕彤虽然拥有辉煌，但他儿时的贫寒却是常人无法想象的。1925年8月27日他出生于广东省顺德县一个贫寒的家庭。幼时一家人仅靠父亲开小店勉强糊口。原来父母亲希望他专攻学业，但是只念到初中便被迫辍学。13岁那年，由于日本侵略军进犯广州、香港，百万市民受战火纷飞的侵扰，衣食不稳，性命难保，纷纷出外投亲靠友。当时，澳门是葡萄牙殖民属地，因不少日本移民在葡萄牙殖民统治区的南美洲寄居，因此，日本侵略军惟独没敢践踏澳门。父亲万般无奈之下只好将其送往澳门，到挚友周至元开的“周大福”金铺去当伙计。

当时，金店里的伙计有大伙计和小伙计之分，小伙计就是当杂工。郑裕彤就是从杂工干起的，每天做扫地、擦灰尘、洗厕所、倒痰盂等清洁工作，等一切准备停当后，他再和姗姗来迟的大伙计们一起开店门做生意。对一个只有十四五岁的孩子来讲，这些工作显得十分忙碌和辛苦，但懂事的郑裕彤却一个心眼想着不辜负老板的“不弃之恩”，老老实实，勤勤恳恳地工作。

当时“周大福”金铺名气并不大，主要是因为入行较晚。所以，入店后不久，郑裕彤的勤劳和在工作中体现的智慧逐渐被周至元所赏识。一天，周至元派郑裕彤去码头接一位亲戚。码头上，来自香港以及东南亚的海船不断靠岸，人流熙熙攘攘，川流不息。这时，一位南洋商人向路人打听在哪里可以兑换港币。人们都懂得这是一个良好的商机，年纪还小的郑裕彤也热情地上前搭讪，他用浓重的顺德口音说：“到周大福金铺可兑换，价格公道。”郑裕彤说话时口齿稍显笨拙，可是却在众口之争中赢得了信任。商人望了望老实巴交的郑裕彤，随他来到了“周大福”，开创了一笔新的生意。随后，周至元发现郑裕彤在这方面有着过人的智慧，于是继续派他发展这项事业。在过后的仅半年时间，周至元就提升郑裕彤正式在金行当学徒了。

由于广州、香港沦陷，所以很多金铺都迁移至澳门，金铺几乎随处可见，竞争十分激烈。郑裕彤似乎天生便是为黄金珠宝而生的，他对做珠宝生意有着极高的兴致，很快便掌握了坐店营销的要领并痴迷似的钻进了行当。

每天上下班的时间，他总是拿路途经过的金铺来作对比，用行话说这叫“看铺”。可是周老板并不知郑裕彤如此痴迷。从这以后，郑裕彤经常上班迟到，因而引起了周至元的注意。一天，在上班途中郑裕彤路过一家金铺，发现橱窗里摆放着好几款别具一格的饰品，不由得停住脚步，揣摩起来，竟又耽搁了上班的时间。当他急匆匆赶回金铺时，老板已经在店内等候多时，郑裕彤知道自己犯了大错，战战兢兢地说明了原因，结果老板不但没有责备他，反将上街“看铺”的特权交给了他。从此，只要生意不忙时，他便可以上街去“看铺”了。通常情况下，在金铺学徒需要 3 年才能出徒，可郑裕彤却未满 3 年就已经荣升为金铺掌管，负责起铺面的日常经营。

1946 年，年仅 21 岁的郑裕彤便到香港设立了“周大福分行”。他跑遍了全港各家金银珠宝行，集各家之所长用于领导分行的经营，使分行生意十分看好。但郑裕彤并不满足，他清醒地认为：“在商场上‘守业’就等于‘败业’，要在不断创新中前进才能图谋发展。”所以，他又一改原有的资本结构模式，邀集同事，组建“周大福珠宝金行有限公司”，这也是香港金饰珠宝业最早的有限公司机构。

尽管郑裕彤接受的是金铺旧式的带徒教育方式，但是他的思想并不保守，甚至超前具备现代人的经营理念。在他全新思想指导下，“周大福珠宝金行有限公司”不再为总裁独有，而是资产共有，风险共担，利益共享的现代企业。他的思维方式，独具特色的洞察力，令很多同行人称赞。

当时的香港，因为金铺太多，所以竞争十分激烈。那时，黄金成色一律为九九金，而郑裕彤却大胆投入资金，首创制造了九九九九金，率先开创了金饰制造的新工艺，同时也领导了消费领域的新潮流，此项壮举为“周大福”今后的发展奠定了雄厚的经济基础。郑裕彤锐意进取，不断开拓新市场，短短几年，“周大福”分行便已增至11家。郑裕彤将“周大福”推上一个新台阶，这时他又开始向新的领域进军了。

在香港，人们称郑裕彤为“珠宝大王”，而这还不仅仅指他的金饰，更有后来使他进入世界珠宝之林的钻石业。对于国际珠宝饰品的流行款式郑裕彤也十分关注，他在观察中发现，许多极有身份的西方女士，喜欢佩戴钻石饰品，黄金饰品已不被她们所器重，得出此结论后，他开始把目光转向了钻石业。

可是，按规定，只有持“戴比尔斯”牌照，方可批购钻石，而全世界也不过只有500张这种牌照。这张“戴比尔斯”牌照，曾吓退了一大批钟表商，有些业内人士说：“要从戴比尔斯购到钻石，简直比从天上摘星星还难。”

但是，郑裕彤并未因此而退却，他绞尽脑汁，最后他决定在南非买下了一间持有“戴比尔斯”牌照的公司。不但使他顺利拥有“戴比尔斯”牌照，并且到了20世纪70年代，郑裕彤已成为香港最大的钻石进口商，每年的钻石入口量约占全港的30%。

当你翻开“周大福”的创业史，就会发现每一页都有他60年如一日的奋斗足迹：20世纪60年代初，一手握着黄金，一手伸向钻石，叱咤风云于急风暴雨、刺刀见红的商场上，稳操胜券。70年代，兴建香港新世界中心，这座恢宏的大厦至今仍然是尖沙咀的招牌建筑。80年代，与香港贸易局合作建成香港会展中心，名列亚洲同类建筑之最。90年代，率先大举进军祖国内地，投资祖国的建设事业。除此之外还收购亚洲电视股权、组建全港最大的酒店集团，收购美国Stouffer集团海外28间酒店和欧洲penta集团9间酒店。

郑裕彤所创下的业绩，早已传为佳话，他以自己60年勤奋进取的实际行动，证实了心“诚”体“勤”是成功的不败原理。郑裕彤之所以能从一个金铺的打工伙计发展成为今天的超级富豪，靠得就是勤奋。

“勤能补拙是良训”，勤劳、诚实、脚踏实地是中国人的优良传统，它在现在企业经营中有着重要的意义。

有些人认为能成为富豪的人是因为他们比别人幸运，可是一个人的一生，幸运碰上一两次是可能的，但不可能永远幸运。如果你希望永远幸运，你一定要付出永恒的“勤”与“诚”，那幸运才会常伴你左右。

一个人的成功，一个企业的成功，最关键的是勤奋努力！只要你勤奋就有希望！只要你努力肯定会有成功的那一天！

第二章

以地赚钱，以房生财

——地的“战争”游戏

真正的富人卖房，有钱人买房，穷人看热闹！

地产行业近年来一直是富豪众多的领域，这种情况既有时代特色，也值得我们深思，房地产行业的暴利究竟有多少？2006－2007年排在胡润百富榜前十的富豪中，有6位左右旗下企业主营业务为房地产，资产总值占前十大富豪总资产的50%以上。如果加上几家兼做房地产的企业，在前十大富豪中，仅有两人不涉及房地产业。

房地产到底是如何孕育那么多的富豪？让我们拭目以待！

1. 房地产——几乎所有富豪都必须进入的战场

房地产行业的风起云涌，造就了中国第一代实际意义上的富豪。能列入富豪的人，当然不是一般的财富积累。

对中国一些富豪的暴富，我国学者总结出这样一个暴富流程图：制定圈地计划→摆平土地批租方→最低首付资金→取得可套取银行贷款的土地手续→用承建单位资金做到正负零→摆平银行获得抵押贷款→基本完成收益周期。这一暴富操作流程图，学术味太强，一般老百姓真还看不懂。

房地产——富豪们的摇篮

房地产致富的有15个占1/3强。更值得注意的是前10个富豪中有6个是靠房地产发家的！也就是说前10位中有6个“大地主”。而首富杨惠妍就是一个“大地主”。杨惠妍是当今除国家之外的最大的“大地主”，她持有70%股份的“壁桂园”土地囤积达4500万平方米，若以目前全年销售量200万平方米商品房的进度计算，她足够开发20多年！杨惠妍财富的暴涨来源于碧桂园在香港的上市，杨惠妍为碧桂园的最大股东，持股比例接近60%。2007年福布斯中国富豪榜第一名是广东碧桂园房地产公司的杨惠妍，个人净资产高达162亿美元。

除了杨惠妍以1300亿财富名列榜首之外，碧桂园还有4名股东跻身胡润富豪榜，正是对当前我国房地产火热现状的反馈。其实，看一下前十大富豪所从事的行业就会发现，有8人拥有房地产业务，更有4人的主业完全是房地产。统计前50名富豪，居然有一半的人都在靠房地产发家。如此多的地产超级富豪，说明的另一个问题是，目前的房地产业属于暴利行业。地产业富豪比较多，这是整个市场进入财富爆炸期的一个标志。

土地增值催生地产富豪

暴富最快的资源是什么？当然是土地，它没有公开的市场价，“级差”特别大，全在当官的一句话，一进一出都以亿来计算。房地产商发得最快，也最容易，这些人一不留神就上了福布斯内地富豪榜。所以，中国的大富豪有个特点，就是异常地集中在地产领域。在中国2002年度100名富豪中，竟然有40多人涉足地产业。

在发布的《福布斯》富豪榜中。中国40名富豪榜，有十几名地产商跻身其中，而其前4名富豪均专门或者主要从事房地产。在胡润百富榜上，房地产行业的富豪表现也相当突出。在前10名富豪中，有4位专门从事房地产，4位的主要业务之一是房地产。比如黄光裕，其业务中也主要有房地产。出现房地产富豪涌现的情况是必然的，土地增值的速度是飞快的。去年100元的财富，今年就变成300元了。谁买了土地，特别是2005年以前买了土地的，财富就翻番了。

之所以会出现这一现象的原因在于大的房地产商进行整合，使得大富豪越来越富有。今天中国的土地增值成就了这些富豪。相比之下，曾经风光一时的高科技、互联网行业的富豪的排名则退后许多。这与美国的富豪们也形成了鲜明的对比，早前发布的《福布斯》美国400富豪榜中，排名前十位的有6位是来自IT、互联网行业。从比例上来看，矿业、服务业的富豪数量是在上升的。除了上述两个上升明显的领域外，胡润透露，IT富豪和零售富豪的数量也有较为明显的上升。

房地产中存在暴利？

对于房地产行业是否存在暴利这个问题，华远地产董事长的观点很具有代表性：承认了房地产行业暴利的存在，同时他也解释了暴利存在的原因是因为房地产企业是最早开放的。看完这句话，我们首先要回答两个问题：为什么开放会产生暴利？既然开放会产生暴利，为什么还要开放？中国如果在1992年邓小平南巡讲话中没有开放房地产市场，那么房地产就不会产生出如此之多的富豪。假如那时我们首先开放金融，就会有金融业的富豪产生。而且整个行业并非每家都存在暴利，一定是这边有人挣钱，那边就有人亏钱，所以一定要把盈利和亏损结合起来看。

在经济学研究中暴利往往与垄断形影不离。了解一下房地产的市场状态：土地由政府调控，一级市场土地全部被政府垄断，它决定了供应量；资金的供应量则靠银行贷款，而银行又是以国有银行占统治地位，也由政府控制，它决定了开发总规模；拆迁量的多少决定整个需求量的多少，而拆迁量也是由政府决定。还有一种“权力垄断”则进一步推动房地产追逐暴利。在这个逐步开放和规范的过程中，不可避免地要经历一个暴利的阶段，其实只要从大量资金涌入这个行业就可以看到这一点，即使到现在，房地产行业的利润率都要比那些开放更早的行业的利润率要高。

房地产的运作需要钱，房地产商的钱从哪来？没有任何背景的人去哪里找钱？于是，精明的商人将眼睛盯住银行家，攻关的目标自然成了银行家。然而，商人们的这种用小钱换取大钱，用担保换担保只能骗得过管钱的、精明的银行家？怎么将银行家们搞定，就成了商人们的一门深奥的学问。于是，银行家们自然就成为房地产商和批发土地官员“共富的对象”，成为“利益共同体”中的一员。银行家一摆平，钱就滚滚而来，据专业学者的计算，房地产项目中有超过70%的资金来自于银行。

胡润百富榜房地产富豪代表一览

中国鹏润集团主席　黄光裕

“互动、互助、互补”一直是黄光裕坚持的投资理念。国美利用商业经营的现金流，与房地产进行互补，曾获得不错的协同效应。而在房价居高不下的北京，黄光裕也欲“用做家电的模式做房地产”。鹏润家园不止一次打出价格牌。

合生创展董事局主席　朱孟依

朱孟依热衷于做大型地产项目，并且总是远远走在别人前面。顺着市政发展的方向，向东向南不断开发，是朱孟依在广州取得成功的关键。1993年，他在天河动工开发大型商住区华景新城；1994年建暨南花园；1997年开发了愉景雅苑和骏景花园。另外，合生创展还将触角延伸到北京及天津，分别开发了北京珠江骏景花园、天津珠江温泉城等7大项目。合生创展集团在广州开发完成的项目中，一些项目的面积超过了200万平方米，其在天津开发的珠江温泉城据说面积达12平方公里。

世茂集团董事长　许荣茂

当无人看好中国内地房地产时，1989 年，许荣茂出巨资在家乡福建进行了一系列项目开发。当大江南北的中国房地产如火如荼时，他却携妻带子转到了澳大利亚搞起房地产。2000 年北京房地产再上高峰，上海正是低谷，他又力排众议地将投资转向上海，再一次证明他有自己独特的经营之道。

中信泰富集团董事局主席　荣智健

荣智健的未来之路是在他儿时铺就的，但他自己相信是在后来的逆境中才真正磨练了自己的意志。“对于个人来说，我是没有想靠父亲来做些什么，靠别人的名望来做事，长不了，也许一时一事可以，但并不能解决自己的根本问题。”荣智健曾多次在不同的场合这样说。然而他也承认，如果不受父亲身世的影响，假如没有新中国的背景，或缺乏他人的援助，他后来在香港不会取得辉煌的成果；最起码，就不会有今天那么大的规模。

雅居乐集团主席　陈卓林

陈氏家族的雅居乐集团 2005 年营业额约达 53.7 亿元，同比增长约 111%，毛利率达 32.4%，净利率达 18.2%。截至 2005 年 9 月 30 日，陈氏家族共开发 22 个房地产项目，总建筑面积约 940 万平方米。雅居乐集团控股股东为陈卓林家族，陈氏兄弟共五人，陈卓林为集团主席，陈卓贤和陈卓林夫人陆倩芳均为集团副主席和联席总裁，陈卓雄、陈卓喜和陈卓南三人均为集团执行董事和高级副总裁。六人合计持有公司 71.25% 的股权。陈氏家族于 1989 年建立雅居乐集团的创始公司——中山市时代家具厂，1997年开始进军房地产业。集团资产之外，陈氏家族还于1996年成功开发雅居乐长江高尔夫球会。

仁恒集团主席　钟声坚

20世纪90年代，中国推出了房地产改革，当年上海的人均居住面积只有2.7平方米，市场前景非常广阔，依据在新加坡从事房地产开发的经验，仁恒对企业的发展做出长期规划，及时调整了投资策略，集中转向中国房地产业，并以上海、南京为主。于是在1993年，仁恒选择上海作为房地产开发的首站，1994年又进入南京，而这个时候恰逢中国实施“宏观调控”，许多房地产公司纷纷落马，1995年和1996年情况更坏；同一时期，东南亚、香港的房地产、股票却一路狂升，就在这样的环境下，仁恒集团决定撤出马来西亚、印度尼西亚的投资，减少在新加坡、香港的投资，转而加大对中国的投入，增加土地储备。1997年，亚洲金融危机爆发，1998年中国房地产复苏，价格步步走高。仁恒集团不仅规避了亚洲金融风暴的冲击，还赚到利润迅速壮大，在中国的房地产市场站稳了脚跟。

富力地产集团总裁　张　力

2006年富力首次离开广州本部，启动了一个总投资达32亿元的北京房地产开发项目以迎接2008年奥运会。张力以前是公务员，于1988年进入建筑业，5年后与香港伙伴李思廉合作。在广州房地产迅猛发展的时期，张力和李思廉通过承包广州低档地区的房产项目来避免与同行的正面竞争，之后再以迅雷不及掩耳的速度将其盛装推出。

恒大集团董事长　许家印

许家印为中国企业联合会副会长、全国劳动模范、中国十大慈善家、中国民营经济十大风云人物、大学兼职教授，所创广州恒大集团一直保持高速发展，属下房地产集团2003年和2004年均位列中国房地产10强企业，属下钢铁集团基本形成近200亿的产值规模。2004年集团实现销售收入87.19亿元，现有员工近万名。仅2003年和2004年共上缴税费9.35亿元。恒大集团连续3年跻身中国企业500强，其独具特色的经营管理模式被誉为“恒大模式”。

富豪们的财富水平与当地的房价水平总是保持着某种微妙的关系。房价高的地方，最能造就房地产富豪。同时，另一个现象——房地产老板最容易登上富豪榜，也一直被人们所关注。对于胡润来说，其富豪榜是其战略资产，但不是其盈利的重心。其关键成功之处在于通过这个富豪榜的战略资产不断复制，产生大量的现金收入。同时又打造了一套富豪客户的价值链，就是提供了免费出名、交流合作、高档品牌广告等一系列价值链。

房地产业已经进入了一个整合的时代。在资本、土地和团队的助力下，强者愈强。房地产商“发”得最快，也最容易。其实有些人根本没钱，但他却可以通过各种关系筹措资金，一夜之间成功地成为富豪。多样化的资金来源，适合的土地储备，精益的开发，持久的增长等都将是他们成功的因素……

房地产从严格上来说属于垄断性行业，因为土地是有限的，所以房子也就有限。垄断性行业从来都不会亏钱，这就是多数富豪靠房地产暴富的原因所在。

2. 圈地造势，醉翁之意在股市

近年来，地产开发商圈地热潮此起彼伏，风云乍起！然而，房企为何掀起“圈地风”，其意图何在？

自21世纪以来，我国的固定资产持续膨胀，房价高企、地王频现、投资投机热度上升是房地产界的重要表象。房价高企，不仅仅给开发商带来超额利润，更多的是会带来大规模的囤地和圈地冲动。于是，一些计划上市的房地产开发商想方设法圈地、囤地。一旦成功上市，圈到大笔资金，又返回来助推地价上涨，使得市场的未来预期不断攀升。他们手里囤有的土地身价倍增，其结果是房地产开发商财富暴涨。房地产界多富豪的真正原因在于房地产业是中国最佳的寻租场所，比股市圈钱来得更快，同时又降低了风险……

“圈地运动”白炽化

地产巨头们在全国上演了一场堪称狂热化的“圈地运动”，其来势汹涌，让人始料不及，难解个中玄机。

根据国家统计局的数据，2007年上半年1月份至6月份全国70个大中城市房屋销售价格同比分别上涨5.6%、5.9%、5.9%、5.4%、6.4%、7.1%，总体呈现上升态势。房价的不断抬升，使投资者对地产上市公司的未来业绩增长充满期待。据不完全统计，2007年以来上市房地产公司通过增发、配股等方式，已合计融资超过1000亿元。地产上市公司手握巨资竞拍地块，直接结果就是，全国范围内的土地价格不断创出新高，上海、杭州、东莞、天津、厦门等地的纪录不断被刷新，“上海地王”、“广州地王”、“天津地王”、“武汉地王”……地价狂飙，“地王”频出，开发商们正在饕餮一场“地产盛宴”！截止到2007年7月31日，保利地产的土地储备增加到1007万平方米，万科则超过2000万平方米，另一地产巨头碧桂园的土地储备更是达到惊人的4500万平方米，可谓是全国土地储备资源最多的地产公司。2007 年 8 月 24 日，南京苏宁房地产开发有限公司以 44.04 亿元拍得上海南京路东端地块，楼面单价高达 6.69 万元/平方米，一举成为国内单价最贵的“地王”。北辰实业等以 92 亿元的天价竞得长沙新河三角洲地块，创下了国内单宗土地拍卖总价的最高记录。

万科地产的土地储备现早已超过 1500 万平方米，并在 2006 年形成了以珠三角、长三角、环渤海加成都、武汉的战略布局。万科是 2006 年在武汉拿地最多的广东开发商，收揽了至少六幅地块。万科拿地已从过去“土地——产品——客户”的流程转向以客户需求为先，并向中心城区转移。2007 年 7 月 12 日，万科地产在广东东莞一带竞得一地，单位楼面地价超 1.5 万元，不仅刷新了广东全省的“地王”记录，更高出当地现售商品房均价 1 倍，首次开创出了“面粉贵过面包”的先河。

保利地产在上市之前确立的拿地格局是以北京来辐射环渤海经济圈，以沈阳覆盖东北重工业经济圈，以重庆辐射西南经济圈，以上海辐射长三角经济圈，以广州覆盖珠三角经济圈的全国战略布局。上市后保利地产拿地热情不减，并青睐大地块，在保利布点的 10 个大城市之中，拥有占地面积千亩以上的超大型项目已经有 7 个城市。

富力地产近年来在广州、北京、天津、西安、重庆等一线城市已有 23 个项目，上市后其土地储备飙至 1000 万平方米以上。除在广州大量购入珠江新城商用地块之外，富力注意力还转向二线城市，预计会开拓到成都、湖南和武汉等省会城市。在广州，富力地产也有意保留了大量的商用物业用于圈地项目上。

雅居乐地产近年来也有了向异地发展的明显意图。通过几次购地，雅居乐在佛山已经形成了领先优势。2006 年雅居乐在河源斥资 7.3 亿元夺得 136 万平方米大地块，并进入海南开发 1.5 万亩的旅游地产项目。雅居乐开发大项目的惯用策略进一步得到强化，土地储备也已增至 1700 万平方米。

恒大地产集团以前一直是以通过协议出让方式拿地为主，目前也已进入全国 10 余个城市，土地储备超过千万平方米。随着资金的不断充实，开始进入了土地出让市场，恒大 2007 年低调进入武汉土地出让市场，以8.29亿元成为位于武汉市九峰山森林附近的“地王”，这一大手笔令恒大在武汉地产行业的盛名声名鹊起。

如果按照目前地产企业年开发量计算，在不新购土地的情况下，一些地产企业的储备用地足够连续开发两三年，多的可达四五年，甚至有的地产企业其储备用地能够供开发六七年也不足为怪。

剖析“圈地风”

房地产企业膨胀的“土地储备”量，凸显了当下囤地风之盛。地产股表现良好，给上市公司通过资本市场融资带来了机会。2007年7月，金地集团定向增发1.73亿A股，成功募资45亿元。8月，金地集团又发布公告，拟发行不超过12亿元人民币公司债。此外，公司还计划公开增发不超过3.6亿股A股。8月，万科A股增发募集资金100亿元，创下我国股市增发史上单次募资最高记录，其后再度公告，拟发行总金额不超过59亿元的公司债。其他公司也丝毫不愿意落后于人。8月，保利地产公开增发融资70亿元，苏宁环球拟定向增发3.8-4.2亿股，募集资金高达110亿元；栖霞建设、深南光A、上实发展三上市房企同时发布增发方案，共增发募资高达71.9亿元……2007年以来上市的房地产公司通过增发等方式，已合计融资超过1000亿元，随着国家土地和房地产金融调控政策的不断调整，房地产企业不断进行融资渠道创新，资本规模急剧扩张，土地购置面积也越来越大。也就是说，地产公司正是利用融资的方式，获得巨资后在全国各大城市开始疯狂地“跑马圈地”。

其实，“地王”们只是在利用圈地造势，醉翁之意却在股市。虽然平时我们很难得知地产企业到底有多少“家底”，不过，这些在地产企业的中报里却明白地给出了答案。不论是房价还是股价，地产企业实现了双丰收，天价拿地的成本其实不需要未来的楼盘销售就已经在股价飙升上实现了套现。“房地股”联动，储地越多，从股市圈钱就越多，从而形成“股地拉扯”的风险循环，最终买单的还是股民，而地产开发商却能从中获取暴利。“地王”们一边“跑马圈地”，一边凭借土地储备从股市迅速融得逾千亿巨资，其时间之短、规模之大，自沪深股市成立以来，乃其他行业无以能比。

“这一轮圈地热与以往有很大不同，它是与当前的牛市互为呼应的”。在土地储备成为拉抬地产股价格最主要卖点以及“要上市先拿地”的背景下，购地不再单纯是为企业未来发展做储备，更多的是为推高股价或筹备上市而圈占。2007 年以来上市的房地产公司通过增发、配股等方式，已合计融资超过 1100 亿元。自沪、深股市成立以来，还没有哪个行业像房地产这样，在如此短的时间内融得如此多的资金。而随着地产股股价高企、地产商上市融资节奏加快，房地产市场的系统性风险正在一步步地逼向股市。一幅房、地、股联动图日益显现：“土储”愈多，从股市圈钱就愈多；低成本融资愈多，买地冲动愈烈、手笔愈大。结果，地价越拍越高，土地囤积越来越多，房地产股一飞冲天。地价推高房价，堆积楼市泡沫，而地产开发商们则会通过股权的公众化将原本应该由地产企业承担的房地风险转嫁给中小散户。

一直以来，包括万科、保利、富力等地产行业领头羊在内的众多房企，或公布增发，或决定回归 A 股，重磅消息接踵而至。按照正常的理解，国家宏观调控的监管大棒时不时地打在地产业上，土地政策与楼盘按揭新政接二连三抛出，导致多数房企正常的融资渠道被切断或变得紧张，因而谋求资本市场投资者的支持，顺理成章。在对资本股殷渴求的同时，巨头们拿地的步伐骤然加快。2007 年以来，包括深圳金地这样稍有实力的房企都马不停蹄地出动，奔波在成都、武汉、重庆、西安、苏州、昆山、合肥、沈阳、惠州等城市。开发商在众多土地拍卖会上志在必得，使得各大城市的“地王”纪录频频被刷新，每平方米拿地楼面价格达上万、甚至逾 2 万的天价。但这并不足为奇，下一刻新的“地王”可能还会隆重登台亮相。

地产开发商们用这样的天价作为拿地规则，在一般人看来好像有点失去了理智。合乎逻辑的解释是，“羊毛出在羊身上”，天价拿地自然要创造超级楼盘或地标建筑，这样的营销不仅能给房企带来品牌声誉，而且还将带动区域房价的整体看涨，最终当然还是由消费者来埋单。

近年来随着我国银行信贷的逐步紧缩，开发商们的资金普遍紧张。但在大牛市当中，房地产企业创新了融资渠道。相比到银行贷款的严审查、高成本而言，从股市融资成本低廉、无须还本、不用付息，风险被分散转嫁到地产股投资者身上，大地产商当然非常乐意为之。于是，在房地产宏观调控严管的“信贷”和“土地”两道闸门外，地产巨头们能够比较轻松地融资圈地。而一旦拿到丰厚的融资资本后，这一链条的创富神话继续演绎。一幕股市、土地、楼市携手高价共舞的循环图画仿佛已浮现到了我们眼前！在这一轮前所未有的全民冲动中，众多地产大鳄在资本市场实现了百亿甚至上千亿元的资产增值。声势浩大的土地圈地则增加了市场的高预期，进而获得更多的股东权益或套现机会。未来，倘若房价仍保持稳步上涨的态势，地产巨头和投资者可谓皆大欢喜；但若地产股神话破灭，股价突然崩盘，大腕们则早已率先撤离，烂摊子便留给股民承担。

这完全是一条地产商们为获利而设定的链条？房价上涨——地产股升值——地产商疯狂圈地——房企预期收益值大幅增加——投资者高度关注、争购——房企大规模上市或大手笔增发。在这个循环当中，孕育了巨大的房地产价格风险和股票价格风险。相对于银行，股市的广大投资者更为分散，加之现在监督机制存在的漏洞，投资者对房地产业的资金运用等情况的监管更弱，制约力更小，房地产业通过圈地囤地推高房价的底气将更足，因为其所有风险都转嫁给了比银行更为弱小和分散的广大投资者身上。因此，在目前房价和股价都处于高位的时候，投资者一定要时刻警剔风险，从而做到理性投资。

房地产发展的速度之快是始料未及的。房地产市场的发展需要大量的土地，对于房地产开发企业而言，土地问题其实也就是资金问题。地产开发商们的疯狂圈地热潮，实际上只是在造势，给不懂行情的人们制造假象！即使他们用天价的成本来圈地也根本不会有所损失，因为他们早已在股价飙升中实现了套现，赢得了更大的利润！

“地王”圈地，实乃“醉翁之意不在酒，在乎地产股市也！”巧妙设局，于无形中获取暴利！

3. 左手圈地，右手赚钱

地产圈，好比一池子水，永远不会平静！大浪淘沙，数“风流人物”竞折腰！无论“圈地”还是“圈钱”，都需以战略作为支撑！

近几年房地产行业风云突起，其跌宕起伏犹如一部好莱坞大片，声势浩大。而现在房地产市场最为热闹的事情就是开发商“圈地”、“圈钱”忙，全国各地的“地王”之争，是地产行业“圈地”、“圈钱”的一个缩影。房地产与资本市场加快了全面的对接，万科、保利、金地等企业纷纷通过股票增发、发债等形式圈钱圈地，碧桂园、SOHO 中国等开发商也成功登陆了香港联交所，上市已经成为了各大开发商最主要的融资方式。

对沪、深两市主营地产的 70 家公司的统计显示：2007 年以来，有 38 家公司实施了增发或公告了增发方案，涉及资金高达 1204. 3 亿元，金地和万科还计划发行公司债共 71 亿元；并另有两家公司通过 IPO 登陆中小板，募资 15. 86 亿元。如果加上香港市场，国内房地产企业融到的资金更多。

房地产老板圈地赚钱的法术

房地产属于资金密集型的产业，它就像一个巨大的黑洞，不管有多少资金也能被这个产业所吸纳。就像一房地产老板说的：开发商的自有资金永远没有自我欲望多，再大的房地产老板也缺钱。很多人都说，老板一高调，就说明这个老板缺钱，想从市场上融资圈钱了。那么，房地产老板们是怎样玩转资金游戏的呢？下面就揭开他们的神秘面纱吧！

融：在沿海经济发达地区，民间游资巨大，融资渠道多，融资成本相对低廉，所以许多房地产开发商就在看中某个项目之时，放出风去，以高收益来吸纳众多的民间资本入股。开发商们为了规避开发过程中的合作风险，他们都以月息5分高利短期融入资金进行房地产开发。

拖：多数开发商在通过招、拍、挂或二级市场疯狂拿地后，采取的往往是拖的战术。特别是通过招、拍、挂方式从政府手中拿地之后，就拖着逾期支付地价款，他们宁愿支付违约金，也不愿意马上将地价付清。原因很简单，因为在拖的过程中，地价增值的速度，远远超过其违约金的数额。此招式就是顺驰成为地产黑马所用的独门秘籍。

贷：开发商们在支付了土地出让金，取得土地使用权后，他们做的第一件事就是加快办理四证的步伐。一旦四证到手，开发商就会迅速把地抵押进行贷款。一些大牌的开发商，他们一般与多家银行间有所谓的授信关系，往往就利用授信贷款的钱四处圈地，扩大规模。

垫：当开发商进入房地产真正开发环节的时候，他们多数都会采取要求垫款的方式实施建筑工程的施工。甚至有些项目除了要求施工单位有工程押金之外，还要求施工方垫款施工至封顶。就目前情况，绝大多数地方的工程施工仍然处于发包方市场。所以，开发商往往以此做筹码，一方面尽量压低工程造价；另一方面要利用承包方的资金来建设，从而达到降低资金运作成本，提高资金运作效率的目的。

因此，要想在中国做房地产的老板，就一定要深谙厚黑之道，同时还要有钢铁般的意志和承受高强度压力的能力。

地产富豪杨国强

杨国强，生于广东顺德北滘镇，中国大陆企业家，广东省地产商碧桂园集团主席兼创办人。自2007年4月起，他的家族成为了中国大陆首富，资产达455亿元人民币。

2006年间，杨国强下的碧桂园集团豪取重庆第一工业强区长寿区共约2.5万亩土地，其中包括长寿湖风景区内总面积6300余亩的大坪岛及附属岛屿。

杨国强在2006年5月第一次走近距重庆主城区不到两小时车程的长寿湖时，当地政府亮出了“长寿湖区开发将采用以旅游为引导，房地产为平台，带动产业发展”的综合开发规划，试图说服这位外表沉默寡言的广东大老板。杨国强当时未做任何正式表态，但一年之后，即

2007年5月他再次出现在长寿湖边上时，事情迅速变得明朗起来。

当时，碧桂园在香港的上市刚刚一个月，该集团走出广东、全国扩张的战略正迅速铺开。而由于重庆钢铁集团整体“环保搬迁”到长寿的方案敲定，市政府计划投入近200亿元确保搬迁顺利进行，长寿方面预计相关产业拉动将促进该区的经济发展，并带来40万左右的新增人口。这一切都让双方合作愿望更加迫切。经过多轮谈判后，杨国强终于在与长寿区政府的有关合作开发协议上，签上了自己的名字。当时距他初临长寿湖，刚好近500天。

此外，杨国强还主动提出“打造当地第一家五星级酒店，并兴建长寿新城大规模住宅项目”的思路，正合他们心意。在双方达成的协议上，碧桂园先以2.3亿元获得长寿城区桃花新城约2000亩土地的开发权，如今酒店用地前期规划和整理工作已经开展，最迟2008年初启动开发，第一期100多亩住宅用地开发，也将随酒店建设同步进行。

接下来，双方再就开发长寿湖风景区岛屿旅游开发规划取得一致：碧桂园承诺投资约20亿元，整体开发约2000亩的大坪岛以及附属岛屿，总开发面积6300亩。长寿湖管委会常务副主任刘小勤称，碧桂园看中的是重庆郊区巨大的发展潜力，以及地方上招商引资的优惠政策，而长寿人看中的，则是碧桂园的综合实力、充裕的资金流以及杨国强本人低调务实的作风。双方还就长寿湖周边区域内多达17000亩的土地达成框架性协议，开发一个有高尔夫球场配套、以“第二居所”为号召的新型高档旅游住宅区……这笔投资杨国强并未要求任何土地回报。

广东碧桂园集团董事长杨国强在长寿区圈地约2.5万亩，长寿湖周边将被开发为新型高档旅游住宅区。杨国强走的是农村包围城市的道路，他的一个叫“假日半岛”的楼盘，宣传口号打的是“便宜过自己建房子”。

圈地大王杨卓舒

杨卓舒出生于黑龙江肇东。1993年他从《河北日报》报社辞职后，创办卓达房地产集团，现已拥有1200万平方米的土地储备，目前在石家庄总投资达160亿元的150项重大工程中，占了1/4以上。此外，卓达集团还在北京、内蒙古和海南等地投资教育、旅游产业。

卓达集团是河北石家庄最大的房地产公司。到今天为止卓达的销售面积达200万平方米，2007年计划销售100万平方米。2006年销售收入达1.80亿美元（2000年1.20亿美元），纳税0.12亿美元，有1500名员工。杨卓舒曾经是一名记者，于1993年下海。目前他拥有两所大学并建立了教育基金。

早期，杨卓舒在石家庄市开发区以每亩不足万元拿到3600亩商业用地，如今已经上涨了数十倍。最可观的是他在北京昌平马池口镇圈下的地块，由于昌平科技园区的带动，现在每亩地价已飙升至130万元。当杨卓舒的卓达集团公开宣称建设一个规模庞大的“卓达大学城”时，就连见多识广的北京房地产大佬如任志强也不免吃了一惊。杨卓舒声称，“卓达大学城”里的“将军园”、“教授园”别墅，仅私家花园少则两三亩，多则10亩。杨卓舒在昌平圈了或者说能圈多少地？最少的说法是1万亩，更多的说法是3－5万亩。即使以杨卓舒最早声称的一期土地开发面积25000亩计算，每亩升值50万元，单此一项，土地升值后带给他的资产亦高达10多亿元。

杨卓舒的发家速度实在令人惊叹。最早在1993年以前，杨卓舒在河北日报社分别担任编辑处长、出刊创作编辑部主编。1993年以后下海，第一个项目是1993年9月至1995年9月，开发建设12万平方米的卓达别墅区，1996年底成功开发8万平方米的公寓住宅，1997年6月至1998年6月，成功开发了20万平方米的卓达书香园公寓。

1993年，全国房地产大幅跌落。初步商界的杨卓舒，借朋友一部破旧的汽车作价顶了农民的青苗钱，征下30亩地，30亩地建别墅，不过是2万平方米，卓达的别墅是12万平方米，一辆旧汽车都能换12万平方米的地？当时全国平均地价每亩在8万左右，即便是石家庄的土地，最便宜也要每亩1万。一辆旧汽车能顶30万？更何况还是12万平方米，180亩地。180万买辆新的奔驰600都足够，不知道什么旧车比奔驰600还值钱。杨卓舒真正发家不是靠这些小生意，最主要的生意是1998年的卓达玫瑰园，占地300亩，建筑面积25万平方米，卓达玫瑰园东临广平街，西傍滨河街，北靠仓安路，南接新石路，紧邻《河北日报》的生活区，杨卓舒在1997年9月前拿下这块地，9月29日，石家庄便搞了一个巨大的民心河工程，1999年民心河通流，耗资近10亿。位于民心河畔的卓达中苑玫瑰园，销路极好，在省会一度刮起"玫瑰旋风"：一期开工不到4个月的时间，先期推出的25栋6层公寓楼，主体全部建好，不到8个月的时间，95%以上售出。1999年上半年，杨卓舒拿下北京昌平马池口镇近3万亩地，也有人说是5万亩。9月份，北京昌平马池口镇就被确立为昌平高科技园区。立刻地价涨到100万。这之后，杨卓舒开始筹建卓达大学城。

2001年1月1日，这所号称关于上帝和天堂的大学启动开工，占地据卓达集团网站声称是3万亩。同样是网站，卓达大学城所在的北京昌平政府网站中提到马池口镇的大学城是这样说的：在高教区内，利用土楼和北小营村的3000多亩"四荒地"，先后开发建设了北京卓达大学城和北京吉利大学。北京卓达大学城于2000年3月27日开工建设，已投资1.6亿元，已先后建起了2栋教学楼、3栋宿舍楼、1栋计算机楼及其他附属设施，将于2000年9月正式投入使用。

卓达集团开办有众多项目：

■ 卓达龙庆峡国际生态康乐园，该项目第一期占地面积1600亩，投资4.8亿元，现一期立项已批复，景观湖泊已完成，基础工程已竣工，位于其间的"卓达山水江南度假村"业已开工建设。江南水乡小镇、自然生态高尔夫社区、山水江南度假村酒店、商务会馆、欧洲古堡、婚庆教堂、挪威森林等子项目。

■ 热带雨林度假村：位于三亚市迎宾大道与二环路交汇处、三亚河城市风景带，总占地面积为540亩，总建筑面积为39.6万平方米，3000多个户型单位。

■ 星辰广场，是目前省会石家庄占地面积最大的文化广场，总面积近10万平方米。厉害吧，10万平方米！

■ 河北两院院士专家园位于石家庄市国家级高新技术开发区，占地330亩，建筑面积22万平方米，总投资3.8亿元。

■ 卓达服装产业园是河北省重点建设项目，选址于石家庄高新技术产业区。项目一期占地378亩，总体规划3600亩。

上面这些都是小项目罢了，更大的在后面——位于长江大道中段，总占地面积近1000亩，商业建筑面积达50多万平方米。该项目群包括星辰广场、石家庄会展中心、火炬商务大厦、温泉水上乐园及金融、商业、餐饮等多个项目。该项目群的所有项目全部由资产拥有30个亿的全省最大的民营企业卓达集团投资建设，总投资将达30亿元。

目前的赚钱战略都讲究两手抓，一手圈地，一手赚钱，而圈地的目的也就是为了赚钱，随着时间的流逝，其地价也会随之上涨，而地产商就可从中获取可观的一笔财富，因为本来房地产就是一个巨大的聚宝盆。

处在房地产企业大肆融资的时代，大多数富豪都出自于此。然而把地产与股市连接起来，赚钱的门路就更加开阔，以至于达到了登峰至极的境界。

然而即使赚钱的时机已经成熟，没有好的方法也是白费，这些地产业的大鳄用尽了所有的妙计达到了目前的成绩，可谓是历尽了千辛万苦，而我们这些平民也为他们立下了不小的汗马功劳。要成为富人，那么就不要站在平民的角度来看自己，之后才可轰轰烈烈地做一番大事业。

左手圈地，右手赚钱！地到钱来，创造“双赢”！“圈地运动”愈演愈烈，“地王”们的口袋随之愈来愈鼓！

4. “李嘉诚”房地产的沉浮

由零开始，白手起家，李嘉诚几乎成了人们心目中成功富豪的典范。而且他有望成为中国房地产行业首个“巨无霸”！

在新一轮宏观调控面前，没有一家开发商敢掉以轻心。尤其是经历了1992年那一场生死劫的企业，最为谨慎。但谨慎并不意味着不作为。相反，此时的作为往往会有超乎寻常的成效。新的政策调整，新的市场形势，注定了企业界新的一轮沉浮。

投资房地产业

长久以来，李嘉诚的成功之道是他总能在一项业务的极盛时期洞悉其危机所在，然后迅速做出新的部署和尝试。当年他生产塑料花的时候，塑料花行业正大行其道，大有带动香港工业起飞之势。然而李嘉诚却看到了这个行业的前途有限，于是转向房地产发展。

一次，他经过郊区时，忽然发现远郊特别的荒芜冷清，与市区的繁华热闹形成了鲜明的对比。当时香港的繁荣引来了许多著名财团，他们需要什么呢？人生的几个基本需要——衣食住行，他想到了“住”上，这么多可供开发的资源还在这里空置着，这就是商机啊！在香港这个弹丸之地，地少人多，寸土寸金。其他的问题都可以通过进口解决，但是“住”必须通过自己，只有房地产行业是最稳健、最有投资潜力的新兴产业。

1958年，他投得北角英皇道的地皮，兴建一幢十二层高的工业大厦，留下数层自用，把其余的单位出租。大厦落成后，香港物业价格随即大升。李嘉诚发觉房地产大有可为，于是开始部署把资金投放到地产市场。20世纪60年代中期，香港的房地产经历一场狂炒后，一落千丈。李嘉诚独具慧眼，认为土地价格将会有再度回升的一天，实行“人弃我取”的策略，不到三年果然风暴平息，大批当年离港的商家纷纷回流，房产价格随即急涨。到20世纪70年代初，他已拥有楼宇面积共达630万平方英尺，出租物业超过35万平方英尺，每年单是收租，已达400万港元。

1971年，李嘉诚正式成立了负责地产业务的“长江置业有限公司”。1972年，李嘉诚把“长置”易名为长江实业有限公司，自任董事长兼总经理。“长实”在地产业屡出大手笔。先是拿出六千多万元资金购买物业及地皮，并积极兴建高级住宅与商业楼宇。到1967年，又动用二亿三千万港元，买入美资集团、希尔顿酒店及凯悦酒店，开创了华资在港吞并外资机构的先河。而李嘉诚历时两年半之久，全面进军

"和黄"的整个过程直如"蛇吞大象"，实为香港开埠以来华资收购英资的经典之作。"和黄"是老牌和记洋行及黄埔船坞的合作品。到1980年，"长江"终于持有"和黄"超过40%的股票，李嘉诚当上了"和黄"董事会主席。至此，李嘉诚坐上了香港华资地产龙头的位置，"李超人"的绰号不胫而走。

在房地产经营过程中，李嘉诚动用小本求大利的办法获得了巨大的成功。一般香港经营房地产投资的人，常用买地皮付30%现金，而70%是向银行贷款。这种方式会因承担巨额利息而冒垮台风险。而李嘉诚却找那些手中有土地而没有开发经验的公司合作。保证支付合理固定地价，"长江实业公司"在与他合作的公司的土地上开发后获得利润。在经过几年的土地合作开发中，土地价格也在不断上涨，"长江"又获得了不少利润。在土地建设的投资中，"长江"大部分是用买房付钱的办法来开发房产，使他的经济实力达到了第二次飞腾。

李嘉诚看淡"房地产泡沫说"

2004年，李嘉诚的"长江"实业集团以94.2亿港元拍下香港市区一块土地，是香港回归以来最贵的拍卖地，也是香港历史上的第二贵地皮……

2004年10月某日上午，随着一声槌响，李嘉诚的和记黄埔以21.35亿元的天价拿下1036.47亩的成都"城南地王"，创下成都乃至整个西部地区单宗土地的最高价……

过后，重庆市某位负责人透露，"长江"将在渝北区投资新建一个新房地产项目，总投资超过10亿元人民币，主要用作发展高档住宅区……

据有关人士透露，总面积达67万平方米的内地首个遗址性盛唐皇家风格的大型主题公园——"大唐芙蓉园"，将以12－14亿元作价出售其予"和黄"；同时，还计划以优惠价出售邻近南湖一块1000亩土地予"和黄"以发展住宅项目……

李嘉诚在以巨资的花费挑战投资银行摩根斯坦利等发布的"地产泡沫说"，过后上述消息纷纷见诸报端，而香港与内地的地产泡沫说，也正在为研究机构热炒。

李嘉诚有望成为中国房地产行业的“巨无霸”

从2004年10月份开始，李嘉诚旗下公司在内地房地产市场一直频频出手。如2004年10月19日，“和黄”地产宣布与深圳中航集团成立合资公司，在深圳市区繁华的华强北商圈内开发一个大型综合商住办公项目，总投资20多亿元。2004年10月30日，和记黄埔又以21.35亿元的天价拿下1036.47亩的成都“城南地王”，和记黄埔表示它将在成都开发“一个全新的香港城”，该项目后期投入就应该在100亿元以上。2004年12月6日，和记黄埔以总价10.05亿元人民币获得西安高新区727亩国有土地。此外，李嘉诚旗下公司还前往海南和长沙考察，了解当地房地产和旅游业的有关情况。据初步估计，李嘉诚在深圳、成都、重庆、西安、长沙、武汉、海南、重庆等地的房地产行业投资至少将超过400亿。有人称，李嘉诚现在拥有的现金太多，甚至在香港地区已经找不到合适的投资项目。内地房地产行业这些年的高速增长和繁荣自然就吸引了他的目光。除深圳以外，李嘉诚的投资更多地集中在中国中西部地区，借西部大开发政策“跑马圈地”的意图非常明显。从目前情况来看，中国内地规模超过百亿的房地产商屈指可数，而且都集中在长山角、珠三角以及华北地区，还没有出现真正意义上的全国性的房地产公司。以现在的形势可以看出，以长江实业、和记黄埔、新鸿基地产、新世界集团、嘉里集团等为代表的港资房地产公司完全有后来居上，率先成为中国房地产行业的“巨无霸”。

一个人取得商业上的成功，不是一件容易的事。地产行为越来越引起重要人士的重视，李嘉诚先生的人生经历，可以说是一部波澜壮阔的长篇小说。成功是一种心态，一种习惯，是人的一种思考模式，是人生的一种方式，李嘉诚在房地产产业上的谋略可以归纳为：耐心等待，捕捉机遇，有智有谋，从长计议。商海浮沉，李嘉诚就是一面时代的镜子，他的奋斗经历，足以点亮每个人的一生！

对于房地产产业，李嘉诚说："当大街上遍地都是鲜血的时候，就是你最好的投资时机。"之所以被称之为"超人"，就是他总能在别人不看好的趋势及项目中稳稳获益。

5. 破译房地产企业家赚钱密码

近年来，房地产可谓市场上最赚钱的行业之一。地产企业家如雨后春笋般，迅速占领市场，令人慨叹万分！

房地产行业的利润到底有多高？难道地产企业家们真的有一套赚大钱的"武林秘笈"？让我们一起来揭开他们神秘的面纱，破译房地产企业家们的赚钱密码，解开这个蛊惑于人的大谜团！

房地产利润有多高

地产开发商的利润到底有多高？有的地产大腕说"一年下来也就7.7%"，也有另外的大腕说"大概在20%左右"。2006年两会时，前中国首富、新希望集团董事长刘永好说："一年做房地产的收益超过做十年农业的收益。"有开发商表示："市场好的时候，原计划卖八千的房子，最后一万八卖掉了，你可以计算一下，利润率到底有多高？"

与上市公司相比，未上市的房地产企业的财务透明度相对较低，因此，在谈到利润率问题时，这部分企业的说法最为多样。2006年4月初，在北京举行的一次房地产界活动上，有地产大腕表示，他们的企业净利润率"一年下来也就是7.7%左右"。

国土资源部在2005年通过调研数据，曾对房地产商的利润率问题进行过分析，结论是北京市房地产开发利润占房价的比重平均达到17.1%，其中最高的在二、三环之间，达到了20.4%。目前，全国大多数城市房地产开发的利润率普遍在10%以上，中高档房地产平均利润率更高，一般达到30%－40%。这种暴利使得社会各个行业纷纷进军房地产开发，为了获得土地，使得竞争异常激烈，炒作之风盛行。

非上市企业说法不一，是因为财务不透明，但已经上市的企业在利润率的问题上则无可回避。按照规定，上市公司必须公布相应的财务数据，从相关报表来看，大部分上市的房地产公司的利润率恰好符合国土资源部的调查和考究结论。

2005年，万科的房地产主营业务利润率为29.22%，相对于2004年增长了3.47%；招商局的房地产主营业务利润率为23.67%，比2004年增长了5.72%；金地集团的毛利率为38.04%，比2004年上涨了10.78%；业务主要集中在上海的中华企业主营业务利润率为30.98%，该利润率比2004年还回落了4.21%；北京城建房地产销售利润率为22.13%，比2004年增长了5.02%；陆家嘴在土地使用权转让业务上的利润率为66.92%，比2004年上涨了15.5%，在房地产销售方面的利润率为20.01%，该利润率比2004年还回落了10.29%。

但万科房产发布的2005年度报表上显示：公司2005年实现销售面积231.8万平方米，增长41.5%；销售收入139.5亿元，增长52.3%。年末，公司结算面积176.9万平方米，结算收入103.8亿元，已售未结面积达65.7万平方米，金额计48.7亿元。

地产开发商赚钱的“武林秘笈”

2007年，在福州已有将近700家房地产开发商，在“海滨邹鲁”2000多年城市发展史上显得十分壮观。有很多业界人士不止一次地询问：地产开发商是如何赚钱的？难道真的有什么“秘笈”？为此，各路精英纷纷献计献策，希望给人们以启示。

经济学家提出的赚钱谋略是：抓住机遇、适度规模、超前发展；业内专家提出的思路是：追随大局、瞄准资金、搞大盘子；大学教授提出的赚钱模型是：善用政策、加强管理，打造质量；工程设计师提出的赚钱方案是：绿色概念、户型出新、环境取胜；广告商提出的赚钱高招是：全面包装、信息轰炸、树立形象；策划师提出的赚钱决策是：品牌第一、准确定位、滚动发展。

很多地产开发商们一直都在毕恭毕敬地当学生，诚心诚意地聆听这些精神课程，如同哈佛大学 MBA 学子那般对所有的 ABC 一往情深。当然，他们不可能稳坐岸边钓大鱼，而是时刻充满危机意识，在楼市大潮中急步流星地向前冲。

地产开发商们平时善于运用各路精英们的“赚钱谋略”，营养思维，培植才智，消灭本领恐慌。在此后的风雨征程中，他们发现那些曾经是启蒙开智的专家谋略，从一个城市迁移到另一个城市，从一个版面展转到另一个版面。这时，他们顿悟到：房地产业这么大，世界却这么小，名师要拜，功课要学，真话要听，实事要做。于是，开发商将笔记记入心中，将体会写入工地，将品质注入楼市，从打桩之日到楼宇冲宵，一直用心灵记录着每一笔开发轨迹，绝不允许污染哪一个节拍。以致在国外，建筑物一般都专门树碑铭刻着设计师和开发商的名字，因为那里有他们的辛勤足迹，有他们的汗水。

在福州，有一位一直以信誉著称的房地产企业家，在工程将要结束之时，他发现已经贴片的墙面效果不太理想，倘若验收也可以十拿九稳地一次通过。但他突然意识到，如此行商，必伤消费，必害楼市，最后很可能沦陷企业。金光闪闪的未来盈利率没有板倒他的心智，于是，他又花了二、三百万元为所有的墙面重新美容换装。结果，他的一期楼盘售出率高达百分之百，而二期也承上盘之旺势越做越红，在市场上赢得了很好的信誉。

房地产开发商既不是超人，也不可能是圣贤，他们在楼市里程表上，也曾经高蹈阔步，但交上一步登天的好运几乎是不可能的，与其他行业一样，他们有时难免马失前蹄，但他们相信只要不忘本，不忘立足市场的为人之本，总会遇上一席之地。若问开发商有什么赚钱的“武林秘笈”，答案就是：这是一个可能永远也挖掘不完的特大型题材金矿。

房地产王国掌门人——许荣茂

1989 年，许荣茂转行做房地产。此后十多年里，许荣茂南征北战，不管房地产形势是高峰还是低谷，他的事业总是蒸蒸日上。

1989年，许荣茂将他的第一块房地产“实验田”选在了老家石狮，据说许荣茂出自当地颇有名望的许氏家族，回家乡投石问路也算是荣归故里。许荣茂投巨资兴建了振狮大酒店和振狮经济开发区，继而又投资兴建了占地6000亩的“闽南黄金海岸度假村”，成为在国内石狮地区最大的房地产投资商。

1993年，许荣茂又以投标方式购得福建武夷山500亩土地，以2亿元资金投资开发旅游度假区。其间，许荣茂曾前往澳大利亚，投入大量资金在悉尼和澳大利亚北部城市达尔文做房地产。

许荣茂真正引起人们注意的是在1995年之后。1995年，也成了许荣茂事业的分水岭，在这一年，他开始染指北京的房地产业，这标志着已有了足够资金积累的许荣茂开始从边缘向舞台中央的聚光灯下走去。

早在20世纪70年初，当许荣茂还是香港街头一名不起眼的打工仔时，邵逸夫已经在全球拥有了200个电影发行点，罗康瑞已经创办了瑞安集团。30年后，许荣茂的名字也许得意于另两位在同济这所著名学府中并列，可是许荣茂的脸上看不出半点得意。30年前，只身在香港打拼的许荣茂不会想到自己如今能拥有60亿元的身家。

1989年，当大江南北的房地产如火如荼时，他携妻带子转到了澳大利亚搞起房地产。1994年北京房地产低落时期，他却大举进入，以至后来的高档外销公寓在北京家喻户晓：紫竹花园、亚运花园、华澳中心、御景园等，几乎抢占了北京1/3以上的高档住宅市场，但许荣茂这个名字却鲜为人知。

1995年开始，许荣茂在全国的资本扩张可以用“疯狂”来形容。1995年，开发占地10万平方米的亚运花园。1997年，占地20万平方米的华澳中心开盘。1999年，占地16万平方米的紫竹花园开盘。2000年，占地20万平方米的御景园开盘。几个大手笔下来，累积投资达到40亿元。

在房地产市场谈不上景气的那段时间，许荣茂却是开发一个楼盘就成功一个楼盘。在北京城，这个不像潘石屹那样善于做秀，不像冯仑那样侃侃而谈，不像任志强那样长于思辨的南方小个子，不声不响地套取了比别人更多的利润。在房地产市场谈不上景气的那几年，许荣茂却是开发一个就成功一个。

许荣茂在2000年挥师上海。从北京到上海的重心南移，让人们愈发看清了许荣茂的投资理念：高档+外销。许荣茂开始像寻找猎物一样，用他那双小眼睛寻找地块。就在那时，A股市场上传来上海万象集团亏损的消息，一时间，万象股票一落千丈。许荣茂抓紧时机进行资本运作，世茂集团旗下的上海世茂投资发展公司，购入万象集团26.43%的股份，在A股借壳上市。更让人匪夷所思的是，入主万象后，许荣茂立即将恒源祥等优质资产剥离。原来，他看中的是万象广场所在的市百一店对面一块面积达14万平方米的地块。在他的蓝图里，这里将崛起一座数一数二的高楼：333米高的上海世茂国际广场，这一次投入30亿元。

人们对这个项目并不看好，投资建设期已超过5年多，2001年大部分时间处于停工状态。许荣茂却对成功毫不怀疑："在那里，将建造一座五星级酒店，预计明年春节即可封顶。"许荣茂拿出自己的真金白银，将该项目的注册资金由1.5亿元增为4亿元，在这个过程中，没有耗费上市公司一分钱。"在这个项目里，我自己的资金占到了80%。事实上，从世茂广场重新开工以来，我就没有从股市上融过一分钱。"许荣茂说。

许荣茂是中国最富盛名的高端地产开发商。谈起成功之道，许荣茂说："我不觉得自己有什么特别的，只是比人家更投入、用心、注意细节而已。项目图纸我要一遍遍地看，很多人觉得微不足道的小事，我们都认真去做。"许荣茂认为中国传统的价值观贯穿他个人命运的始终："中国文化教人要诚信，办事要稳妥，这是优秀的传统。世茂集团的宗旨也将诚信放在首位。"对于有些人认为充满血腥的商业界，许荣茂却宣称"没感觉，我喜欢参与其中"，当拥有了终生享用不尽的财富后，赚钱对他个人而言已没有什么实际意义，但只要有大项目做，他就感觉很兴奋。其实他并不喜欢出名的感觉："我觉得社会压力特别大。原本可以默默地搞我的事业，现在一下子变成公众人物，要接受很多人对你的评头论足。"业界普遍认为房地产项目很容易流行，也很容易被淘汰。对此许荣茂自有主张：不管在什么市场，只要自己做得最好，就有很多机会。“人生像一个舞台！一旦自己能扮演一个比较重要的角色，应该认真把握。我这个人只要看到一个机遇，就想尽量去抓住它。”

一个成功的商人总是比别人在视野上更为广阔和特别敏锐，甚至有时候动用更多的逆向思维才能够脱颖而出，率先挖掘出“第一桶金”。许荣茂总是能够在别人看不到的时候看得到，他的成功确实令人惊叹！

综上所述，其实房地产企业家并不是靠什么所谓的“武林秘笈”而发家致富的。若问开发商有什么赚钱的“武林秘笈”？大概这是一个永远挖掘不完的特大型题材金矿……他们靠的是一种信念，一种理想，一种被别人忽略的没有察觉到的商机而走在了市场的前沿。做别人所不敢做的事，走别人所不敢走的路，从而取得了别人无法想象的成功！

眼观六路，耳听八方，抱着一颗积极进取，认真负责的心去进军、去开发、去经营房地产领域！那么，成功便不是梦，成为房地产的领头人指日可待！

6. 房地产泡沫，有还是没有

房地产泡沫，有还是没有？这个“泡沫”到底有多大的破坏力？近几年来，各路专家纷纷出马，对这一问题的争论已趋于白炽化。

所谓的房地产泡沫是指房地产由于过度投机而产生虚伪的需求从而使房地产的价格虚高。近年来，警示中国房地产行业的“泡沫论”频现国外各大媒体。2004 年 10 月 5 日，分析师谢安迪的观点表明，中国正在吹起一个超大的房地产经济泡沫，而且这个泡沫将在几个月内破灭；《纽约时报》也曾指出，中国的房屋空置率已超过国际警戒线，同时质疑中国房地产泡沫是否已开始出现破裂。

人们普遍认为房地产业是世界上最大的买卖。可是“成也萧何，败也萧何”，如果房地产业盲目发展形成泡沫，泡沫破灭后就会对经济产生巨大破坏。目前全世界大约2/3的国家和地区或者已经产生或者正面临出现房地产泡沫，其中地区包括澳洲、美国、韩国和中国等。

以目前情况来看，中国房地产市场经过20多年的快速发展，在改善人民生活、加快城市发展和推动整个经济的发展上都起到了重要的作用。目前的房地产市场除局部地区有点过热外，总体上是正常的。对于预言会出现“泡沫”破灭的说法，显然是不符合实际的。

房地产“泡沫论”不成立

近几年，对中国房地产是否存在严重泡沫的争论在国内外已不断升级。有人认为：“目前，我国房地产市场正处于跨越式发展时期，因此不存在总供给大于总需求的整体性过热，但存在阶段性增速过快和区域性的结构失衡。值得关注的是，一些境外机构一边大声叫喊中国房地产市场过热，一边却手持巨额资金大举杀入中国的房地产市场。”

华远集团董事长任志强也曾直截了当地评价“房地产泡沫说”，称之为“胡说八道”。任志强的观点代表了诸多房地产开发商的共识。任志强强调，整个中国的住房空置率是下降的。房价普遍上涨并不意味着“泡沫”，而是表示需求的客观存在。

而且建设部政策研究中心也发布研究报告，反击“泡沫说”。报告的观点是：中国地产泡沫论并不成立，中国房地产金融危机在可控范围内。

该中心赵处长还表示，国外某些机构只是根据一份数据报告或者一种现象就将中国地产盖上了泡沫的帽子，这是一种极端行为，可能更具有炒作意义。赵路兴说：“目前中国地产的真实现状应该是‘局部过热，结构有一些问题’。”

由此看来，中国的“泡沫论”是不成立的，是言过其实的。

房地产泡沫说是"以讹传讹"

为什么说房地产泡沫说是"以讹传讹"呢？是有一定的事实根据的，拿香港来讲，就是解说房地产泡沫最好的例子。当初的香港，房地产价格持续飞涨，甚至月租金收入低于月供，人们只靠一种虚无缥缈的预期，就一个劲地置屋投资，纷纷挤入百万富翁的行列。结果，由于经济不景气，房屋租赁市场的需求大幅度下降，房租收入大幅度背离月供，月供成了一个极大的负担。许多香港人持币观望，现在房地产大幅度缩水。原来的千万富翁降到百万富翁，百万富翁却发展到资不抵债，香港人正在遭受房地产泡沫的苦痛。可是中国大陆时下的喧闹，却找不到像香港那样的情势。如果经过仔细分析和推敲，就会发现地产泡沫说，更多的却是没有真实感觉的以讹传讹。

可是对于这些讹传却不能轻视。毕竟，房地产泡沫说是纠合了许多盲目的、嫉妒的、正义的、逻辑的、理论的、怨愤的、恶毒的、无聊的、恶作剧的等等普罗大众的情感，已经形成一种公众舆论。造成了舆论杀人的迹象。大千世界，无奇不有。人们可以随便找出多条理由，来说明一项没有来由的事情。关于"地产泡沫"的说法有很多让人置疑的地方。

■ 泡沫置疑：房地产发展快就是泡沫？

对于房地产泡沫，中国大陆也有着惨痛的记忆。20 世纪 80 年代末、90 年代初，海口与北海，凭空来了个房地产市场的大发展，暴炒楼花，一种虚假的房地产走势，是投机者折腾出来的。他们巧做安排，精心设托，投资专门炒作，没有见什么制造业，也没有见什么吸引人流的服务业，只见一些炒家在忙活，猖獗地投机，没有办法不产生泡沫。结果把整个城市的发展给拖累了，最后不得不炸楼来清除垃圾。但是，目前我国上海、北京、广州、杭州、深圳等中国的大部分城市，蓬勃的产业兴旺带动的房地产发展，是从属性的，而非主导性的，这就从根本上奠定了健康发展的可能性。

目前，我国正面对着经济全球化的冲击，中国人的智慧还没有找到比城市集约化更好的发展方式。由此可以看出，中国目前正处于加速城市化的过程中，各种规模的城市都面临着巨大的移民浪潮。此外，在我国先前的城市用地中，工业用地占到了很高的比例，老城市一般在40%以上，而美国最工业化的城市芝加哥，工业用地占不到1%。我们的道路用地和公共配套设施极为缺乏，只在10%左右徘徊，而美国同样的比例一般在50%左右。相对当今社会，中国十几年前的城市总体规划，大多没有考虑迅速增加汽车。因此，我国的城市化是在城市基础设施严重欠账的基础上开始加速的。按照事物本身的强制法则，房地产开发理所当然会成为城市实现功能更新的排头兵。所以，近期内有个快速的发展，也是正常的，发展快并不意味着存在泡沫。

■ 泡沫置疑：房地产产生的富豪多就是房地产泡沫?

福布斯排行榜公布的“2002 年中国内地首富排行榜”为房地产泡沫的喧闹增添了新的论据：在 100 名新科内地首富排行中，有 50 位首富是以房地产作为公司主业或者部分涉足房地产。产生的富豪越多，也就证明了房地产利润确实很高。

在有关房地产泡沫的诸多论证中，目前最具说服力的就是这一论证。因为，泡沫与否，的确与一个行业利润率的持续普遍偏高有着很大的关系。有关材料显示：房地产利润偏高并不是一种普遍现象，广州有1318 家登记在册的房地产公司，2001 年有 1288 家亏损，仅 30 家盈利。盈利面仅为全行业的 2. 2%，亏损企业为全行业的 97. 8%。广州房地产业 2001 年完成开发投资 387. 02 亿元，但全行业实现利润仅 8. 82 亿元，整体盈利水平不足 2. 3%，远远低于社会全行业的平均利润率。或许这是一个城市的个案，让我们来看看房地产业上市公司的业绩，它们大多是中国房地产业中规模最大、实力最雄厚、盈利能力最强的部分。从1998 年到 2001 年，房地产上市公司平均每股收益从 0. 179 元下降到0. 157 元、0. 141 元、0. 073 元，平均净资产收益率从 7. 35% 下降到6. 74%、5. 93%、3. 10%。2002 年有关报道指出，到 2002 年 8 月底，22 家房地产上市公司的平均每股收益为 0. 064 元，大大低于深沪两市已公布中报的 600 家上市公司的平均每股收益 0. 107 元。而且这 22 家房地产公司的净资产收益率仅为 2. 27%，也明显低于其他 600 家上市公司3.73%的平均水平。

可是，在现实中，房地产作为中国富豪的集聚地也是不争的事实。为什么会产生这种矛盾的现象？原因主要来自某些房地产公司暴利发生的特殊机理。目前，我国房地产市场上并不单单是开发商和买房者之间的博弈。开发商真正赚到的大钱，是从政府和村镇这个土地供应者那里获取的，特别是赚得土地增值带来的利益。开发商一般是提前拿到待开发的土地，缓交地价，等待几年土地增值了，再行开发。这样他们就占有了很大一块整个城市发展带来的增值利益。某些房地产公司的高利润，并不是来自市场价格的高擎，不是来自通常说的买家与卖家的博弈，而是更多的来自行政环节的疏松和弹性，来自土地增值的好处，来自税收环节的漏洞，来自开发资金的低廉和容易获得。然而这些非市场化的利润获得途径，却从市场化的角度上去解释或说明，这是造成目前泡沫迷像的一个重要因素。由此可见，房地产的发展所产生的大量富豪也不能说明房地产泡沫说的存在。

常识告诉我们，判断有无“泡沫”，首先需要给“泡沫”下个定义，并找到一个较为直观的衡量标准，不能“以讹传讹”。

不应盲目夸大中国房地产“泡沫”迹象

中国地产经济主流高峰论坛的有关专家学者表示：在采取积极的宏观调控政策之前，中国房地产市场确实存在一定的泡沫迹象，但是不存在泡沫房地产，不应盲目夸大中国房地产存在的“泡沫”。

新世界中国地产有限公司广州地区总监耿树森表示：收入和房价比作为衡量是否存在泡沫的标准不一定合理，房价高不一定就是泡沫。房地产作为一种商品，其价格应由市场来调节。香港、纽约等城市的房价在同一时间存在10倍的差距，只要房屋的价值能够承受，这样的价格就不存在泡沫的说法。

中国房地产业协会会长顾云昌指出：别的国家可能会出现泡沫房地产，但是中国绝对不会，原因很简单，因为中国的房地产市场还没有吃饱，还处于饥饿的状态，每年都有很大的增长空间，需求量很大。

国务院发展研究中心金融研究所副所长巴曙松说：“中国的房地产

市场对国际市场的泡沫言论应该有一个正确的回应，并不能简单地类推，中国市场有它独特的地方，一方面我们要有历史眼光，另一方面也要有国际视野，要有房地产业自身的内省反思。中国房地产市场实际上增长得并不快，其发展实际上还滞后于中国 GDP 的增长，因此不能盲目扩大中国房地产的'泡沫'迹象。"

房地产是泡沫的主要载体之一，房地产泡沫会给人们及社会带来很大的危害。针对房地产目前有没有"泡沫"的争论非常激烈，对判断房地产是否存在泡沫还需要一些更有说服力的依据。而且可以肯定的是，当前即使存在房地产泡沫，也是局部的，最多只能说在房地产业中哪一块存在泡沫，而不是房地产业总体上有问题。

泡沫论的争论不绝于耳；空置率的算法见仁见智。但如果在一个市场中大部分老百姓都能够买得起商品房，这个市场就不会有泡沫。还有一点，在是不是泡沫的讨论中，又有一批人在悄悄地赢得了金钱战争，也许这才是这场讨论最终的赢家。

7. 房地产黑马出世过程

黑马：脱颖而出的优胜者！房地产的迅猛发展，让越来越多的黑马腾空出世！

房地产之争，说到底是土地之争。"黑马房企"崛起，最先发力的也是土地市场。近年来，多次举办的大型土地拍卖，拿下所谓的"地王"的，往往是那些名不见经传的房企。这些房企也就是人们所说的黑马。产生黑马的主要原因是业绩发生突变，证券市场中黑马的产生往往基于上市公司基本面的巨大变化，而业绩巨变恰恰是房地产上市公司的一大特点。黑马的诞生造就了房地产行业的一个又一个的神话，他们成为人们奋斗的动力和目标。

房地产黑马腾空出世——顺驰

在多数房地产企业看来，2004 年“8.31”是对房地产企业的一次灾难和考验，而“顺驰”却把“8.31”当作机会，迅速完成了全国性的扩张。

2004 年 3 月份，国土资源部、监察部门联合下发了《关于继续开展经营性土地使用权招标拍卖挂牌出让情况的执法监督工作的通知》。通知要求自 2004 年 8 月 31 日起，所有经营性土地一律要公开竞价出让。这时当众多房地产开发商为此忧心忡忡，大谈特谈土地紧缩，房价上涨，资金链等等问题时，“顺驰”却敏锐地看到了全国性房地产公司成长机会的到来，果断拉开征战全国的地产版图的序幕，以“天价”杀手锏到处攻城略池，发起了一场谋定而动的全国性圈地战争，所到之处烽烟四起，“地产黑马”也就从此扬名。

其实，在 2002 年 5 月份，国土资源部颁布了《招标拍卖挂牌出让国有土地使用权规定》，规定自 2002 年 7 月 1 日，各类经营性用地，必须以招、拍、挂的方式进行公开交易，最终因各种“原因”未得到落实。但是，“顺驰”就意识到这是一个绝佳的历史性机遇，因此，从 2003 年 8 月到 2004 年 4 月，“顺驰”均以“高调”的姿态和超高的“天价”杀进各个城市，先后从华北、华东和华中等城市竞得 10 余块土地。“顺驰”如此这般的攻城掠地的疯狂举动，打破了地产界的均衡状态，让各路地产诸侯都感受到了侵凌的压力和危机，其中也包括万科。

在“8.31”条件下的土地制度，不论是挂牌、拍卖还是招标，最基本的游戏规则是：价高者得。资本与土地开始联姻，项目运作对企业的资金链、融资能力提出了较高的要求。“顺驰”用他独特的慧眼抓住了土地政策变化的时机，运用其超强的资本运作能力以及力挽狂澜的勇气，完成了其全国性的扩张战役，迅速从一个区域性公司成长为一个全国知名公司，2004 年率先成为业内销售额达百亿元的企业，早已实现了在16个城市拥有35个在建在售项目，并拥有800多万平方米土地储备的骄人成绩。

为什么“顺驰”敢如此大胆地在全国圈地？其关键在于其看到了“土地的真正价值”，用孙宏斌（天津顺驰集团董事长）的话说就是：“我们拿地看的不是它今天的价格，而是明天的价格”，即“用未来的眼光看今天”，“等我们开发的时候，土地就已经升值了”。这等超人的勇气、远见、胆识确实让人佩服。

万德：房地产代理行业跃起的黑马

万德如今仍持续领跑杭州房地产代理市场。有人不禁会问，成立才短短几年的万德何以能迅速崛起？万德的迅速崛起无疑成为人们关注的焦点。

■ 赢在起跑线

万德自成立以来，就站在房地产代理行业一个较高的起点，因为它隶属浙江华门集团，公司实力迅猛发展，其业绩在业内独领风骚，并受到了广大客户的关注与青睐。经过几年坚持不懈的努力，现在的万德机构已是一家拥有强大的专业队伍的专业化房地产代理顾问公司，被杭州市房地产代理行业称为“一匹黑马”。

万德能够在短短时间内取得如此骄人的成绩，其直接原因是公司一开始就制定了品牌战略规划。在工作中注重品牌形象，所有的活动都遵循万德的CIS体系要求，表现出了企业的统一性和专业性。最重要的就是树立了“诚信为本，注重创新”的经营理念和“做一个成功一个”的经营目标。

高的起点、充足的准备、统一的规划、准确的定位，为万德今天的崛起提供了强大的生命力，是万德在激烈的市场竞争中强而有力的砝码。

■ 胜在资源

在2004年，万德承接了银川拉普斯森林公园，该项目由南非外商拉普斯置业有限公司投资近30亿资金打造，是当地最大的楼盘。在代理期间，万德将拉普斯森林公园打造成在银川乃至全国性的超大型的高档景观生活社区。为银川的房地产开发注入了全新的活力。而且在同期，一期二期销售完成率高达90%以上。

在2005年，万德承接杭州顶级物业——名珏公寓，全权代理该楼盘的策划和销售，签订合同当月便完成销售额8000万元。其在代理期间还成功举办了名珏湖景房拍卖会，拍出杭州的最高价，从而轰动业界。

万德因其创新的思想、高度的责任心和良好的业绩，获取了“2005年度中国商业地产推动企业”和“2005年度最具影响力商业地产营销策划机构”等桂冠，一个年轻的企业能在全国性的评比中摘得如此大奖，其实力和潜力都是不容小觑的。

万德能够脱颖而出而且做出这样优秀的业绩，并不出乎人们的意料，几年的战略储备和市场培育使其具备了全案策划及销售的实力。在市场实践中，万德整合了多方面的资源。一方面通过纵向侵入，将触角伸到市场、策划、设计、销售等各个领域。另一方面，则通过横向扩张，把万德的代理版图延伸到浙江各地，甚至是省外新战场。有了这样充足的资源，使其在房地产代理行业的胜出也就成为了理所当然的事情。

■ 成在整合

截止到2007年，万德不仅涉及了楼盘销售的各项事宜，还囊括了市场调研、营销策划、建筑设计及平面设计等各个领域，不断地在市场中为客户发掘价值，节省交易成本，降低专业风险，并实现客户的最大利益。同时在华门集团的引导之下，一种集团化的新型操盘营销思路已经在万德酝酿生成，为客户提供了全方位的优质服务。

由此可见，万德之所以能做好，靠的是战略；万德之所以能做强，靠的是务实；万德之所以能做精，靠的是以诚信为主题、创新为灵魂的理念。毋庸置疑，万德已成为杭州房地产行业的新兴领跑人，其绚丽绽放也就在情理之中了。

华业地产横空出世，摘得北京楼市黑马桂冠

■ 荣誉源自对作品的精雕细琢

华业·玫瑰东方园位于朝阳路以北、东四环以西的慈云桥旁，项目占地7万多平方米，总建筑面积25万平方米，集休闲、生态、居住于一体。玫瑰东方园吸取了国内众多高档项目的设计精华，运用了法式别墅的设计手法，以“别墅型公寓”为产品定位，大胆地实现了居住理念的超前创新。

该项目由国际建筑大师格雷·海瑞斯亲自设计，他创造性地运用全板式南北朝向布局，户型主要采用大面宽、短进深，大面积的玻璃窗、橱窗，包括室内的花园。双主卧设计尺度的把握，使业主感觉它很多的细节在里面体现。另外，在外立面采用了法式风格，使得凹凸中带有很系统的轮廓。

在装修方面，风格的奢华与简约实用形成一个统一体，室内的装修大到整体厨房，小到一个开关，采用的全部是国际知名品牌中的最新款，如德国西门子电器、德国原装拉丘娜橱柜、瑞士弗兰卡水槽、澳大利亚科马洁具等。

在景观设计方面，由知名的设计公司美国EDAW负责，他们充分挖掘出了玫瑰东方丰富的景观资源，通过大量运用室内花园和户外阳台，以及创新性的“空中院馆”设计，突破了常见的围合组团式布局，营造出了一种“家家有景，户户有景”的良好居住环境。

对于玫瑰东方获得这项荣誉，很多业内同行都表示，对于华业地产早已了解，其品牌形象及其以往的产品也都是有口皆碑的，在惊叹之余，更多的是对华业地产在项目上精雕细琢的肯定。

■ 荣誉源至20年品牌的精心铸就

如果稍加以注意就会发现，华业地产与万科有着同样久远的历史，而且有着同样的诞生地——深圳。华业耕耘深圳房地产业20年，由于过于低调和内敛，尽管有嘉宾花园、西武大厦、深勘大厦、太平洋商贸大厦、百花公寓等20多个作品面世，却仍不广为人知。

但是，如果提及“东方玫瑰花园”，其郁郁芳香仍然沁人心脾。最能体现物业价值的二手房市场，东方玫瑰花园一直是投资保值、增值的代名词。环顾全中国，能够建成 8 年依旧风韵楚楚的项目实在是凤毛麟角。

东方玫瑰花园，不仅让华业地产完成了历史性的跨越，而且一夜之间成为深圳地产项目的一线品牌。

如果说东方玫瑰花园成就了“华业玫瑰传奇”的第一乐章，即“香蜜湖高尔夫乐章”，那么2002 年推出的南海玫瑰花园，则奏响了被誉为南海之滨蛇口半岛的又一乐章，即“亲海乐章”。

“南海玫瑰”出自中国建筑大师陈世民先生之手，它虽然不像“东方玫瑰”那样俊朗大气，芬芳怡人，但是它更多的是集纳了大海的万种风情。从一期至二期，价格低开高走，全线飘红，延续了华业地产卖的快、升值快、口碑好的优良传统，物业提升，租金回报涨声不断，一度成为了片区的“收租王”，全深圳的租赁回报冠军当之无愧。

20 年的稳扎稳打，不够张扬，精于做而拙于说，正是一个企业品牌的真正影响力，20 年的品牌铸造的不是一个空壳子，其影响更不是一时的，它将跨越区域的局限，成为整个房地产业的掌舵者。

■ 荣誉源自全心全意的奉献

在整个楼市销售低迷的情况下，华业 · 玫瑰东方以全精装修 9600 元/平方米的低价入市，这无疑创造了东四环内豪宅性价比的新高。项目销售总监说：“将最大的实惠让给消费者是华业一贯秉承的作风，少说空话，让物业保值、升值，让业主获利，同时这也是华业开发项目一直有众多追随者的最主要的原因。”

华业的人认为，建筑要对城市负责任，开发企业要对城市的建造负有使命感，建筑已不只是简单的用水泥、钢筋这样的东西堆砌，而是要成为都市生活的宜居载体，为城市打造一道百年凝固的风景线。

对于华业而言，华业 · 玫瑰东方能够一举夺得“最具期待的高档楼盘”，无疑为自己在北京房地产市场的开篇史上写上了辉煌的一笔，品牌影响不言而喻。但是，华业又将迎来一次新的大考验，面对强大的市场竞争，要想真正成为市场的先行者，前面的路也难免会更加坎坷。要想一直统领前茅，就要创新，稳扎稳打，不张扬，精于做而拙于说。

在房地产行业，相信没有人不想做黑马，但是黑马并不是那么容易就能做到的，它不仅需要坚持不懈的努力，还需要过人的胆识，有了胆识还要有头脑，有了头脑还要懂得利用机遇和资源，最重要的就是，要以诚信为本，做到全心全意的奉献，用精心铸造的品牌打动人心，那么下一个黑马就有可能是你！

房地产黑马的出世，是受万人瞩目的！黑马是成功、是殊容、是资本！了解黑马的出世过程，将为你成为黑马做准备！

第三章

游在股海里的鲨鱼

——大鳄的“战争”游戏

很少富豪是靠买股票发家，而众多百姓是梦想靠买股票挣钱！

富豪想办法发行股票，大众想办法买到好股票！

如果把股票视作商品，股票应该是当今中国惟一供不应求的商品，生产这种供不应求的商品自然是赚钱最快、最多、最不费心。一则来自大洋彼岸的故事曾经打动了千万投资者的心，纽约一位老太太因早年买入股票而若干年后成为千万富翁；而世界首富之一——巴菲特的财富故事更是中国投资者耳熟能详的。

然而，股票是什么？传说中的投资股市挣钱的神话是如何的？

1. 火爆股市打造亿万富豪

火爆股市让富豪们坐享硕果，而事实上真正成功的人却不多，究竟缘由何在……

毋庸置疑，创造财富是当今最为招摇、最为时尚、也最具诱惑力的词语了，成为富翁也是大多数人梦寐以求的。股票是全球资本市场最通用的交易工具，所以几乎所有的富豪都会与它打交道。纵观全球的大富豪们，他们几乎都经历了穷则思变、贫则励志的阶段，最终成为不平凡的人，成为普通人眼中的成功人士。

股票造就富豪

经历了漫长的“股冬”之后，伴随着股指节节走高的是股民人数惊涛骇浪般的激增。2006 年底开始很多中国百姓再一次关注起了很久都不关心的股票市场。投资股市已经成为中国老百姓除存款之外最常见的理财方式。2007 年，中国富豪榜上榜富豪的财富总和为 2800 亿美元，比 2006 年增加了 1640 亿美元；富豪榜上共有 66 人身价超过 10 亿美元，而 2006 年仅有 15 人达到这一水平，这标志着中国已经成为全球亿万富豪最多的国家之一。

中国内地富豪能够如此迅速地积累财富，与中国证券市场的繁荣密不可分。操盘股票像经营一家公司一样，你要考虑自己的成本开支，考虑各种商业行动的风险，自己有可能赚到多少钱，有可能花掉多少钱，或者有多少资金处于风险之中，损失会是多大，大约需要多久才会盈利。

捡便宜货，对于富豪们来说不是在整个社会都认为很便宜的时候买进。他们认为，一旦某项资产的现价已经低于其“潜在价值”时，就是介入的最佳时机了。

国际著名的投资家吉姆·罗杰斯就是靠着这种眼光和执行力享誉国际。1984 年，外界极少关注、极少了解的奥地利股市暴跌到 1961 年的一半时，罗杰斯亲往奥地利实地考查。经过缜密的调查研究后，他认定机会到来，于是大量购进了奥地利企业的股票、债券。第二年，奥地利股市起死回生，奥地利股市指数在暴涨中上升了 145%，罗杰斯大有所获，因此美名远播，人们敬称为“奥地利股市之父”。

对于投资，罗杰斯给大家的建议是：“每个人应该找到适合自己的投资方式。我本人比较喜欢那些无人关注的、股价便宜的股票。但是做出背离大众的选择是需要勇气的，而且我认为最重要的是扎实的研究和分析。”他一再强调：“如果想要长期地赚大钱，一定要脚踏实地。”

股票界里的传奇

当今美国，乃至全球最高薪的受聘投资组合经理人彼得·林奇，是麦哲伦共同基金的创始人，是杰出的职业股票投资人、华尔街股票市场的聚财巨头。彼得·林奇在其数十年的职业股票投资生涯中，特别是他于1977年接管并扩展麦哲伦基金以来，股票生意做得极为出色，不仅使麦哲伦成为有史以来最庞大的共同基金，使其资产由2000万美元增长到84亿美元，而且使公司的投资配额表上原来仅有的40种股票，增长到1400种。林奇也因此而收获甚丰。惊人的成就，使林奇斐声金融界。

自居“股票天使”的彼得·林奇是历史上最伟大的投资人之一。在人们的眼中，他就是财富的化身，他说的话是所有股民的宝典。他对共同基金的贡献，就像是乔丹之于篮球，邓肯之于现代舞蹈。他不是人们日常认识中的那种满脑肥肠的商人，他把整个比赛提升到一个新的境界，他让投资变成了一种艺术，而且紧紧地抓住全国每一个投资人和储蓄者的注意力。

彼得·林奇1944年出生于美国波士顿一个富裕的家庭里。父亲曾经是波士顿学院的一名数学教授，后来放弃教职，成为约翰·汉考克公司的高级审计师。可就在林奇10岁那年，父亲因病去世，全家的生活便陷入了困境。为了节约生活，林奇也开始了半工半读的生活，最初他在高尔夫球场做球童，高尔夫球场一直是风云人物、名流巨贾的聚集之地，与其他球童不同的是，林奇不仅捡球，还注意学习。从高尔夫俱乐部成员的口中，他接受了股票市场的早期教育、知道了不同的投资观点。林奇跟随球手打完一轮球，就相当于上一堂有关股票问题的免费教育课。

后来，林奇顺利考入宾州大学沃顿学院。即使在沃顿学院学习期间，林奇就开始着手研究股票，他想找出其中的“秘密”，成为像高尔夫球场的客户一样成功的人物。在还没有真正涉足商海之时，林奇就已经意识到，股票投资是一门艺术，而不是一门科学，历史和哲学在投资决策时显然比统计学和数学更有用。

因为球童的兼职和奖学金做经济的坚强后盾，大二的时候，林奇已经有了一笔不小的收入。他用这笔积蓄进行股票投资，从积蓄中拿出1250美元投资于飞虎航空公司的股票，当时他买入的价格是每股10美元。后来，这支股票因太平洋沿岸国家空中运输的发展而暴升。随着这支股票的不断上涨，林奇逐渐抛出手中的股票来收回资金……

1969年，林奇成为富达的一名公司职员，起初是金属商品分析师，1974年，林奇升任富达公司的研究主管。8年之后，由于工作出色，林奇被任命为富达旗下的麦哲伦基金的主管。当时的麦哲伦基金，资金仅有2200万美元，其业务也仅局限于几家较大的证券公司，还是一个婴儿，但对于林奇这个初学者而言，却是再合适不过了。因为它提供了一个可以施展的舞台。

他每天的工作时间长达12个小时，他投入了自己所有的心血和精力，林奇成了一个工作狂。他重视从同行处获得有价值的信息，并能在日常小事中发现商机……

1977年，他刚开始掌管麦哲伦基金不久，就以每股26美元的价格买进华纳公司股票。而当他向一位跟踪分析华纳公司股票行情的技术分析家咨询华纳公司股票的走势时，这位专家却告诉林奇华纳公司的股票已经“极度超值”。当时，林奇并不相信。6个月后，华纳公司的股票上涨到了32美元，林奇开始有些担忧，但经过调查，发现华纳公司运行良好，于是林奇选择继续持股待涨。不久，华纳公司的股票上升到了38美元，这时，林奇开始对股市行情分析专家的建议做出反应，认为38美元肯定是超值的顶峰，于是将手中所持有的华纳公司的股票悉数抛出。然而，此后华纳公司股票价格一路攀升，最后竟涨到180美元以上，即使后来在股市暴跌中也维持了不错的水平。

股票之所以被人们看成是赌场，是因为它市场涨幅不定，注定了有输有赢，林奇也有判断错误的时候。经过了涨落、失败之后的林奇变得更加成熟，他觉得何时买进、何时抛售没有什么用处，因为行情永远都是跌跌涨涨的。只有投资人在正确的时机选对好的股票，即使市场行情不好，也要耐心等待，然后在走势翻多的时候，才能获得很高的投资报酬率，这就是一个真正的投资者应该做的事情，而不是去投机！

到1990年为止，林奇管理麦哲伦基金已经13年了，就在这短短的13年，彼得·林奇悄无声息地创造了一个奇迹和神话！麦哲伦基金管理的资产规模由2000万美元成长至140亿美元，基金投资人超过100万人，成为当时全球资产管理金额最大的基金……1991年，就在他最巅峰的时刻，林奇却选择了退休，离开了共同基金的圈子。当时，他还是市场上最抢手的人物，而他的才能也是最受倚重的。彼得·林奇非常理智地发表了自己的离去演说：“这是我希望能够避免的结局。……尽管我乐于从事这份工作，但是我同时也失去了呆在家里、看着孩子们成长的机会。孩子们长得真快，一周一个样。几乎每个周末都需要她们向我自我介绍，我才能认出她们来……我们为孩子们做了成长记录簿，结果积了一大堆有纪念意义的记录，却没时间剪贴。”

这就是彼得·林奇离开的理由，没有一点的做作和矫情。当然他也受够了每周工作80个小时的生活，于是和其他伟大的交易商或投资人一样，彼得·林奇带着赚来的钱，干干脆脆地离了场。

现在，这个曾经的“股市传奇”就像任何一个平常的父亲一样，在家教导自己的小女儿，同时他也没有闲着，正积极地投入波士顿地区的天主教学校体制，到处募集资金，让清寒子弟也能接受私立学校的教育。

虽然他是亿万富翁，他让别人也成为了亿万富翁，但他却不是金钱的奴隶，而是主人。

中国股市2007富豪榜

谁在股市中拥有上亿资产？谁是中国股市十大富豪？2007中国股市富豪榜，为您揭晓答案！

张近东

- 职位：苏宁电器董事长
- 个人身价：280.3亿元

个人资料：张近东在1990年与其兄张桂平共同创立了苏宁电器。2004年7月，张近东旗下的苏宁电器赴中小企业板上市成功，……

袁志敏

- 职位：金发科技董事长
- 个人身价：51.8 亿元

个人资料：袁志敏毕业于北京理工大学，应用化学专业硕士学位。1993 年他与同学一起，借了 2 万元创办企业，公司经过近 10 年的高速发展，目前已成为国内最大的改性塑料生产基地，2002 年总产值和销售额达 13 亿……

李安民

- 职位：安泰集团董事长
- 个人身价：30.6 亿元

个人资料：李安民于 1983 年自筹 5000 元拉上 27 人，办起了晋中地区第一家私营焦化厂——义安安民焦化厂。到 1993 年结合 185 名股东，组建了山西安泰国际企业股份有限公司……

张克强

- 职位：保利地产董事
- 个人身价：29.1 亿元

个人资料：保利地产董事，张克强毕业于澳大利亚梅铎大学，工商管理专业硕士学位。保利南方集团有限公司作为主发起人，联合广东华美教育投资集团有限公司和张克强等 16 位自然人共同发起设立保利房地产股份公司……

刘元生

- 职位：万科最大个人股东
- 个人身价：27.6 亿元

个人资料：刘元生本为香港商人，目前定居加拿大。早在万科创建前，刘元生与万科董事长王石就是密切的商业伙伴。1988 年 12 月末，万科正式向社会发行股票，一家本来承诺投资的外商临阵变卦，刘元生闻讯救急认购360万股。1991年万科上市后刘元生一直坚定持有万科，并在万科股价低迷时通过二级市场增持……

袁　明

- 职位：同州电子董事长
- 个人身价：21.89亿元

个人资料：毕业于太原科技大学，工业电气自动化专业。1984年毕业分配到安徽淮北发电厂工作。1993年来到深圳，1994年2月创建了深圳市同洲电子有限公司。现任深圳市同州电子股份有限公司董事长、总经理……

高云峰

- 职位：大族激光董事长
- 个人身价：21.4亿元

个人资料：高云峰生于1967年，毕业于北京航空航天大学，飞行器设计专业，持有深圳市大族激光科技股份公司发行前29%的股权，是深圳市大族激光科技股份有限公司的实际控制人……

赖振元

- 职位：龙元建设董事长
- 个人身价：20.3亿元

个人资料：龙元建设的“元”取自赖振元的名字，而由于赖振元属龙，龙元建设由此得名。虽然年近七十，漆黑的头发和细嫩的皮肤，使赖振元看上去好像五十上下的年纪……

通过榜单可以看到，由于此次富豪榜排名是依据自然人股东市值排序，因此一些中小板公司的股东频频上榜。同时由于股权激励等也有一些公司同时有多人上榜，充分显示了股市生产富翁的效应。

充满变化、并不透明的股市，其实处处都有风险。很简单，股市这个“聚宝盆”似的魔方，并不是谁都能玩转。永远的悲喜剧不论是风光依旧的张近东，还是黯然离去的顾雏军，还是股市造就的“平民英雄”杨百万，面对一大堆的市场指数和曲线，这些曾经或现在的股市富豪深有感触的或许是一句话——“成也股市，败也股市”。

中国股市造就了一大批“股市英雄”。股市是创造财富的地方，股市中演绎的精彩故事让他们的身价倍增！

只是最后我们不得不提一下：在这些股市富豪中有几个是股民？股市上的金钱战争的最终赢家到底是谁？这才是我们应该深思的。

2. 揭开 “包装上市” 的神秘面纱

由于各种原因，中国股市被披上了层层神秘的面纱，有时像慷慨的财神，有时又像凶恶的煞星。因此，我们在踏入股市之前，必须要看清股市的真面目，揭开它所有伪装的面纱，悟出股市之道。

提到股市，很多人都有着“让我欢喜让我忧”的感觉。股票如果不进行包装是没有办法上市的，因为想要上市的股票是由于企业原本经营有了困难才想上市……中国第一批百万富翁和千万富翁多是股市赢家，而因投资股票亏损累累跳楼自尽者却也不乏其人。只有全方面了解，才能在股市中游刃有余，立于不败之地。

股票市场的罂粟花

股票市场是战场。有一特点，就是语言不是一针见血，而是精心包装过的。它的跌宕起伏给我们蒙上了一层神秘的面纱。

我们时常会看到这样一种情况，当股市的股价炒到天上去时业绩总会出现上涨100%到1000%，而股价落至惨不忍睹时业绩却是亏损累累。此时此刻QFII们总会发出惊呼，中国的垃圾股存在严重的虚高现象，与成熟的海外市场相比具有极高的溢价。现状表明，中国A股与B股市场就存在着巨大的价差。例如四支仙股存在于深B市场，与我们主板的ST股股价都高于1.5元相比就形成了巨大的反差，这就是因为包装的结果。因为炒家的原始成本高企所致，但炒家早先很难预料这些公司就是包装上市最终会成为垃圾股？当然管理层比谁都更明白包装上市的恶果。因此会在推行退市制度后又推出一系列新方法以挽救整体股市股价的崩盘，从而也相对地提高了好股的股价。

有人曾称中国股市像“老牛拉破车”。想想，中国股市还真的像一辆破车，并且还时不时掉下零部件。中国股市肩负“圈钱市”的“美名”由来已久，可以说，在股市超常规发展的背后，是上市公司“圈钱”的超常规。上市公司的恶意“圈钱”有两种：其一是首次公开发行股票。恶意主要表现在包装上市、造假上市，另外还采取多报项目多“圈钱”的方法，而钱一旦到手，则立即改变募集资金的投向。其二表现在再融资上。包括增发、配股、发行可转债和次级债等。其手段主要是做靓报表以及利用现行制度某个方面的缺陷，但在再融资之后，其业绩却很少能够继续“靓”下去，相反还常常呈现出“背离”状态，最后的买单者无一不落在投资者身上。当然，证券市场也是受害者之一。

“包装”报表现象在“圈钱”效应下，会在其他上市公司中起到示范作用，造成股市的业绩虚高。从某种意义上来说，这是为投资者制造的陷阱。在市场上引起广泛关注的“王小石事件”透视出的是发审过程中的权力寻租，但这种权力寻租在再融资当中同样会出现。利益滋生腐败，在巨大的利益面前，为了能把几千万甚至是数亿、数百亿的资金

“圈”到手，上市公司利用制度上的缺陷，进行疯狂的公关活动已是愈演愈烈。在这种状态下，融资质量如何得到保证？加之宝钢股份和华夏银行在再融资上的卑劣表演，更是让上市公司的诚信大大减弱。

由此看出，再融资是从股市中进行“抽血”，可目前的股市却是“贫血”非常严重。尽管基金有3000亿，合规资金的入市渠道正在逐渐放宽，但同上市公司的“狮子大开口”相比，肯定会“抵敌不住”……

抛开股市“玄机”

股票包装上市其恶果就是虚增利润，达到上市的目的或抬高发行价，由于股价高涨的状况，这种声音很难听到了。把股票的业绩，行业指数，企业形象，通通人为的抬高就是包装了。这同明显包装是一样的，原本是丑小鸭，经过人为夸张的包装就成了明星了。如何揭开这层神秘的面纱，让人们真正看到盈利背后的风险，赚钱之中隐藏着的杀机呢？

20世纪50年代初期，中国的广大农村就已经成立了农业合作社、供销合作社和信用合作社。农民要想成为社员，就要入股，要入股就得谈钱。那时候，农村普遍还很贫穷。因此农民最怕涉及入股和谈钱之事。后来，人们常挂在嘴边的一句话就是，不要说得“入股谈钱”的。意思是说，没有比入股谈钱更重要，更令人担忧的了。无产阶级文化大革命期间，这种尚未成熟的股份制，被当作资本主义的尾巴给割掉了。直到改革开放之后，证券市场才恢复建立。20世纪80年代，深圳特区成立了深圳发展银行，发展和金田要算深圳市比较早的两支股票。虽然当时有文件明确规定，凡是掌握股市内部信息的金融界干部均不得涉足股市。然而，他们巧借名目，还是从中得到了不少的好处。后来，在国有企业改组和改制的过程中，有些领导干部的夫人或者子女，利用“老鼠仓”，又从中捞到了一些好处。再经发展，人们渐渐富裕了，手中的钱也多了起来，炒股的便开始越来越多，由此，大量的资金便开始从银行流向了证券市场。

银行的金融资产快速地转变为证券投资主要来自两个方面：一方面

是金融服务水平低下，除了存款利率下降等因素外，金融行业在对客户的服务上远不如从前了，他们除了变着花样收存款人的钱外，在服务态度上比以前也大打折扣了。尽管许多银行的电子化设施等功能增强了，但人员的素质却是令人不敢恭维的。另一方面，银行大量的信贷资金卷入了股市交易。前不久曝光的，有八家银行贷款给企业27个亿，其中有24亿元资金直接就流入了股市。这对证券市场是一个不小的冲击。

当今，有不少市民加入了购买基金和股票的行列。在一些大中城市，差不多每一家都有一到两个股民。在这些人当中，有多少人能看懂K线图？有多少人能分析熊市和牛市？他们中的绝大多数人都是盲目地跟进，盲目地抛售，盲目地卷入涨跌的狂潮。而在股市上，最终受损失的必定是中小股民。人们在涉足股市这种高风险行业时，应该揭开股市的面纱看一看，掂一掂自己是不是有承受这种风险的能力，然后再决定自己要不要投入股市，投入多少比较合适。这才是最完美的选择。

小心新股“披嫁衣”

“操作上的不规范，甚至违法操作”是中国股市尚不成熟的主要表现之一。包装炒作、弄虚作假等种种违法违规行为，不仅使很多股民的利益蒙受损失，还对我国股市的健康发展产生了巨大的影响。

股民们小心入市谨慎操作来预防股市陷阱也是有必要的。但仅靠这些显然不够，因为台前的股民没有“火眼金睛”，他们无法看清幕后的猫腻，所以还得“拜托”新闻媒体传达真实信息，切莫助纣为虐。当然，作为执法和监管部门来讲，也要在此方面多加费心，不可轻视！

翻阅现如今我国曾出版的一些证券报，总能看到连篇累牍的上市公司形象宣传材料。这些材料大多以密集的文字，对上市公司极力宣传。这些文字宣传材料，无一例外地对上市公司采取了一边倒的形式，而对于其可能存在的缺陷则总是想方设法地加以掩盖。每一个上市公司在新股发行和上市期间，都要投入很大的精力来完成这一工作。据相关人士透露，一个公司要顺利走完新股发行、上市的过程，光花在形象宣传上的费用一般都要达到二三百万元之巨。当然，这些钱并不是企业自己的，用的是从股民投向公司的募股资金。

招股企业被用金钱堆砌起来的包装披上了一层漂亮的嫁衣，使企业得以乔装打扮，这对投资者造成了很大的迷惑。1998 年，红光实业在招股、上市过程中的弄虚作假行为得到了公开的揭露，从揭露的材料来看，利用所谓的形象宣传对公司进行虚包装，正是其中一个很重要的因素。本来，红光实业并不是一家很优秀的企业，它的生产和经营甚至已经发生了一定程度的危机，在上市之前就可以说是一家亏损企业。但是，红光实业在担任中介工作的证券公司、会计师事务所、律师事务所以及某些传媒的帮助下，却进行了精心的包装，被打扮成一家优质企业，以致一路绿灯地进入了上海证交所，上市当日，其开盘价也达到了 10 多元。然而，纸毕竟包不住火，红光的问题在市场上暴露以后，公司和一些中介机构受到有关部门的严肃处理，红光公司原董事长、总经理被撤职、拘押。总之，轻信包装的投资者的损失已经铸成，尽管他们向法律机关提起诉讼要求赔偿损失，但最终却未得到法律机关的支持。

上述例子只是个别的，充斥于市场中的，是一些公司在上市时，常常要制造出一些似是而非的概念，用来蒙骗投资者。2007 年 7 月，中关村公司在深圳上市，这是一个取代在中国股市已经声名狼藉的琼民源的股票，自然成为投资者关注的对象。本来，中关村作为我国高科技企业的集中地区，在我国经济界的声誉可说是如日中天，但是，作为上市公司的中关村，与作为地名的中关村其实并不是一回事，它只是一家以房地产为主营业务的企业，这在中关村的上市报告书中已经说得十分清楚。最终还是在投资中造成了很大的误解……

股市——对于大多数人来说，是一种很神秘的东西。从股市诞生那一天起，就存在这种非裸体特性，并成为一个最为普遍的问题，那就是包装上市。如今的中国股市里有太多的基金和机构，他们就像海里的大鱼，他们的手上资金足够进行 N 次的对冲和抬轿。股市千变万化，要想从中获利，并非容易的事，用哲学的眼光看，股市其实就是一场竞局，切记：不可盲目跟从！

面对纷繁的股市，您要做的就是选择适合自己的一方信念，万万不可人云亦云，见异思迁！透过现象看实质，说起来容易，做起来很难，因为我们根本就看不透。

3. 股市不倒翁

他是中国第一股民，他是历经数十载始终屹立于股市而不倒的传奇人物，人称“股市不倒翁”！他的发家故事我们大多数人都耳熟能详！他，就是杨百万！

在中国普通百姓的投资理财方面，杨百万可以说是一块永远绕不过去的里程碑。杨百万的传奇经历，令成千上万奔赴股市的新股民期待着分享其盈利的欢乐。但像杨百万这样的人，毕竟凤毛麟角，十人炒股一赚二平七赔。无数股民或被套或斩仓认赔退场，令人们不得不怀疑，杨百万果真炒股那么神吗？他到底是一个什么样的人物？靠什么绝招而成为了股市不倒翁？

股市不倒翁炒股真经

从1988年的国债市场到2007年的股票市场，与杨百万一起入市的早期暴富或早期大款也有不少，但最终能随杨百万不倒的却没有，他们中的不少人，要么血本无归，要么永离股市，要么再也不见踪影，而杨百万却始终不倒，他是怎么做到的？

杨百万，之所以能够被称为“中国第一股民”，并不是因为他天生就是个股票天才，他也曾为了养家糊口倒腾过国库券，也曾“投机倒把”倒腾过电线。这位叱咤中国股市18年的风云人物，也是经过艰苦的学习和磨练才创造了股市中的奇迹。

“炒股最怕的是‘三无股民’”，说起做股民必须具备的条件时，杨百万说，“即没有理念、没有技巧、没有方法的股民，赶上牛市，这些人也许凭着运气能赚点钱，可是没有掌握征战股市武器，迟早是要亏掉的。”

杨百万在说起他不败的经验时强调说，“好的理念，远比一时的盈亏更重要”。

作为股民，首先一定要关心国家政策，抓住时机。炒股要有节制，盈利后不迷沉于股市，要集中研究股市的规律和趋势。杨百万认为股市潮起潮落是必然的，久涨必跌，久跌必涨，牛市买什么股都能赚钱，熊市不能傻搏要冷处理，即炒股阶段论，其战略是一年炒两次股。控制炒股冲动欲，严格控制入市资金，一般只投入总资金的1/3到1/4。如对大势判断有误，手中有足够的后备资金可进可退。进可低位补仓摊低成本，退可设立止损位退场，待大势明朗后再入市也为时不晚。因为后备资金还可以申购新股，如果中签还是会有收益。

炒股还需要宽广的心胸。炒股是六分心态、三分技巧、一分运气。杨百万说：“在股票市场上，人性的弱点被最大限度地放大，在追逐财富的过程中，贪婪和恐惧让很多散户最终败走股市。很多股民看到股票涨了，就盲目进场，获利了也没有及时将资金落袋为安，最终被套在了高位。而当股票跌到了低位时，很多人又不敢买进，有些人甚至因为耐不住套牢多日，而选择割肉，结果错过了股票的高位。炒股要克服人性的两大弱点：贪婪与恐惧，要坚持落袋为安。”

职业投资者与普通投资者的最大区别之处就在于，他们往往能从变化莫测的股市交易细微处，洞察先机。杨百万说，看盘主要应着眼于股指及个股未来趋势的判断，大盘的研判一般从以下3方面来考虑：股指与个股选择方面的研判；盘面股指背后的隐性信息；掌握市场节奏，高抛低吸，降低持仓成本。尤其对个股的研判一定要认真落实。

杨百万之所以能够在股海畅游18年，历经4次熊市而不倒，不仅仅因为在牛市赚足了银子，更在于他每次都能躲过大调整。2007年5月份的中国股市可谓牛气冲天，在管理层屡出调控措施而不奏效的时候，5月23日，中国证监会再次发出通知，要求证券公司进一步加强投资者教育和风险揭示工作，采取各种有效方式让投资者充分理解“买者自负”的原则。5月30日，一则印花税上调的消息，让上证综指大跌900多点，许多个股价格几乎被腰折。而杨百万则早在“5·30”之前，就综合分析各方面的信息，结合自己的经验，判断出股市将要出现大幅调整，于是在众人不理解的目光中，早早做出了清仓的决定。“5·30”同时也再一次证明了这位“股市不倒翁”对股市较强的判断，突显出他判断的正确性。

股市不倒翁的炒股妙语：

■ 我不是股神，我不是股评家，我是标标准准的“散户”。做散户不可悲，但千万不要做散户中的傻户。

■ 进股市，要学会看大势，看管理层对股市的态度。印花税调整、央行加息、证监会警示风险……这些都是信号，关键是能否敏锐地捕捉到信号，并读懂其含义。比如：998点的时候，管理层把印花税从千分之二调为千分之一。这个信号表示政府希望股市升温。第二个，在这个时候政府都注资证券公司，他不怕亏，你怕什么。

■ 股市诀窍就四个字：“抄底逃顶”；股市就两个字：赢、输。

■ 炒股，一定要清楚自己是做长线，还是炒短线。“炒短线”一定不要做成长线；“做长线”一定不要贪心短线波动。

■ 赚钱要入袋为安，当你把一部分利润卖给别人的同时，也把风险卖给了别人。

■ 不做“死多头”，不做“死空头”，要做坚定的“滑头”；低吸高抛、抄底逃顶，见好就收，落袋为安乃真英雄。

■ 股市如人生，股市投资是一种人生的修炼，它会在成功与失败中磨炼人的灵魂；股市常常使人的弱点放大，也会使人的精神得到升华。

■ 我最多不会持有超过3只股票。每个时期都是这样，选择3只股，是因为人的精力有限。有的散户持有十几只，结果一跌，跑都来不及。

■ 一只股票受到众人追捧，并不能成为你买进的理由。多数情况下，根据道听途说投资，通常都没有好结果。

■ 想要尽快挽回亏损局面的心态无异于开启了一扇通往失败的陷阱之门。

令人难忘的第一桶金

杨百万用“穷则思变”来概括自己的投资生涯。同那个年代的大多数人一样，少年时的杨百万家境窘迫，父亲的工薪要抚养6个孩子，十分艰辛。在三年自然灾害时期，他正十二三岁，每月25日才能用新粮票买米，而他们家常常到23日就没米开锅了。排行老二的杨百万，十分体谅父母的难处，每到这个日子，他就悄悄地问母亲要2分钱，跑到小书摊借书看，全神贯注地阅读让他忘记了饥饿。“书中自有黄金屋”，这话不假。杨百万说当时看到的一个故事令他印象深刻。那是苏联红军取得卫国战争的胜利，德国人怀疑是间谍窃取情报，而其实是苏联利用德国报纸的公开报道，分析出德军的行动计划。通过阅读，使杨百万充分认定，认真分析报纸上的公开信息，往往可以因此而改变自己的命运。

1988年2月，感受到社会巨变正悄然来临的杨百万从一家国有大厂辞职。他订阅了几十份报纸，天天看报，想从公开信息中逮到能月进63元的机会。4月的一天，《新闻报》上一则消息引起老杨的关注，“上海将开放国债交易”。于是，他就在4月21日开市第一天一早赶到西康路101号，别人不敢买，他买，他用此前做“星期六工程师”攒下的一万元钱全部买了三年期国库券。“银行利率5.4%，三年期国库券年利率超过15%，为什么不买?”等到下午，很多人明白过来，纷纷买入时，价格一下就涨到112元，杨百万就抛掉了。就这么半天时间，他一下就赚了800元，一年的工资也就出来了。很快，杨百万发现全国8个城市的国债价格差异很大，于是，他立马开始日夜兼程地做起了国库券异地交易。就这样，杨百万赚得了令他一生难忘的第一桶金。

1989年，杨百万开始与股市结下不解之缘。当时他看到一篇报道，说由于保值利率提高，信用社及银行把前几年的盈利都贴进去了，他立刻想到，利率要下来了。于是，他马上把国库券全部抛掉，买入股票。第一只股票是“电真空”。面值100元，跌到91元，他买了2000股。这是只有分红承诺的股票，最高红利15%，最低不低于银行利息。老杨想这多好，每股一年能分15元红利的话，一年就有3万元收入，可以靠利息生活了。当时上海一般工薪阶层的月收入才100元，3000元一个月，已是富裕阶层。半年后，股票大涨，他便在800元以上的价位将电真空抛掉，净赚150多万元。随后，他带着助手到普陀山旅游。他知道，股票下跌也有一个过程，千万别在这时候“手痒”。果然，一年后，电真空跌到了375元，他又买了回来。他逐渐找到了股市的规律，利用自己独有的观察力和稳如泰山的心境，在股市里畅游无阻。

永远的杨百万

杨百万作为中国证券市场最早的参与者、实践者和见证者，在证券市场拥有许多“第一”：第一个从事大宗国库券异地交易的个人，第一个到中国人民银行咨询证券的个人，第一个个人从保安公司聘请保镖，第一个主动到税务部门咨询缴税政策，第一个聘请私人律师，第一个与证券公司对簿公堂，也是第一个作为个人投资者被大学聘为教授的股市大亨。

“股市不是银行。如果你没有富余的钱，你就不要玩。不考虑生活的股民不是成熟的股民。不少中国股民都没有搞清楚这点，把所有的钱都投进去了，结果输了，就自杀。现在股市这么低迷，但我的股票都在高位抛完了，所以我每天都笑眯眯。”

杨百万虽然文化程度很低，但却酷爱读书看报，自费订阅报纸72种，没事就琢磨，捕捉信息，硬是把眼睛看成了五百度的近视。玩起股票后，苦啃经济学的书，1996年学会了用电脑。在他眼中，红红绿绿的数字，起起落落的曲线，都有关联、有意义、有乐趣。“看这些数字很有意思，如果哪组数字变好了，高兴都来不及，还有什么枯燥呀！三个小时一下子就过去了。”

他平时有点神秘，有点夸夸其谈，但不可否认的是，这是一个很有口才的风趣的人，他的“弟子”常常放下手头的事情，聚到他的桌边听他说话，并不断报以笑声。他反应特别快，脑子非常灵活，具有典型的平民化的生存智慧。

杨百万的投资理念一直都是“做投资，心要平，把鱼头鱼尾留给别人吃，不要太贪”；同时，他还强调要学习，要关注政策层面的信息。同早年他订阅的几十份报纸不同，现在他主要是上网了解信息，同时他的电脑还连通着电台，可以在操盘时及时掌握各种信息。回家休息，家里每人一台电视，儿子看球赛，老婆看连续剧，他只看财经频道。杨百万说，“我是一个职业投资者啊，不学习怎么行?”

杨百万说，老虎大多数时间是静静地等候，只有草狗才整天乱窜。中国股市沉浮十年，有人一夜暴富，有人倾家荡产，杨百万倒是稳稳当当地过来了，越来越气定神闲，越来越心宽体胖。他不无得意地告诉你，不管股市整体的行情如何，每波行情他都未亏过，这几年股市低迷，但他照样有钱赚。2003年底，上海证券协会联谊会授予了他“股市不倒翁”的光荣称号。

股市是一个虚拟的市场，不经营任何实物，不生产任何商品，因而也不实现任何价值。股市说透了，就是股民们用自己的钱在炒作，都在赚别人的钱。如果有朝一日，当大多数股民甘当杨百万（“吃鱼不吃鱼头和鱼尾，只吃中段。”）时，那么，中国股市和股民就会变得真正成熟而强大起来！可以想象，到那时，中国股市将呈现一个怎样的美好新气象！

你想成为股市不倒翁吗？那么一定要学会以投资的眼光买股，以投机的观念卖股！只要依法行事，保持良好心态和健康的体魄，见好就收，相信你也一定能够在股市里游刃有余！刷新股市不倒翁的纪录！

还有一点我们不得不提一下：没有永远胜利的股民，只有永远不倒的股市。杨百万到今天，还是不是最终的富豪？榜单上永远都是上市公司的老总，而不是股民。

4. 股市催生财富，垄断造就富豪之卡洛斯·斯利姆

一个月进账35亿美元——没错！这就是墨西哥电信大亨卡洛斯·斯利姆·埃卢2007年以来的财富增长数字。惊人的财富膨胀速度，蝉联世界首富13年之久的微软创始人比尔·盖茨也要被拉下马，把世界首富的宝座拱手相让。

墨西哥电信巨头卡洛斯·斯利姆·埃卢的个人资产已经超过了世界首富、微软创始人比尔·盖茨！或许你会认为这是天方夜谭，或许你会反问，埃卢是谁？但这确实是一个事实。更让人吃惊的是，他创下最近10年全球个人资产增值速度最快的纪录，他的个人资产在15个月内暴增300多亿美元！

垄断造就的富豪

卡洛斯·斯利姆的个人财产约占墨西哥全国GDP的8%，他被墨西哥人视为一个贪得无厌的暴君、一个“将帝国建立在与墨西哥总统和其他政客牢靠关系之上的贪婪的垄断者”，但是40多年来，他从未因为什么理由被官方正式调查和指控。他就是取代比尔·盖茨成为全球新首富的墨西哥电信大亨卡洛斯·斯利姆。

斯利姆1940年出生于墨西哥的一个黎巴嫩移民家庭。父亲朱利安·斯利姆是一个成功的商人，靠经营小卖铺起家。卡洛斯·斯利姆的父亲也是他经商的导师。他年幼时在父亲开的商店柜台后帮忙收钱，12岁的一天，父亲给了他20块钱，而斯利姆成功将20块变成了40块，并且记下了详细的交易过程。17岁的时候，斯利姆已经是股票市场的投资者。他依靠父亲去世留下的丰厚遗产，卡洛斯·斯利姆通过买股票，

在 1965 年大学毕业的时候，已经赚取了 40 万美元。

从墨西哥国立自治大学土木工程系毕业后，斯利姆在商界广泛投资，涉及的行业涵盖采矿、制造、造纸和烟草业。机会总是垂青于有准备的人。1982 年墨西哥遭遇经济危机，斯利姆趁机以较低价格大举买入许多被外资抛弃的本土优秀公司股票，并逐步使这些公司扭亏为盈，其产业帝国迅速膨胀。

他用了 5 年的时间投资 100 亿美元更新设备，如今这家公司已经戏剧性地增值到 200 亿美元，占据墨西哥证券交易所总资本的 40%。他控制的美洲移动拥有 4000 万用户，是整个拉美最主要的移动通信商。真正把斯利姆推上墨西哥甚至拉美首富地位的是 20 世纪 90 年代墨西哥国有企业私有化浪潮。斯利姆组织一个财团用 1760 万美元从墨西哥政府手中买下墨西哥电话公司，而他本人则拥有了这家电话公司的控股权。

2007 年 7 月，墨西哥一家财富调查机构《SentidoComun》表示，67 岁的墨西哥电信巨子卡洛斯·斯利姆已超越微软公司创办人比尔·盖茨，以 678 亿美元的资产成为全球首富，卡洛斯的个人财产约占墨西哥全国 GDP 的 8%。《SentidoComun》的创办人还说，斯利姆控制的拉丁美洲最大的移动电话公司 AmericaMovil 帮助他在过去的几个月内快速蹿升为全球首富。在 2007 年 3 月到 6 月间，该公司的股价大涨了 27%，这使得他的财富比盖茨多出近 86 亿美元。据估计，盖茨的财产约为 592 亿美元。

如今在墨西哥，至少 90% 的电信市场被斯利姆垄断，中产阶级消费者习惯购物、就餐的公司归他所有，墨西哥基础设施建设中使用的钢材是他的公司生产的，贷款资金也是他提供的；出远门，有斯利姆旗下的航空公司；墨西哥人还从斯利姆控制的保险公司处购买保险；上网也要使用斯利姆公司提供的网络接入服务。

垄断成就的财富帝国

卡洛斯·斯利姆并不是一个突然冒出来的暴发户，他的发迹其实是一个循序渐进的过程。从少年时代朦胧交易意识的培养，到学生时代初步奠定事业基础，尤其是20世纪90年代的财富迅速积累，斯利姆同样也是一个白手起家的典范。

1982年，墨西哥遭遇了一场严重的经济崩溃，货币贬值，外债累累，国外投资者纷纷出逃。在此期间，斯利姆以低价收购了许多公司，包括一个汽车零件生产厂和一个很受欢迎的连锁餐厅并且把它们变成了直接盈利的企业。

“它们太便宜了。”斯利姆这样解释他的商业策略。

斯利姆真正崛起为墨西哥商业精英，是在1990年。当时的墨西哥加大了国有企业私有化的进程，仅在1989－1992年短短的3年间，墨西哥政府就出售了218家国有企业，包括银行、电话公司、制糖厂、钢铁厂等。1990年，卡洛斯带着一个包括法国电信公司、西南电话集团在内的投资团，从墨西哥政府手里买下了墨西哥电信公司。

斯利姆和几个投资者为运行效率低下的墨西哥电信公司投入了100亿美元。作为交换，斯利姆得到的承诺是在十年内维持其在电信公司的垄断地位不动摇。在斯利姆的管理之下，墨西哥电信公司的运营效率有了极大提高，市场占有率也迅速扩大。

与垄断伴随而来的，是墨西哥的电信收费标准也一路剧增，墨西哥一下子成了世界上最昂贵的电信收费国家之一。

1997年，斯利姆遇到了一场严峻的挑战，随着墨西哥电信公司在长途电话业务方面的垄断到期，一批国内外竞争者开始寻求在墨西哥电信市场分得一杯羹。作为反击，斯利姆针对竞争者发动了一场激进的、带有国家主义性质的广告战。斯利姆说：“如果我们的竞争者变得激进，我们就会变得和他们一样激进。”

除了和新竞争者竞争，斯利姆还和墨西哥反托拉斯立法者抗衡，反对通过可能影响其利益的法律。但结果还是让斯利姆很沮丧，因为墨西哥政府允许这些新进竞争者低价使用墨西哥电信公司的网络。

即便如此，斯利姆本人对保持他在墨西哥电信公司的垄断地位还是很乐观。他创办了一家新公司，购买下墨西哥电信公司的大部分股份。一位评论家针对此事评论道：“他把钱花在嘴巴可及的地方。他的观点就是墨西哥电信公司必须继续保持电信市场的主导游戏者地位。”

从斯利姆收购墨西哥电信公司17年之后，该公司在墨西哥全国仍然保持着90%以上的定点通信业务份额，同时也控制着墨西哥半数以上的因特网业务。此外，他的Telcel移动电话公司控制了墨西哥70%的手机市场。

2006年一年身价增长200亿美元与盖茨及其全球微软生意不同，斯利姆的生意帝国极具地方性——基本局限于墨西哥本地。卡洛斯·斯利姆的财富以庞大的墨西哥电信公司为基地，然后，他通过控制拉丁美洲最大的手机生产商AmericaMovil公司，把触角伸向美洲大陆的其他国家，像多米尼加、智利等拉丁美洲国家。

但是他拥有的不仅仅是电信业就算某个墨西哥人用的不是斯利姆电话，不是通过斯利姆网络连接上因特网，他可能仍然摆脱不了卡洛斯·斯利姆的客户身份。他得在斯利姆的百货店和零售店里购物，在斯利姆的CD折扣店里买CD，在斯利姆的餐厅里吃饭，或者抽斯利姆生产的香烟。

当他要用现金时，这个国家的大多数自动取款机都由斯利姆的银行提供。此外，斯利姆还有建筑公司，忙于公路、水净化工厂和海上石油开采平台的建设。

而让斯利姆加快跻身世界富人团体的，是他控制的AmericaMovil公司，它暴增的股价让斯利姆的个人财产以每小时2700万美元的速度递增，仅仅2006年，斯利姆的身价就增长了200亿美元。

2007年3月，在《福布斯》杂志发布的全球富豪榜榜单中，斯利姆超过传奇投资者沃伦·巴菲特排名世界第二，仅次于比尔·盖茨。4个月后，AmericaMovil公司快速上涨的股价又让他的身价成功超过比尔·盖茨，成为世界首富。

在世界舞台上，斯利姆也很活跃：1996－1998年间，他曾是纽约股票交易所管理委员会的第一个拉美裔主席；2004年7月退出SBC通讯公司的董事席；2006年从Altria烟草集团董事会成员的职位上退下；2007年，斯利姆仍继续担任阿尔卡特公司的董事会成员、墨西哥股票交易所副主席、墨西哥经纪行主席。

贪婪的垄断者

斯利姆和他的公司难免遭遇形象危机。在墨西哥，斯利姆被描述成一个“将帝国建立在与墨西哥总统和其他政客牢靠关系之上的贪婪的垄断者”。2006年，一份名叫《LaReforma》的右翼报纸刊登了一幅漫画，漫画上的斯利姆被置于一个拳击场中央，拳击场四周被电话线围绕。斯利姆的身材被严重放大，他庞大的后背把一个羸弱的对手狠狠地压在下面。这幅漫画暗示了斯利姆对电信行业和手机市场的垄断。漫画取名为《十亿美元宝贝》。

“墨西哥政府和商人之间，有一张密集而错综复杂的关系网，”斯利姆的猛烈抨击者、大学教授丹尼斯·德拉赛说，“结果就是政府不维护公众的利益，以牺牲墨西哥人民的利益为代价，换取商人朋友的财富。”

斯利姆坚持声称，他没有被这些批评打扰。“当你为了别人的意见生活，你就如同死了差不多。我可不想为了让人铭记而活着。”斯利姆说。他甚至拿出数据反驳自己是垄断者：“在长途电话业务方面，我让步了44次；市话业务方面，我让步了26次；在移动通信业务方面让步了10次，墨西哥电信公司没有垄断行为。”

斯利姆从没有因为自己的巨额财富抱歉，他说：“财富就像一个果园、一棵果树，是有待分发的果实。你必须为了收获财富种下更多种子。”

所以，他和财富排名靠前的比尔·盖茨和沃伦·巴菲特一样，把财富分发给慈善事业。由于身体原因，现年67岁的斯利姆早在20世纪90年代末期就开始逐步把事业转移给三个儿子。近年来，他更是专注于健康、教育等慈善工作。

2006年3月，当《福布斯》杂志把斯利姆列为全球第二富人的时候，斯利姆就发表声明，在未来4年里将慈善捐赠由40亿美元增加到100亿。

斯利姆的举动受到了墨西哥慈善人士的欢迎。“在美国，人们理解富人是受到上帝保佑来管理社会资源的，但是在墨西哥，这样的想法不存在。”墨西哥慈善中心主席JorgeVillalobos说。墨西哥的非盈利机构实力薄弱且有很多灰色地带，那些在慈善机构工作的人很希望斯利姆的加入进而改变这一现状。

墨西哥电信巨子卡洛斯·斯利姆掌控的股票一路攀升，使得他的个人财产将近达到680亿美元，比盖茨多80亿美元。“斯利姆是墨西哥的大佬之一，他们的垄断或寡头垄断阻碍了国家的发展。”斯利姆还拥有拉丁美洲最大的移动电话公司的33%的股份，其商业帝国还包括银行业和烟草工业等其他领域。

股市这个折现机器加快了财富的实现速度，股票的高流通性使各国的创业文化、创新文化以最快的速度发展，催生了现代社会的快速技术变革。

5. 巴菲特炒股原则：放长线，钓大鱼

投资是一种金钱与数字的游戏，在投资领域，至今还没有一个能够“放之四海而皆准”的法则。

投资是一个特别的领域，人们普遍相信的“一份耕耘一份收获”，在这里并不适用。巴菲特认为，对损失的躲避心理反应在投资决策上，会产生巨大的影响。每个人都希望自己做出的决策是正确的，但事实上却是谁都没有把握。于是，人们就宁愿相信自己，为坚持相信自己的看法是正确的，而抓住自认为正确但实际上是错误的选择紧紧不放，总希望有一天会时来运转，让事实证明自己的决策的确是正确的。事实上，那些为数不多的几个决策的人往往比那些以忙碌著称的不断决策的人的成绩要好得多。因此，影响人们在投资领域的成绩的因素很多，但可以确定的是，努力并不是其中的决定因素。

股神巴菲特是如何炒股的

沃伦·巴菲特，1930年8月30日生于美国内布拉斯加州的奥马哈市。美国著名的投资家，当今世界“最伟大的证券经纪人”。1941年，刚刚满11岁，他便跃身股海，购买了生平第一支股票。1947年，巴菲特进入宾夕法尼亚大学攻读财务和商业管理。两年后辗转考入哥伦比亚大学金融系，拜读于著名投资学理论大师本杰明·格雷厄姆，他于1956年以100美元开始了投资合伙人的生涯，到1994年底已发展成拥有230亿美元的伯克希尔工业王国——巴菲特庞大的投资金融集团。1965－1994年，巴菲特的股票平均每年增值26.77%，高出道·琼斯指数近17个百分点。

2003年《财富》杂志资料显示，沃伦·巴菲特个人资产280亿美元，是世界10位亿万富翁之一。2004年《福布斯》杂志全球富豪排行榜显示，沃伦·巴菲特个人资产429亿美元，是全球富人的第二把交椅。

巴菲特的赚钱哲学其实很简单：选定一家具备良好潜质的企业，并在“相对低”的价位上购买该股票并长期持有它，然后若干年内通过企业分红实现收益，而不是在股价的涨跌瞬间判定选股正确与否。而在赚钱之前，确定的“安全边际”应该是“不赔钱”。

虽然这些道理很容易掌握，但极少人能够像巴菲特一样，数十年如一日地坚持下来。巴菲特似乎从来不期望通过短期买股票赚钱，在他看来，一旦看到市场波动并且认为有利可图，投资就变成了投机，没有什么比赌博心理更影响投资。所以，对巴菲特来说，他的赚钱哲学是投资而非投机。

此外，巴菲特自始至终都认为，想成为一个成功的投资者，并不需要超人的智商——投资并非是一个智商为170的人就一定能击败智商为140的人游戏。在他看来，他的致富之道并非智商的缘故，而是理智。他把智商、天赋比作发动机的功率，却相信发动机输出的功率大小取决于理性，而成功就是100%地输出自己发动机的功率，最大限度地发挥自己的能力。

他自己曾这样阐述他的选股原则：“我从不试图通过股票赚钱。我购买股票是在假设他们次日关闭股市，或在5年之内不再重新开放股市的基础上。”他对华尔街公布的总体走势视而不见，他只关注那些价格低廉、几乎没什么风险的股种，当然它必须有发展潜力。他并不是时时关注走势，而是一边做其他的事情，一边静候佳音。

巴菲特还坚持投资于自己所熟悉的行业，他承认自己不投资高科技公司的原因是自己没有能力理解和评价它们。在伯克夏·哈撒韦公司1998年年会上，他说：“我很敬佩安迪·格罗夫和比尔·盖茨，而且希望把这种敬佩通过资金支持他们转化成行动。但是说到微软与英特尔，我不知道10年后的世界是什么样的，而且我也不喜欢玩那种对方占优势的游戏。我花所有的时间考虑技术，但我仍然可能是分析这个行业的第100、第1000甚至第10000个聪明的人。确实有人能分析这个行业，但是我不行。”

巴菲特法则是沃伦·巴菲特42年成功投资生涯一直秉持的不二法则，核心精髓包括价值投资、边际安全原则、集中投资组合、长期持有股权等，秉持巴菲特法则的投资者如凯恩斯、芒格等都获得超越大盘的投资回报。考虑到美国股市在过去20年增长10倍的大牛市的背景下，仍有90%的投资者未能盈利的严峻事实，长期获得超越大盘的投资回报几乎是不可能完成的任务，历史证明巴菲特法则是投资界的黄金法则。

巴菲特的投资理念

尽管巴菲特法则为广大投资界人士所熟知，但成功应用巴菲特法则获得成功的人还是凤毛麟角。其原因到底何在？在巴菲特看来，所有投资行为心理学的因素聚集在一起然后反映在一个人身上，就像一块大磁铁将周围的铁质物质都吸附在自己身上一样，就是看这个人对风险的容忍程度。金融投资心理学的概念是抽象的，但在一个人每天做出买卖决策时，这些概念就变得真实而具体起来。而将做出的所有决策贯穿起来的因素，就是对风险的感知程度。

巴菲特总是青睐那些经营稳健、讲究诚信、分红回报高的企业，以此最大限度地避免股价波动，确保投资的保值和增值。而对于总想利用配股、增发等途径榨取投资者血汗的企业一概拒之门外。

巴菲特与人们只注重概念、板块、市盈率的投资方式不同，凡是投资的股票必须是自己了如指掌，并且是具有较好行业前景的企业。不熟悉、前途莫测的企业即使被说得天花乱坠也毫不动心。

从众与群体极化效应在人类的投资活动中充分体现了出来。人们的投资行为往往会受到他人的影响，当大多数投资者都陷入贪婪的疯狂而拼命追涨时，很少有投资者能够冷静而理智地抵制购买的诱惑；而当大多数投资者都陷入恐惧之中而拼命杀跌时，也很少有投资者能抵制抛售的冲动。这种从众的压力是非常巨大的，然而，明智的投资决策往往是“预料之外而情理之中”的决策，大家都看中的热点板块的投资价值通常已经提前透支了，而聪明的投资者一般会不断观察与跟踪具有投资价值的股票，当它的股价下跌到合理的区间范围之内时，就会果断吃进。

躲避损失心理是股票投资中的普遍心理，它使投资者过度保守，犹豫不决，最后变成消极地持有。躲避损失心理会产生极其深刻的影响，它会使你毫无道理地抓住明明是亏损的股票不放。没有谁愿意承认自己犯了错，但如果不将错误的股票出手，那实际上就放弃了你能再次明智投资并获得利润的机会。这种无奈的事情是巴菲特经常告诫人们的一点。

20 世纪 60 年代的美国股市牛气冲天，到了 1969 年整个华尔街进入了投机的疯狂阶段，每个人都希望手中已经涨了数倍的股票一直继续涨下去。面对连创新高的股市，巴菲特却在手中股票涨到 20% 的时候就非常冷静地悉数全抛。后来，股票出现大幅下跌，贪婪的投资者有的血本无归，有的倾家荡产。人类的心理本性具有极强的时间敏感性，在理性与感性的斗争中，随着时间的推移，感性往往由强变弱，理性往往由弱变强。人类大多数的错误都是出现在一时冲动的情形下，人们常常会在一时冲动下做出某种行为，事后又追悔莫及。

巴菲特越来越成为一个娱乐明星，而非金融明星。他可以喝着可乐吃着汉堡包这种不健康食品，健康快乐地活到 70 多岁，还那么的精神矍铄。投资也是如此，理念和口号可以靠一本书或几篇新闻稿来传播，而实战策略和技巧就不那么容易了，要靠每个投资者根据自己的“体质”去选择。

长线投资的收益效果

巴菲特主要采取一种长线投资策略：“没有什么比同美国打赌更愚蠢的事了，自从1776年以来，这种打赌就从未赢过。”巴菲特是第一位靠证券投资成为拥有几百亿美元资产的世界富豪。在过去的几十年中，他执掌的伯克希尔公司每股账面价值从19美元上升至37987美元，年复合增长率高达24.00%。尤为难能可贵的是，伯克希尔已经是一家资产总额高达1300多亿美元的巨型企业。没有哪个人的成功是偶然的。

1989年，巴菲特认为可口可乐公司的股票价格被低估，因此他将伯克希尔公司的大量资金投入可口可乐股票中，该项投资从最初的10亿美元已经飙升到今天的80亿美元。巴菲特看到了资产平衡表以外的两项事实：世界最有影响力的品牌，未被开发的巨大的海外市场。果然，如今可口可乐成为世界最畅销的饮料，所带来的盈利十分可观。

从1965年到2006年，巴菲特旗下的伯克希尔公司年均增长率为21.4%，累计增长361156%，同期标准普尔500指数成分股公司的年均增长率仅有10.4%，累计增幅为6479%。2006年下半年到2007年8月这一年多的时间内，基金市场创造了不少神话，但有意思的是，越是经验丰富的投资人，其收益可能还不如那些一窍不通、只知“死捂”的投资者。收益之间的差距提醒我们，看准一个投资品种之后，长期投资将获得最大的收益。

长久以来，大多数认为能够战胜市场的人所采取的主动型投资策略并没有达到预期的目的，他们的实际投资绩效并不如意。历史记录可以告诉我们：“人不能战胜市场！”牛顿曾说过：“我能测算天体的运行，却无法揣度人类的疯狂。”绝大部分投资者都认为自己能够战胜市场，大众所依据的是在日常的操作中赚到了钱，并没有对自己的方法进行科学的统计概率分析，也不在乎自己的方法是否长期有效。少数投资者以及西方投资理论界的绝大多数学者都认为，人不可能通过持续稳定地对市场的未来做出准确的预测来获利。

因为小时候的炒股经验，造就出巴菲特决定长线投资的心态。巴菲特选择投资标的物时，从来不会把自己当作市场分析师去对待，只投资未来收益确定性高的企业。

巴菲特被称为华尔街的“股神”，是世界上靠股市暴富的世界第二大富豪，他的公司股票创下天价，每股价格超过 10 万美元。巴菲特在股票投资中坚持中长期投资，至少是 5—10 年，这需要坚持投资他熟悉的领域，坚持做自己熟悉的股票，“做熟不做生”是他决不动摇的操作方法，巴菲特就是这样成为世界上靠股市暴富的大富豪。

巴菲特有句名言：“投资者必须在设想他一生中的决策卡片仅能打 20 个孔的前提下行动。每当他做出一个新的投资决策时，他一生中能做出的决策就少了一个。”在一个相对短的时期内，巴菲特也许并不是最出色的，但没有谁能像巴菲特一样长期比市场平均表现好。在巴菲特的盈利记录中可发现，他的资产总是呈现平稳增长而甚少出现暴涨的情况。

一百多年来，虽然许多人想将其赋予科学的外衣，试图用公式、图表或数学模型来解释股价的涨跌，但成绩却非常有限。

巴菲特是在股市上成就了一番伟业，我们不得不提醒一句：他不是股民，他只是投资股市。我们不妨这样认为：他有时是与上市公司在上市前一起奋斗，有时是股市庄家，而这点，我们做不到。

6. 金发科技袁志敏之股权激励

股权激励是一种通过经营者获得公司股权形式，给予企业经营者一定的经济权利，使他们能够以股东的身份参与企业决策、分享利润、承担风险，从而勤勉尽责地为公司的长期发展服务。

从一个一穷二白的书生，到一个拥有5.66亿元资产的高科技企业的董事长，袁志敏用了不到10年的时间实现了这两者之间的跨越。1993年，刚出校门不久的袁志敏除了拥有“中国第一位阻燃材料硕士研究生”头衔外，可谓真正的“一穷二白”。他和几个同学一起，借了两万块钱在广州华工科技街一间十几平方米的房子，创立了广州金发科技股份有限公司。公司的全部财产只有一辆摩托车、一部电话、四张办公桌。

今天，金发已成为国内最大的改性塑料生产基地，企业的生产规模处于世界第二的水平。目前，国内电视机生产所用的改性塑料，近80%出自金发，空调生产领域这一比例则超过40%。10年来，公司一直保持着几何级数的增长速度，2006年销售额达到13个亿，2007年已达到26亿元。

股权激励造就职场富翁

股权激励的方式在海外成熟的资本市场上得到了广泛的应用，在我国，股权激励计划越来越多地出现在上市公司的高级管理人员薪酬计划中，股权作为一种新的薪酬给付方式，将改变传统的薪酬结构，造就一批职场富翁。

微软神话般地兴起，不仅让比尔·盖茨成为世界首富，也让拿股票当加班工资的微软员工一时间家财万贯。据比尔·盖茨的一位员工回忆，当时公司因为赠予股票而取消了加班费，他所分得的股票一直是家里人的笑柄。但是谁也没有想到，这些0.99美元的原始股早已上涨千倍以上。而比尔·盖茨家的一位保姆，也因为经常获得他用股票支付的小费而身价百万。

事实上，在国外不仅仅是微软，使用股票和股票期权对高级管理人员和公司员工进行激励的公司也不在少数。在这些公司的薪酬体系中，股票期权占了重要的地位，而以基本工资和年度奖金为核心的传统方式，也面临着很大的冲击。

《上市公司股权激励规范意见》对以前股权激励方案中难以解决的一些问题，比如期权股票的来源、在总股本中所占的比例、股权激励的激励对象、行权期与授予期的间隔、行权限制等等做出了明确的规定。这就促使不少已经完成了股改方案的上市公司纷纷推出自己的股权激励方案。一时间，两市将有望增加1.4万个千万富翁。而在一些非上市公司和高科技企业中，使用“虚拟股权”作为留住员工的长期激励方式，也逐渐得到推崇。

股票期权激励计划

金发公布的慷慨的“股票期权激励计划”，102名中高层管理人员共获得2275万股的期权，占公司总股本的10%，这已达到证监会规定的上限。其中金发的大股东兼董事长袁志敏也获得了95万股的期权，占期权总数的4.18%。

一位券商投行部的负责人对《第一财经日报》表示，按照股票期权激励制度的一般定义，是企业所有者向企业经营者提供的一种长期激励机制，已经享受了投资受益权的企业所有者，再参与经营者期权分配，是没有意义的。在金发的方案中，袁志敏作为金发的实际控制人和第一大股东，却同时作为经营者参与金发的期权计划。这与一般的股票期权设计理念不太相符。

针对市场的疑问，金发的证券事务代表罗小兵表示，在公司的期权计划中，大股东袁志敏参与期权的分配，这的确与一般的期权制度不一样。他解释称，袁志敏也参与期权分配的原因有二：一是金发是一个员工普遍持股的公司，金发实行期权激励制度的管理层分配范围，难免会与公司的所有者存在一定的重合，因此，大股东同时作为经营者获得95万股的期权分配是正常的。

二是由于大股东袁志敏在金发股改的过程中，曾表示股改后一辈子都不减持股票，后出于规范考虑，改为承诺5年内不减持股票。所以如果袁志敏不参与股权激励计划的话，只能获得分红收益。因此，为了让金发的二级市场表现能够与大股东的利益相结合，也需要大股东参与期权的分配。

金发科技的“蛋糕理论”

金发科技的对价承诺颇多，最引人注目的莫过于公司第二大非流通股股东宋子明承诺的将在股权分置改革方案实施前，把其持有的部分非流通股1690万股按最近一期经审计的每股净资产值作价转让给公司管理层、核心技术人员及核心业务员共计118人，以实现金发科技内部核心人员的股权激励。

宋子明道出了自己的心声：这一举措正是沿袭了金发科技的“蛋糕理论”，牺牲短期利益，就是为了得到更长期的更大回报。金发科技从成立之初到现在，为了吸引更多的人才，做大蛋糕，董事长袁志敏就做出了表率，不断减少自己的股份比例。作为金发科技前任总经理、袁志敏的同学和金发科技创始人，宋子明此次是主动提出牺牲自己的短期利益激励员工的。他说尽管按照金发科技的每股净资产值转让股份，与按二级市场转让股份相比，自己损失了一些利益，但他坚信被股权激励的118名精英一定会为金发科技创造更大的财富。

在金发科技公布的股改方案中，袁志敏承诺：若公司2005年度实现的扣除非经常性损益后的净利润较2004年度增长低于30%，或公司2005年的财务报告被出具非标准审计报告，他愿意将本次支付对价后其持有股份数的20%，在公司年报披露后的一个月内按比例无偿分送给流通股股东。

以往，激励方式都是以现金为主，相比之下，股权激励的激励方式，使被激励员工能够稳定的、长期的从企业的增长中获利，无疑是最具有激励性的。另外，通过股权激励方式的实施也有利于增加员工对企业的归属感和企业忠诚度，更加有利于核心骨干员工的留用。实行股权激励，对实现经营机制的转换有很大作用，还可以激发高层管理者的经营动力，提高其对资产经营的关注度。

股权激励方案的关键因素

■ 激励对象

激励对象也就是股权的受益者，一般可分为三种方式：一种是全员参与，这主要在初创期；第二种是大多数员工持有股份，这主要适用于高速成长期，留住更多的人才支持企业的发展；第三种是关键员工持有股份，受益者主要是管理人员和关键技能人员。

■ **激励方式**

常用的中长期激励方式可以分为：股权类、期权类和利益分享类。每一种方法都有其优点和缺点，也有具体适用的前提条件。对于上市公司来说，期权类和股权类比较适合，对于非上市公司股权类和利益分享类比较适合。但是无论采取哪一种方法，都要考虑到激励机制和约束机制有机结合起来，真正发挥员工的积极性。如果只是考虑到激励机制，不考虑约束机制，那么股权方案就有可能失去效用。

■ **持股总额及分配**

它解决的是股权激励的总量、每位收益人的股权激励数量、用于后期激励的预留股票数量的问题。如何确定，每个公司都有其特殊性，可以根据实际情况来确定，特别对于上市公司，要报证监会和股东大会通过。对于每位收益人的股权数量基本上是按照职位来确定，如果公司在职位评估上相对公平，年收入水平基本上考虑职位在公司的价值和体现了个人的能力的话，就可以根据年收入来确定股权比例。

■ **股票来源**

股票的分配上，主要是上市公司的股票来源比较麻烦，要证监所审核，股东大会审批。

库存股票是指一个公司将自己发行的股票从市场购回的部分，这些股票不再由股东持有，其性质为已发行但不流通在外。公司将回购的股票放入库存股票账户，根据股票期权或其他长期激励机制的需要，留存股票将在未来某时再次出售。

■ **购股方式**

购股方式的另一种说法就是购买股票的资金来源，一般有员工现金出资、公司历年累计公益金、福利基金、公司或大股东提供融资、员工用股权向银行抵押贷款。这几种方式都好操作，有些方式会产生财务支出，要重复交税。股票投资不仅要交投资经营税，期权所得还得交付投资所得税，而且股票的回购是不能算作成本费用来抵消税赋的。

如果不考虑财务方面的问题，多数公司都会采用员工出资购买的方式，每个月从工资按比例扣钱，这样不仅仅给公司创造了融资，节约了成本，还从一定程度上提高了员工的辞职成本，有利于对员工的控制。

■ 退出机制

退出机制是对员工退出激励方案的一些约定，如果出现以下三种情况，企业往往会要求已享受股权的员工办理退出手续，第一种是正常离职，就是劳动合同期满，不再续约的员工，或者是退休、经营性裁员，或者是伤残、死亡。在这种情况下，企业往往会按照合同继续让这些员工享受股权或者期权。第二种是非正常离职，劳动合同未满，员工主动离职的。如果员工的主动离职没有给公司造成损失，不违反保密协议，也就不会与股权激励方案存在冲突。一般来说，大部分公司还是允许已经被授予的股权收益。第三种情况是开除，像这种情况，都是按照相关规定取消享受股权收益的权力。

■ 管理机构及操作

实施股权激励项目，通常情况下都要设立一个专门的小组或者部门来管理方案实施的日常操作，这个常设小组或部门不仅要保证公开、公正、公平地实施股权激励制度，同时也要贯彻共同分担风险、共同享受成果的理念。股权激励的目的是要调动员工的积极性，发挥主人翁精神，共同谋求企业的中长期利益，避免只追求短期利益，损害长期利益的错误。因此，只有不断地宣传和贯彻这一理念，才能激励和留住人才。

股权激励作为国际通行的一项新制度，必须以促进上市公司长期持续稳定地发展，保护中小股东的利益为前提。股权激励的形式多种多样，而企业的情况千差万别，如何切合企业的实际情况，选择最能激励管理层的股权激励方式，关系到股权激励能否实现预定的目的。所以，任何企业在实行股权激励时，都不能照搬照抄，要在借鉴国内外成功实施股权激励的基础上，确定本企业的激励形式。把股权激励的好处发挥到及至。

股权激励是一种企业文化，以实现企业与员工未来价值的同步成长。股权激励的最大好处是可以释放利润，驱使管理层为股东赚更多的钱。

这不仅是企业做好的经验，更重要的是股民也要看清这一点，有时股民的钱只是进入了企业员工的腰包，而目的只有一个：企业在鼓励这些员工。只是掏腰包的不是企业。

7. 资本运作高手之黄光裕，走上西方富豪扩张道路

谁能成为首富似乎并不重要，人们更为关注的是财富楷模背后深不可测的传奇故事。昔日为人所轻视的小商贩黄光裕，现今已是亿万人瞩目的首富，那么究竟是什么成就了他的今天？

一个17岁随兄弟至京的“打工仔”，一个用3万元贷款开始家用电

器经销的“北漂族”，就这样一个小伙子，具有狮子一样的品质——既有足够的耐心为将来的机会做准备，又能抓住时机迅猛出击获取猎物，这就是白手起家，现今国美集团董事长、总裁黄光裕。他经过数年的浴血打拼，创造了一个不可思议的财富帝国。这一切有着怎样的机缘与机谋，他的财富之路又是如何前进的呢？

财富之初，黄光裕发家史

如今登上胡润百富榜的黄光裕，早在多年前可谓是穷困潦倒，最困难时，他曾拾过破烂、捡过垃圾。也因为家境困难，他16岁初中未毕业就辍学，跟着20岁的哥哥一道带着4000元钱从家乡广东汕头北上，到内蒙古一带做贸易。一年后因不满当地人“轻易承诺疏于兑现”，转战北京。半年后开始在北京珠市口经营一家面积不足100平方米的电器店——这就是国美电器连锁店的开端。

现如今中国各大小城市的国美电器都是黄光裕创办的连锁店，而国美已成为中国龙头电器企业，掌控着国内家电三成以上的分销市场。

最初两兄弟到北京时，物色的是一家名叫“国美服装店”的国营服装厂，后来俩兄弟转行卖起了电器。1987年1月1日，“国美电器店”的招牌在这家小店的门前挂了出来。当时，兄弟俩看中了家用电器作为“大件”在人们消费生活中的发展潜力——市场需求远大于供应，尤其那些国外进口电器更是抢手。在当时的市场风气下，商家普遍采用的销售手法是以倒买倒卖抬高售价，以图在短时间内获得暴利。而黄光裕的国美电器却采用了一种截然不同的销售策略——以市场上最低的价格将商品卖给消费者，这也正是黄光裕与众不同之处：坚持零售薄利多销，这一策略成为国美的立业之本。

黄光裕这个商业奇才，给人印象最深的是擅长造势和资本运作。国美的成功在于适应了家电销售从“百货商店”向“连锁专营”转移的趋势，更在于借助了商业逻辑的强大力量：在大规模和低价格之间构筑正循环。国美商业模式的核心就是以“规模经营、薄利多销”吸引大量消费者，以此绕开中间渠道，同上游厂家谈判，拿到优惠价格，再“让利”给消费者，进行新的一轮循环。

在国美“功成名就”之时，黄光裕隐退在国美电器“幕后”呆了5年。到今天，国美面临新的挑战：上游利润挤得差不多了，同行竞争却在一天比一天加剧，在14个地区有100多家直营店的庞大摊子的国美，显得发展“速度慢了”。商业“大鳄”拉动家电“跳水”，这是前两年见惯了的套路。然而，留心一下就能发现，彩电业市场上有声音的厂家已从几百家淘汰到了现在的五六家，行业整合已经完成，如果下游零售业还简单地依靠挤压上游利润的方式经营，挤不出利润的上游哪怕有两三家联手对抗，经销商就不一定扛得住。加之零售业同行竞争相胁迫的出现，对于这一状况，国美在战术上不可小觑……

如今，IT行业的整合还仅仅处于起步阶段，不过由于日益激烈的竞争环境，其中的丰厚利润已经被大大摊薄了。因此，国美过去挤压上游资源的手法已经过于简单，黄光裕曾明确表示：今后采购与销售两大中心格局形成后，国美将把侧重点放在提升销售能力上。销售在国美内部地位的提高，也将进一步引发产品分析、服务增值、市场测算等精细化的经营手法。

国美就像一个资本魔方，在他的手里不断创造着神奇。随着国美携巨资强势登陆数码市场，一些手机和数码专业卖场的生存空间肯定会受到一定程度的挤压，国美的营销模式也将是对数码、通信领域传统代理制的一次宣战，当然，国美很多独特的理念也值得IT渠道借鉴，就像黄光裕常常喜欢说的一句话，叫“开店开的好，不如关店关的好。”一个要在五年内开1000家店的老总能时刻保持这样的清醒，的确不简单。

在成功将永乐揽入麾下之后，这桩迄今为止中国家电连锁业最大的收购案正式落下帷幕了。国美不仅坐稳了家电连锁老大的位置，也彻底改变了中国家电连锁的版图。但黄光裕的胃口似乎不止于此，他的资本大幕似乎还在徐徐拉开……

百亿首富悬念

35岁的黄光裕创业18年，铺就零售网络。4年间，两度借壳一家公司，财富估值突破百亿，逼近中国首富位置。黄光裕认同李嘉诚之“商者无域”，有人将其资本手腕与李泽楷收购信德佳作比。他会是两代超人的传人吗?

2004年9月10日，香港股票市场，代码0493的股票简称由“中国鹏润”正式更改为“国美电器”，至此，从7月末以来一直备受关注的黄光裕“左手倒右手”的资本游戏暂告一段落。

以胡润、范鲁贤为代表的一批富豪榜运作者将热点集中在了黄光裕身上，他取代2003年的丁磊，成为新一任中国内地首富。这位亚洲首富李嘉诚的小同乡，不仅在短短数年之间将旗下的国美电器零售网络迅速扩展至全国，而且用精妙的资本运作技巧将其价值最大化。

在黄光裕自己的交易中，被置入上市公司的国美电器的65%的股权被估值为88亿元，约合83亿港元，以此计算国美电器的总价值便超过135亿元，这还不是黄光裕名下的全部国美。黄光裕拥有国美电器的绝大部分股权，加之其另外的房地产资产，其财富估值当在135亿元之上，但在胡润榜上的最终估值是105亿。

丁磊的财富与高峰期相比是大幅缩水，陈天桥倒是一路追赶，股价维持攀升之势。如果其继续良好的升势，则新首富的诞生还要有一番比拼。抛开这种对比，人们更多关注的是黄光裕对自己的资产估值方法是否合理，以及其财富背后深不可测的传闻。

“不一定是中国最有钱的人，但可能是中国最会经商的人。”这是黄光裕“商圣”的理由！能在当前最热门的房地产与家电零售两个行业同时获得空前成功，这可能就是黄光裕让人们对“商圣”之名心服口服的两大理由。这不仅仅是“商者无域、相融共生”的经商理念的传播，作为伟大的企业家，还是得用财富数字，哪怕是纸上财富，来证明自己的才华与智慧。

有些业内资深人士认为，国美电器创业初期可能是靠贩卖二手家电赚取了可观利润。这种判断的背景是20世纪80年代中后期进口家电门槛很高，像国美这种个体户式的零售店很难通过正常的渠道保证货源供应，而乘虚而入的二手家电正好满足了国美的需求。

一个为很多人知晓但从未点破的事实：那个时期的企业不少都做过类似的事情，包括现在数家极具影响力的企业。

黄光裕对此做出的反应：自己所卖家电产品都有正规手续包括供货

方提供的发票。他非常肯定地表示：“没有去窜货，也没有从窜货者那儿进货。作为一个零售企业，我做不到，也没必要去调查供货方、甚至他们的货物是哪儿来的。”业内人士认为此说的潜台词便是，不直接参与二手链条，而是通过中间商买二道乃至三道的二手家电，这样既可保证货源，又大大回避了投资风险。

黄光裕的资本运作之旅

直到2001年前，人们对黄光裕这个在福布斯中国富豪榜上名列三甲的年轻人还知之甚少。但如今黄光裕的财富光环已经使他妇孺皆知。他的财富积累与其娴熟的资本运作密不可分。

2004年，国美电器65%的股权已经被估值为88亿元的高价，但是，这一切在真正兑现前，都是纸上富贵。2004年6月9日，中国鹏润宣布收购国美电器65%股权，并将公司名称变更为国美控股。

这场收购，上市公司需要支付88亿港元的代价。这88亿港元分成3部分支付，首先是上市公司向黄光裕定向增发2.4亿港元的代价股份；其次，上市公司向黄光裕定向发行第一批价值70.14亿元的可换股票据；第三，上市公司向黄光裕定向发行第二批价值10.27亿元的可换股票据。后两者，黄光裕在限定条件下，才能转换成上市公司的股票。

如果收购最终履行完毕，黄光裕将持有中国鹏润97%的股权。依据当日0.26港元/股的收盘价计算，黄光裕上市部分的个人财富将达51亿港元。这是外界首次通过证券市场价格标定黄光裕的身家。不过，国美电器另外35%的股权和其他资产并未计算在内。

上述计算，都是理论值。而这场收购，既不涉及现金支付也不涉及直接从市场融资，也就是说，这场资本运作下来，黄光裕并没获得现金。

2002年年初，通过收购香港上市公司京华自动化，黄光裕首次登陆证券市场。收购后，黄光裕将公司更名为中国鹏润，并将公司主业变更为地产和证券业务。

而在眼下进行的这场“蛇吞象”的收购前，中国鹏润在香港资本市场基本毫无作为。证券市场也遵循着“28原则”，资产规模居前

20%的公司，享受着整个市场80%的资源。不做大规模，难能分享资本市场融资等益处。

实际上，从2001年起，黄光裕一直醉心于资本运作。只不过，在这次被外界比喻为“蛇吞象”的收购前，黄光裕的资本之旅并不顺畅。

早在2001年，外界已获悉黄光裕及其核心资产国美电器有上市之想。但是，2002年4月，黄光裕收购京华自动化时，并未将国美电器资产置入。2002年11月18日，黄光裕旗下的北京鹏泰投资与宁城老窖第一大股东宁城县国资局签订了股权托管协议。这个手法，是彼时民企借壳上市常用的前奏。时至今日，黄光裕又将目光投向了地产领域。国美借壳上市之初，有人曾帮黄光裕算了一笔账，通过定向配发和两次可换股票据的发行，中国鹏润3年后的市值有望高达210亿人民币，而黄光裕个人97.2%的股权也将坐拥204亿资产。“飞速壮大的中国家电零售业市场霸主地位”加“与国际资本市场接轨的资本战略”，是黄光裕能一枝独秀，呼风唤雨的两大秘密武器。

资本运作是一项庞大的资本操作，非常人所能掌控，而资本运作却成就了黄光裕的财富帝国。20年间，他通过在资本市场上的成功运作使自己的财富得以成倍增长，可见他已将资本运作玩到了炉火纯青的地步。

资本市场上的成功运作，让黄光裕在成功路上脱颖而出，下一步，他的精明又将发挥在何处？

第四章

触目惊心的诱惑

——融资“战争”游戏

有的企业只融资不做事，有的企业只做事不融资！

融资有时就是圈钱，与发展无关！

融资，是富豪或企业发展必须走的路，那么融资是一个什么游戏?

稳赚不赔，向赚钱者取经。

1. 私募融资的秘密

私募融资是企业发展到一定阶段后引入投资者，彼此建立战略性合作关系的重要手段。

私募融资，由隐形到光明，中小企业的有效发展通道。

在动人心魄的金钱战争中，融资是诸多伟大人物的必备手段，而私募融资却以其独特的魅力成为企业争相邀宠的“大碗儿”，逐渐凌驾于其他融资方式之上。对于私募富豪而言，他们的生存逻辑就是战斗，从未开化时代的为争夺权利而战，到开化时代的文明是为创造财富或者争夺资本而战，私募融资就是一处为他们设立战区的平台。它作为一条与投资者快速建立合作关系的致富道路，作为连接各企业及投资者的重要纽带，俨然已经逐渐由富豪间的金钱之争演变成为富豪与企业间的融资游戏。

企业私募融资的群体

对于融资市场而言，并不是每一家企业都能进行私募融资。企业要进行私募融资，就一定要先对私募群体有一个充分的了解及认识，他们必须具备雄厚的实力、诱人的资产以及广阔的企业发展前景。这样的群体一般分为四种：第一种群体是全球领先的产业巨头，这既是企业的奋斗目标，也是企业的一个潜在出口，并能够对企业在资本市场的价值起到巨大的拉升作用；第二类群体是亚洲或者港台地区急于进入中国市场的同行，他们既是企业的竞争对手也是企业成功发展的合作伙伴；第三类群体是同自己有上下游关系的内外企业，或者虽然没有上下游关系但是在资源和业务上能够形成互补关系的境内外企业，从协同效应和多元化发展的角度它们可能会对募集企业有着相当大的兴趣；第四类群体是一些国内大型民营企业集团，而且正在进行业务布局、多元化经营或多元化投资。只有对私募群体有了全面的了解，才能让企业通过私募融资的方式向着成功方向发展。

企业私募融资策略

私募融资的关键不是短期引进资金那么简单，必须以透明化的资讯披露原则，中介尽职调查；以市场化的科学测算原则，对股价进行估值；以开放化的友好保密原则，考虑双方企业文化、人力资源、价值观；管理层偏好、管理理念、风险防范；以节约化的产业运营原则，降低融资成本、合理避税；合理策划未来财务规划、资产负债、收益分配；以理性化的公允对价原则，选择最优融资进入模式、搭建完善的公司治理结构、重整资产（扩张、紧缩）、为后期不断成功融资以及健康可持续的产业发展奠定基础为最终的目标。

私募融资成功的策略包括：项目的选择，融资方的项目优势，技术、人脉、产品、产业链；融资方的项目财务，创造现金流、应收账款周转、收、付款的形式等分析和情景描述；融资方的项目运作团队，背景、行为、辅导、可持续性。资金的选择，基金的相关信息；基金的投资风格；基金的投资方式；基金的退出方式。

中小企业应如何进行私募融资

在我国目前现有的法律环境下，中小企业在进行私募的过程中通常会遇到很多障碍，结合实务操作总结出如下的操作建议供广大企业家参考：

■ 寻求专业机构的帮助

私募的过程专业化要求很高，如果仅仅依靠中小企业自己的财务人员是难以胜任的。而且私募过程中需要的财务技术往往与企业日常的财务技术有所不同。所以应聘请一个富有经验的财务顾问，有经验的财务顾问可以给企业全方位、专业化的帮助，包括财务顾问、税务筹划、投资方的推荐等等。

经过多年的努力，国内已发展起来几家具有相当专业水平的财务顾问公司，对一般企业的私募业务是完全可以出色地拿下来。如中鼎信、亚商等公司都已具有相当的专业水准。因为国内股市的不景气，所以国内券商也开始注意这些以前曾经不屑一顾的业务内容，如国泰君安、南方证券等都具有很好的投资银行业务人员。

■ “好的资金”很重要

在投资银行界，他们习惯将私募资金分为“好的资金”和“坏的资金”。这里所讲的“好”“坏”主要指引入的资金对企业发展能起到多大帮助。“好的资金”往往是战略性投资人，投资者对企业的投资周期较长，投资者有相对长远的打算。一般情况下，这种资金的拥有者往往会拥有很多的资源，投资者可以动用自身的资源帮助被投资者发展起来。

“好的资金”提供者主要包括行业中的企业巨头，很多行业巨头往往会拿出部分资金对本领域中的有发展前景的中小企业做战略性投资。这种情况在新兴产业中非常常见，例如微软、思科、IBM 等公司既是实业巨头，同时也是本行业中私募资金重要的提供者。还包括一些成熟的专业风险投资机构，这些机构资金雄厚，投资经验丰富，可以在资本运作上给公司很大帮助。像国内的深圳风险创业投资公司、红塔创业投资公司、国际上的软银投资公司等都是很出色的机构。

■ **注意有进有退**

通常投资者与被投资者是利益与矛盾的统一体。投资方往往希望得到一些使自己的投资毫无风险的条款，中小企业在引资过程中有些条款是不可以接受的。比如海外投资机构在对高科技企业投资中往往提出一些类似的要求：如果企业在某一时间内的业绩达不到特定水平，则投资方可以要求降低投资额或者被投资方将款项退还给投资方。对于此类条款被投资方是绝对不可接受的，我们的目标就是引入那些战略投资者，仅想回报而不愿共担风险的资金我们不要也罢。

■ **结合企业规划，规避法律风险**

这一点对那些已经接受了海外投资或者将目标定位于上市企业是非常重要的。由于我国还没有私募的相关法律，法律风险的考虑是必须的。最简单的做法是将公司注册地转移到海外，如开曼群岛、百慕大群岛都是国内民企的集中注册地，我国在 NASDAQ 上市的三大门户网站均在这些地方注册。

私募融资已经潜在地占领了融资市场，它作为企业融资的一条隐形通道，正发挥着自己越来越大的作用，企业家要融资，就要了解它、运用它，为发展企业获取合法、安全和有效的资金，使其从隐形逐渐转变为有形，从而使它成为企业寻求发展的必要通道。

揭密：新浪上市前的私募全过程

有关专家说："新浪网的成功和发展与私募融资是密不可分的。"如果分析一下新浪上市前的私募过程，就能体会出私募是怎样帮助一家初创企业发展壮大，走向成功的。

■ **成立四通利方**

1993年12月18日，四通利方正式成立于北京。起先利方投资是由四通集团旗下的香港上市的四通电子公司出资350万港元设立，其中四通电子占70%的股权，王志东、严援朝等以技术入股占30%；而后的四通利方又由四通集团出资150万港元和利方投资共同设立，这样四通共在新公司中占有79%（约395万港元）的股份，王志东等人拥有21%（105万港元）的股份。

■ **第一次私募融资（650万美元）**

1997年10月，在华登集团带领下，美国三家风险投资公司：华登集团、美洲银行罗世公司以及艾芬豪国际集团对四通利方投资650万美元，再加上原有的四通利方被估值850万美元，其市值达到1500万美元，是初创期的23倍。在650万美元中可以查到的数据是每股作价1.66667美元，650万美元折股3899922股；其中华登集团认购180万股，出资额约为300万美元。

■ **与华渊合并成立新浪**

1998年，四通利方并购华渊网后，并同时成立新浪网。此次并购，华渊网以1股换取利方0.38股，四通利方评估作价3000万美元，华渊网评估作价2000万美元，据此分析，以评估值计算，四通利方在新浪网中占60%，华渊网在其中占40%。

■ **第二次私募融资**

1999年4月，仍由美国华登集团领头投资，使新浪网完成了第二次国际融资共计2500万美元，并同时引入新的投资者：软体银行、高盛集团和新加坡经济发展局等。第二次购并和融资完成后，公司总价值达到8380万美元，升值5.6倍。此次融资，每股作价2.8美元，2500万美元折股8928571股，其中华登集团认购285万股，出资800万美元，两次一共出资1100万美元。新浪网此次融资估价5880万美元，与设立之初相比增值880万美元。

■ 第三次私募融资

1999年11月7日，新浪由美国戴尔电脑带头，其融资金额已超过6000万美元。此次融资，新浪又加入了一批新的投资者，如新加坡电脑多媒体制造商——创新科技、台湾著名防毒软件公司——趋势科技、日本住友商社等。此次融资每股作价8.32美元，6000万美元折股7211538股，其中华登认购60万股，出资约500万美元。新浪网原有的长期投资人，包括日本著名风险投资集团——软体银行、高盛集团和新加坡经济发展局以及华登投资集团也都参与了这次增资。

融资至此，新浪在私募资金的支持下已经颇具实力，并于2000年在美国的纳斯达克上市，在经历了多年的“烧钱”之后，新浪宣布将在2003年实现年度盈利，完成向成熟企业的转化。同时私募资本也逐步增值，双方形成了良性循环。

可以肯定的是，私募资本在新浪发展的过程中一直起着非常重要的作用，如果没有多方企业进行私募融资，估计新浪仍在起步初期徘徊。直观新浪的发展，可以看到私募融资在企业的发展过程中的作用将会更加突出。私募是新浪发展的必备战略，也必然是其他企业引入战略性投资者使其快速发展的重要手段，尤其对于那些已经具备一定规模的企业，在寻求与国际大公司合作的过程中可充分考虑使用私募的手段。由点观面，由新浪看其他企业，私募融资在企业成长过程的作用不容小觑。

私募融资成功的关键，一定要在充分了解融资方和投资方需求的基础上，根据企业融资需求寻找合适、良好的投资资源，牵线搭桥，促成美满姻缘。要对融资方式进行合理的设计，主要包括股权定价、支付方式、股权结构等等，这是双方能否成交的关键，也是能否充分发挥自己专业水平的地方。

要想取得私募融资的成功，就要有良好的沟通技巧，要知道私募与兼并收购是不同的。兼并收购买方只有一个，而私募则往往要面对多个投资者，每个投资者的投资需求都是不同的，需要进行一轮一轮地谈判，沟通的目的就是要为大家找到一个利益平衡点，所以一定要具有良好的沟通技巧。

随着相关法律的出台，私募融资这条隐形通道必然将会成为连接投资者与广大中小企业的阳光大道，为广大中小企业源源不断地输送资金。

2. 融资操作揭密

掌握创业融资技巧，成功必定属于你！正所谓“有道”者路更宽，有道融资方能让企业一路前行！

随着富豪们拉开融资战争的序幕，各种各样的融资也竞相出台。面对战争的残酷，融资已经成为各企业的必备武器，但如果不懂得融资的操作，再锋利的武器也会变得锈迹斑斑。对于身在战争中的企业家而言，要想在战争中获胜，要想在战争后立足，就要懂得融资的操作，而不懂得融资操作的创业者、企业家，最终的结果必定是一败涂地。

亚信的融资操作成功历程

亚信，一个在创建之初便与风险投资结缘，缔造了中国风险投资界的经典神话，并让中国电信业及风险投资领域耳熟能详的名字，其不同阶段的商业模式和融资需求、各类投资方在融资过程中的技术操作以及对企业内部产生的影响，在业界内都是极具代表性的。作为最早一批海归创业企业，它已经将其他创业企业远远地抛在了身后。尤其在上市后已经成为国内迄今为止最完整、最具可证性的 VC 案例。它在融资方面操作的成功无不让人惊叹。

■ 借助投资，挖掘第一桶金

自 1993 年“信息高速公路”概念的出现，留美多年的田溯宁及其创业伙伴就敏感地发现了用 Internet 技术创建一个信息交流平台这个商机，即为中国和美国提供双向的信息服务。有想法就有行动。田溯宁开始奔波于华尔街众多的投资银行之间，然而，他对于中国高新技术前景的预测并没有得到华尔街的认同。后来结识了著名华侨、地产开发商刘耀伦先生，怀着发展祖国高新技术产业的初衷，刘先生同意投资亚信。

1994 年，刘耀伦为其投资 50 万美元，以此为基础，田溯宁、丁健等几个留学生在美国达拉斯创建了 Internet 公司——亚信，希望公司未来的业务能够拓展到整个亚洲地区。刘耀伦先生出任董事长，总裁田溯宁、技术总监丁健为公司董事。

1995 年，田溯宁的亚信公司主干网已经基本铺设完毕，而国内的网络却仍是一片空白，技术上的不平衡在无形中卡断了亚信的双向信息服务，使其业务难以为继。在内部原因和外部互联网氛围的影响下，亚信研究再三决定先将 Internet 网络技术引入中国。

■ 机构投资，遭遇困境

1995 年 3 月，亚信将其美国总部转移至北方，将其定名为亚信科技有限公司，并顺利承接了北京、上海两个节点的工程。而在当时，国内拥有网络工程的公司并不多，于是在不到一年的时间就签下了 200 多万美元的合同，亚信开始步入发展轨道。但因系统集成商通行的预先垫付货款的行规，使得亚信流动资金出现严重不足。也因为缺乏担保资产，而在银行贷不到款，亚信只能将希望寄插在朋友的借款上。

后经介绍，万通实业集团总裁兼万通国际集团董事长王功权非常看好亚信的发展前景，并愿意以 25 万美元换取其 8% 的股份。但王功权这种风险投资交易并没有得到董事会的理解，万通作为一家上市公司，要求的是看得见的回报，而在短时期内，亚信却不能给予这样的保证。8个月后，迫于董事会的集体压力，王功权不得不撤资。直至一年后，亚信才勉强以50万美元回购了万通国际在亚信的股份。

与万通集团这样不规范的融资使亚信受到了严重的打击，并使其创业者开始怀疑公司是否真的存在问题，而对资金压力的与日俱增，面对公司内部暴露出的管理上的弊病……危难之际，亚信创始人将新的融资计划正式纳入日程，而风险投资就是他们首选的融资对象。

■ 助力基金VC，成功跃迁

1997年1月7日，亚信的主要创业者针对公司未来3年的发展规划在美国召开了一次会议，并达成共识，决定引入创业投资、引入外部投资人的经验和帮助、引入职业经理人，从而使公司摆脱发展资金、内部管理以及治理结构的困境。

而在同年6月，美国投资银行被亚信邀请作为其融资中介，在完善其商业计划书、研究公司的市场、竞争、产品、核心竞争力的同时，确定几家风险投资机构作为目标，虽然各家机构对亚信的评价褒贬不一，但愿意投资的仍占大多数。最后，亚信落定华平、中创、富达三家作为联合投资者，从而促成了当时亚洲最大的一次技术融资。

■ 联手战略VC，冲刺NASDAQ

1998年底亚信的创始人之一刘亚东离开亚信。在半年后，田溯宁受任网通离开亚信，于是丁健接替田溯宁成为亚信第二任CEO。亚信首脑的变动并没有影响亚信的正常发展。

1999年4月，亚信公司开始考虑挂牌上市。对于当时的IT企业，IPO是比较通行的方式，为保险起见，亚信决定以新一次融资作为上市的铺垫，并如愿找到一个战略型创投公司IntelCapital。它除了遵循一般的VC原则外，还强调被投资公司业务发展是否符合Intel本身的发展战略，亚信无疑是非常合适的投资对象，而Intel的加盟也将极大地帮助亚信实现产品升级、开阔市场思路。在对亚信有了充分的了解后，双方达成协议，Intel投资2000万美元，获得对方8%的股份。这次迅速融资，亚信仅花费了20万美元的费用。这次合作使得Intel将亚信的产品放入其支持的平台中，而亚信产品也增加了对Intel产品的支持。亚信在这次融资过程中也进行了一场上市模拟，为下一步IPO做好了充分准备。

2000年3月3日，亚信成功把握时机在美国NASDAQ上市。其估价为12亿美元，当日却超额认购50倍，共计融资1.38亿美元。由此，风险投资机构的股权成为流通资本，随时可以变化退出。

亚信的融资历程，创造了投资史上经典中的经典，也让我们看到了风险投资为企业带来的丰富资源。无论对于创业企业还是发展企业来说，遇到资金等方面的问题是难以避免的，亚信让我们看到了融资的意义，它为众多企业指出了一条道路，通过融资更能实现企业的飞跃。

解读融资风险：不做“杨白劳”

企业要做强、做大，如果没有资本的支持什么都是空话。要有发展的资本就要选择融资，当然也要面对融资风险。其中最典型的就是“杨白劳”由于没有做好融资风险防范，结果在“黄世仁”那里融到资金之后，不仅没能够改善自己的生活，反倒害得女儿在深山里当了几十年的白毛女。那么中小企业作为缺少资金的“杨白劳”，该如何降低融资风险，既能成功地在资本方“黄世仁”那里融到资金，又能够有效率、有效果地运用资金，使企业得到壮大和发展呢？其实，可以从以下几个方面着手：

■ 要有好的项目

融资的风险来自于投资的风险。企业进行融资，首先要考虑的是，融资后的投资收益如何？融资意味着需要成本，融资成本既有资金的利息成本，还有昂贵的融资费用和不确定的风险成本。因此，只有确信利用筹集的资金所预期的总收益大于融资的总成本时，才应该采用融资手段。对此，企业一定不能心存任何侥幸心理，不要引火烧身。

■ 企业融资规模要量力而行

企业在进行融资决策时，必须根据企业对资金的需要、企业自身的实际条件以及融资的难易程度和成本情况，确定选择适合自己的融资规模，既不要追求铺张，也不要过于保守。

■ 要选择企业最佳的融资机会

企业在进行融资时，要确定最佳的融资机会，应以企业自身的发展阶段、经营状况以及外部环境因素来决定。一是考虑自己是处于初创期，发展期还是成熟期？二是要能够及时了解和掌握国内和国外利率、汇率等金融市场的各种信息，了解宏观经济形势、货币及财政政策以及国内外政治环境等，合理分析和预测能够影响企业融资的各种有利和不利的条件以及可能的各种变化趋势，果断决策。

■ 确定最佳融资期限，提高融资效率

企业融资如果按照期限来划分，一般分为短期融资和长期融资。如何选择，主要取决于融资的用途。当融资用于企业流动资产时，可以选择各种短期融资方式，如商业信用、短期贷款等；如果融资用于长期投资或购置固定资产，则应该选择各种长期融资方式，如长期贷款、企业内部积累、租赁融资、发行债券、股票等。

■ 要尽可能降低企业融资成本

降低企业融资成本可以有效地降低企业融资的风险。可以从两个方面来考虑，一方面可以按照融资来源进行融资成本评估，另一方面是在选择银行融资时，要充分注意各银行间不同的信贷政策，选择对中小企业最为有利、最为优惠的银行。

■ 选择能够提高企业竞争力的融资方式

由于融资方式的不同，对企业竞争力的影响也相对不同，所以应尽量选择能够提高企业竞争力的融资方式。如上市公司一般都会被媒体和公众所关注，因此股票融资不仅会给企业圈来巨额的资金，还会迅速提高企业的知名度和美誉度，使企业的竞争力获得极大提高。

■ **要保持企业的控制权**

企业在筹备资金时，随着股本结构的变化，企业控制权和所有权发生部分转移，影响到企业经营的自主性、独立性，易引起企业利润分流，使得原有股东的利益遭受损失，并威胁到企业的短期效益与长远发展。

■ **寻求最佳资本结构**

中小企业在进行融资时，因为有不同的融资方式，所以企业应该寻求最佳的资本结构，合理组合各种融资手段和方式，找到平衡点，把风险降到最低，才能更好地发展。

企业融资就是一个集资的过程，是一种让企业快速渡过难关的手段。融资的资金是有限的，所以在使用上一定要量入而出，不可盲目的求高求大，欲速则不达。一个企业在选择融资时，既要对自己的企业有个评估，也要对投资者做出评估，只有知己知彼，方能进退有度，免得进入融资误区，使企业走向深渊。也只有掌握融资的正确操作方法，才能让企业融资获得成功，才能达到自己融资的目的。

企业在发展中财务数据一定要真实反映企业经营情况，融资目的一定要清晰明确，切莫为眼前利益而影响今后的企业融资。

3. 资产融资：有待拓展的企业融资方式

资产融资，以少积多，是拓宽企业的发展道路，让企业充分运用自身的资产，满足自己的短、中、长期集资需要的最佳选择。

通常情况下公司融资方式有两种：债权融资和股权融资。而资产融资是区别于这两者的第三种融资方式。这三种方式的区别可以大致用一个简单的比喻来说明：当你没有钱时，你可以向人借钱，也可以请人出钱，或者变卖资产取得现金。对于前两种融资方式，在资产负债表上所反映的是右侧的活动。资产负债表中的“负债”反映了从银行取得贷款、发行公司债券等债权性融资活动；“所有者权益”则反映了发行新股、配股等权益性融资活动。资产融资与债权融资、股权融资的性质是完全不同的，它要进行的是资产负债表左侧的活动。

资产融资——崭新的企业融资模式

2005 年，中国资产证券化高峰论坛在深圳举行。中国银监会、中国证监会、财政部及包括德意志银行、花旗银行以及美林证券等境外金融机构官员和专业人士共聚深圳，探讨了中国资产证券化主要的操作模式。

资产融资作为一种信用活动，其资产直接可用性导致的重置价值，以及资产运用能够获得的未来收益的折现值。资产融资最初的运用主要依赖于有形资产本身的重置价值，随着金融市场和技术的发展，资产融资的价值来源逐步由有形的资产重置价值向无形的预期收益折现价值拓展，比如某企业拥有汽车这一实物资产，它以前只能通过变卖汽车获取资金，现在可以以汽车运营产生的现金流为基础来融资。伴随着这种思路的转变，于是各种新的融资技术和方法层出不穷，如确保产生预期现金流的资产的独立性和稳定性而发展的“风险隔离”技术；为确保预期现金流的可实现性而发展的“信用增强”技术，这些技术最后成为了此类融资的标准做法，推动资产融资进一步标准化为资产证券化，资产证券化作为资产融资的高级形态，带来了整个融资技术的提高，“证券化你的梦想”成为了这一方式受到广泛认可的一个佐证。

资产融资能够在国外获得广泛的认可，主要基于以下几个特点：

■ **以资产信用替代企业整体信用，降低企业融资的成本**

资产融资作为企业的一个整体，经营未来现金流的要求权能否兑现的评价依赖于公司整体的经营风险，而风险本身是多样的，各种因素相互影响以及信息的不对称使得准确评判企业的价值是不可能的，投资者通常通过一定的折价来规避风险，这实际上提高了企业融资的成本。经过资产融资，对资产价值的评价相对比较容易，而且有利于降低信息不对称造成的资产折价，所以以资产信用而不是企业整体信用来融资有可能降低融资成本。

■ **开辟新的融资渠道，充分利用企业资产价值**

资产融资在企业内的价值不仅来源于资产的重置价值，还来源于资产创造的未来预期收益的折现值。通过对资产价值的重新认识，才能为企业开辟一种新的融资途径，即使对于那些不存在实体形态的资产，例如专利权、经营权都可以作为资产进行融资，从而实现了企业资产价值的充分利用。

■ **实现表外融资，优化企业的财务结构**

资产融资与企业资产的运用方式不尽相同，如抵押融资等，一个显著的区别就是不被体现在企业资产负债表中，资产融资只反映为原有资产结构的变化，并不影响负债和所有者权益项，这对于某些负债和股权融资受到限制的企业而言，表外融资无疑为其提供了一种新的融资渠道。

从本质上来看，资产融资是泛指用公司拥有的资产来驱动的融资方案，其中的资产包括流动资产、固定资产及无形资产。资产融资的形式有很多，有资产管理融资、资产典当融资等适合于中小企业的资产融资方式，也有资产证券化信托等资产融资的高级形态可满足各种类型的企业的融资需求。

信托机制在资产融资中的重要作用

资产融资最关键的是通过表外融资，实现了风险的隔离，如果这些资产仍然放在企业的资产负债表中，企业面临的各种经营风险都可能或多或少地影响资产价值的实现，这对于以第二类资产价值来源作为偿付基础的资产融资来说，风险是不可控和不容易计量的。“风险隔离”技术作为资产融资成功的首要关键点，要求将此类资产面临的构建风险隔离主要通过两种方式：一种是构造“真实销售”的法律结构，实现资产由原公司向特殊目的公司的转移，另外一种就是直接通过信托的方式实现资产的转移，选择何种方式主要取决于资产转移的交易成本。

企业借助资产证券化的核心技术，利用信托的独特法律功能，通过出售和回购资产信托受益权，可以开展债务性的资产融资活动。这种基于信托的企业资产融资行为的融资成本及融资交易费用相对较低，可以改善企业的财务结构，能够提高企业信托资产的利用效率。

目前我国资产融资相关配套制度和法规并不完善，特别是构建SPV，实现真实销售难度太大，所以利用信托成为了资产融资“风险隔离”目的的主要方式，这一点在衡平信托开发的“精图大厦烂尾楼项目”中起到了至关重要的作用。

“精图大厦”是位于成都市中区的一栋大型商用写字楼，5年前由于流动资金断流，已完成90%的大厦被迫停工，并被法院查封。衡平信托以该大厦的债权和股权为信托财产向社会募集3000万元资金用于“精图大厦”建设，希望通过完工后大厦的销售回款，满足信托受益人、债权人和股东利益。在资金的偿付顺序上，先偿付的是信托受益人，其次分别是原有债权人和股东。

“精图大厦”虽然作为资产体现在债权人的资产负债表中，但作为烂尾楼，其没有封顶，不能销售转化为现金，并不具有第一类资产价值，价值的实现只能依赖烂尾楼封顶后进而变卖实现的预期收益，但在这一过程中，由于资产已经被各个债权人设置抵押担保权，使得第二类资产价值在实现过程中随时面临着债权人破产申请的风险，各个债权人可能基于自身利益而中断这一价值实现过程，资产的第二类价值在各债权人“囚徒困境”的博弈中始终无法实现。

在引入信托机制以后，资产价值实现面临的风险被信托具有的“闭锁效应”所隔绝，在《信托法》而不是《破产法》的适用范围内，一种全新的权利和义务结构被创造出来。在一般的情况下，债权人之间以及债权人和股东之间在破产财产清偿顺序上是法定的，特别是在债权人内部的权利层次的划分是单一的和简单的，这主要基于整体公平原则的考虑，但对于某些特定情况，如在本案例中，新的投资者由于对破产风险以及财产受偿权益不能得到优先保障的顾忌，使得烂尾楼的第二类资产价值无法实现。而在《信托法》的适用范围内，根据信托合同契约主体自治的原则，在法定的债权人和股东的受偿次序中引入了一种凌驾于这两个权利的优先受益权，保障新的投资人的利益。在这个构造中，不存在债权人和股东的法定权利，而是以优先受益权人和次级受益权人在信托合同中界定的权利和义务。

这种权利的引入是非常重要的，它实际上实现了一种内部信用增级的效果，即不依赖于外部信用的增强，而仅仅依赖资产本身的价值，次级受益权人用自己名下的资产价值为优先受益权人提供了超额担保，按照预期销售收入 2.2 亿元来计算，对 3000 万元的信托资金投入超额担保率为6.3 倍，而对于1.1 亿元的债权人，超额担保率为77%，股东享有剩余资产价值，正是这种权利的重新匹配推动了整个融资行为的实现。

在这个案例中，传统的融资方是无法解决的，依赖资产融资方式，特别是信托的风险隔离作用以及信托对法定权利的二次划分机制对促进整个融资活动的顺利实施起到了关键的作用。

资产融资对企业提升资金使用效率的意义

在我国的企业，特别是上市公司的融资困境中，一个重要原因是其资金使用效率和投资回报低下，因此改变融资困境的一个重要措施应该是提升上市公司的资金使用效率。

我国上市公司在长期以来，一直存在着重融资、轻使用的不良现象，资本市场对融资企业软约束的体制缺陷，造成大量资金闲置、改变筹资投向、投资于低效项目、被侵占或占用等问题，这是上市公司资金运用效率低下的重要制约因素。

纵观目前的上市公司，大都普遍存在着融资冲动及重融资、轻回报现象，在根本上削弱了股市资金循环的正常机制，形成了“股权融资市场回报低下导致股权市场融资困境”和“股权市场融资困境加剧融资市场回报低下”的恶性循环。由此看来，从企业长期发展的机制角度来看，有必要将提升资金使用效率的问题纳入融资选择的考虑当中。

资产融资基于其资产信用相对应的信用约束，而对融资企业有着较强的资金使用约束。它不同于股权融资下股东群体对上市公司的软约束，上市公司由于能融进不需归还的资金而热衷于融资进而对资金使用疏于重视，资产融资中融资的全过程与其资产的质量和效率紧密挂钩，资金提供者提供资金是着眼于资产回报实现的可能性和效益，这种机制无疑对企业提升资产效率有着积极的促进作用。资产融资也不同于债务融资，它在表外融资的前提下避免了企业负债状况的恶化和财务风险的发生；与此同时，企业资产在质押状态下，对企业的约束感又能起到负债融资机制下对企业运用资金过程中产生的谨慎态度和效率鞭策。

资产融资是新生代的一种融资方式，是随着对第二类资产价值认识的深入而获得了迅猛的发展，对于融资渠道相对单一的中国企业而言，传统的债务融资和股权融资方式由于受到各种因素的限制，不能完全满足企业多样化的融资需求。发展资产融资，实现对资产价值的充分利用无疑是拓展融资渠道，降低融资成本的一种新的选择。

资产融资——中小企业的另一融资方法！资产融资的发展使得很多原来不能满足的融资需求得到了满足，原来被闲置的资产价值也被充分利用，对于整个社会而言无疑是效率的提高。

4. 融资有门，富甲一方

企业融资的精妙门路，造就了众多富甲一方的企业家！企业融资究竟路在何方？是否有章可循？

企业的创立、生存和发展，其实就是通过一次次融资、投资、再投资的过程。企业融资能力是企业快速发展的关键因素，融资能为企业创造更多的价值，然而只有在快速成长之后还能够“安全着陆”的企业才是真正的融资赢家。

“中科网威”顺利融资历程

“缺钱”，是不少创业者时常挂在嘴边的词语，95%的成功企业都曾经历过苦不堪言的融资历程。当然，也有一些企业的出手是不同寻常的，中科网威就是这样一个例子，短短两年时间，公司多次顺利融资，业务迅速扩张……

1999年10月，北京中科网威信息技术有限公司成立，公司落户于北京中关村高新技术产业开发区，注册资本1000万元。在此之前，中科网威的前身中国科学院高能所曾用“黑客入侵防范课题组”和“网络安全工作室”成功地从新兴创业投资管理有限公司获得融资700多万元。

2000年10月，中通控股股份有限公司和北京赛迪创业投资有限公司分别出资1930万元和675.5万元，参股中科网威，公司注册资本增加到1750万元。

2001年6月，深圳证券交易所上市公司北京隆源实业股份有限公司受让新兴创业所持中科网威全部股权，成为公司第一大股东。

短短时间内，中科网威从最初几个人组成的课题组，发展到在全国各地拥有多家分公司和办事处、在中国信息安全领域颇具技术实力和市场影响力的高科技企业，资本的力量和职业化的管理，起到了至关重要的作用。

■ 跳出“管理者误区”

“要借力资本，首先要有开明的理念。”中科网威财务总监顾伟中在回首公司的融资路时，第一句话就点明个中关键。

风险投资的概念在国内的历史相当短暂，因而很多人还没有接受它的理念。对于这种情况，中科院高能所领导和课题组负责人看得清清楚楚，在中科网威最初寻找资金的时候，他们就坚信，寻找职业经理人管理公司，一定会让公司走上规范化管理的途径。

在技术方面，中科院高能所和课题组负责人有相当的把握。中国科学院高能物理研究所是中国第一个连通 Internet 的单位，也是国内最早从事黑客入侵防范和网络安全技术研究的机构之一。高能所的入侵防范课题组和网络安全工作室，于 1998 年 8 月成功地研制出中国第一个商用黑客防范软件，该产品曾荣获中国科学院科技进步一等奖与国家科技进步二等奖。

好技术还需要有人管理，才能成功地进行产品化和商业化，公司大股东新兴创投连同其他股东聘来的一批职业经理人的渐次到位，公司的运营立刻就得到了改观。毕竟，与技术人员相比，职业经理人在管理方面有很大优势。

■ 融资要走在前面

中科网威的融资很谨慎，每一次融资都绝不仅仅是为了资金本身，投资者自身的情况也是考虑因素之一。在接触过的投资公司中，不少投资者都有意投资中科网威，但中科网威选择了能够对自身发展提供全面帮助的投资者。

在中科网威的多次融资对象中，惟独缺少海外背景的投资公司注资。这与中科网威所在的行业有关。曾经一家在海外有 IPO 资格的投资公司和中科网威接触，该公司十分认同中科网威的商业模式、管理体系和企业文化，迫切地表示要把中科网威放到具有 IPO 资格的壳里去。可是，考虑到信息安全行业的特殊性，中科网威还是果断地放弃了这个战略投资者，甚至连招股说明书都没有留给它们。

■ 走近专业 IT 创投

在中科网威的众多投资者当中，赛迪创投作为专门投资 IT 行业的创投公司，是比较特殊的一个。它所拥有的行业中的资源和经验，在很多地方对初创公司都有帮助；中科网威除得到赛迪的资金以外，在信息收集、管理咨询和资本运作等方面都得到莫大的帮助。选择入股中科网威的原因很简单：安全问题是一个好概念，有相当光明的前景，而且项目的技术好，属于国家重视的项目；团队非常职业化，让人信任。有这两个原因，一般的投资公司大都会被打动。

事实证明，中科网威这些年的发展越来越壮大。中科网威的经验告诉你——融资不是“难念的经”。

诚信融资造就“温州富豪”

在中国民营经济最活跃的江浙地区，95% 的企业是民营企业，这一比例在温州更是高达 99%，而且规模多数不大。解决中小企业融资问题，在这里几乎就等同于解决全部企业的融资。在这些民企的老板圈子中存在着一个最朴实、最通俗的潜规则：“有借有还、再借不难。”凭借企业家多年来形成的诚信意识，再加上政府、银行、企业和个人共同营造的信用环境，江浙地区已经初步摆脱了民企融资难的困扰。

中小企业融资是一个世界性的难题。以江浙地区为例，那些成功的中小企业融资模式，有哪些值得银行和企业学习之处？希望以下能够为一些企业融资问题提供一点借鉴。

温州市现有民营企业 13 万多家，民营企业的数量、工业产值、上缴税收、从业人员，分别占全市的 99%、96%、75%、80%。在全国民营企业 500 强中，温州就占了 27 家。民营经济已成为温州的最大特色、最大品牌和最主要的发展动力。而温州企业家的诚信，更是全国闻名。

正因为温州企业家诚信度高，无论在银行贷款，还是从亲戚朋友处进行民间融资，都能一路畅通。

■ “烧”出来的诚信路

温州老板的诚信意识，其实并非与生俱来；温州企业的诚信之路，也曾走过弯路。最典型的，就是温州皮鞋业的故事。

20世纪80年代初的温州产品，尤其是温州皮鞋，在人们眼里简直就是“假冒伪劣”的代名词。1987年8月8日，杭州市在武林门集中焚毁了数千双温州产劣质鞋，这件事极大地刺激了温州企业家，也促使他们停下脚步，认真思考走过的路。之后，温州皮鞋业开始进行行业大整顿。

1991年，温州市鞋革行业协会应运而生，并利用各方力量掀起了一场创温州品牌、创中国鞋都的运动。经过多年的实践，在温州，协会的作用尤其在行业诚信建设方面的作用极大地发挥出来，如果想了解哪一家温州皮鞋企业的资信状况，问协会肯定八九不离十。

■ 企业家个人信用更被银行看重

对诚信的理解，每个温州企业家虽有不同，但是他们却都有一个相同的共识就是“只有诚信，企业才能发展”。红蜻蜓集团是1995年6个原始股东向亲戚朋友凑钱800万起家创办的。发展到现在，红蜻蜓的产业已经以广东、温州和成都为中心，辐射全国市场。

作为中小企业贷款风险的直接承担者，银行也有同样的感受。温州市商业银行风险管理部副总经理石英说：“中小企业客户风险难以控制，直接体现的就是企业家个人的诚信问题。”工行苏州分行信贷管理部副总经理马钧也认为，由于民企多为家族企业，因此关注法人代表的个人素质至关重要。

高邦集团总裁朱爱武曾诚恳地说：“做任何企业都要以诚信为本。”就是靠这个原则，高邦现在已经是银行的AAA级资信客户，不用任何抵押、担保就可以获得数千万的信用贷款。朱爱武说根本不需要民间融资，银行的信用贷款已经足够了。

■ 潜规则催生民间借贷

温州中小企业的融资渠道主要有两个：银行和民间。温州的企业中

99%都是中小民营企业，融资环境的好坏至关重要。民间借贷靠的就是温州企业家的诚信意识；没有资信的中小企业，可以通过担保公司的担保，从银行贷款。

“不诚信就没有好结果。”这是温州企业界普遍存在的一个不成文的规则。在创业初期，亲戚、朋友或者通过介绍的投资者愿意借钱给企业家。做亏了没关系，在一定金额内大家都可以包容，可以承受；但如果借钱者有一次故意不还，在整个经营圈和生活圈中就将成为被唾弃的对象，再难生存。靠着这种“潜规则”，在银行贷款不能满足小企业发展甚至个人创业资金需求的情况下，温州的民间融资便成功地发展起来。

■ **民间融资有效补充正规金融**

民间融资在温州由来已久。温州人多地少，资源贫乏，民间产业活动需要资金，在20世纪80年代初银行业尚不发达的情况下，民间融资应运而生。但民间融资当时规模不大，但比重较高，企业资金来源的30%左右都是通过民间融资获得。20世纪80年代后期，民间融资发展到了最壮大、利率也最高的时期。在这种特定的环境下，民间融资与正规金融起到了互相促进的作用。

到了20世纪90年代后期，温州的商业银行加大了信贷投入，融资环境得以改善，民间融资比重由30%降到10%以内，但绝对额仍然大幅增长。为了更好地引导民间融资这种形式，使其更好地起到为中小企业融资的补充作用，人民银行在温州设有600个民间融资监测点，其每个月都将对民间融资利率的变动进行监测。

通过有效引导和整顿，温州的地下钱庄、挂户公司等非正规民间机构已基本消失，民间融资的主要形式就是直接借贷。依靠着温州人的诚信意识和地缘优势，自然人之间的直接借贷降低了交易成本，也解决了无法从银行获得贷款的微小企业筹资问题。

发展民间融资的前提是诚信。温州老板的诚信，非常值得成都企业家学习。温州民间融资的成功模式，也有成都可以借鉴的地方。温州民间融资之所以比较成功，很重要的一个原因就是这里长期以来形成的人缘、地缘优势。“借钱不还就没法生存”的潜规则，左右着人们的诚信意识。

企业的创立、生存和发展，每一阶段都离不开资本，必须以一次次融资、投资、再融资为前提。资本是企业的血脉，是企业经济活动的第一推动力和持续动力。不管你有何种创意，制定怎么样的发展战略，只要付诸实施就必定需要资本。大多通过融资而富甲一方的企业家都有属于自己的融资门路，如果融资无门，企业的发展会面临什么样的困境便可想而知。

融资有门，正所谓“会者不难，难者不会”！只要找到了融资的正确出路，那么成为商场浪潮里的弄潮儿将不会是一件“可望而不可及”的难事！

5. 都市里的融资潮

都市里的融资潮可谓如火如荼，各大企业纷纷亮出融资策略，其声势之浩大，令人触目惊心！

融资就好比谈恋爱一样，需要的是一定的时机和缘分，万不可因一时的心血来潮而为之！所以，面对都市融资潮，企业在做出融资决策之前一定要慎重考虑！融资潮的涌来，一方面对市场资金进行挤占，造成局部“缺血”，制约大盘的整体上行；另一方面也提供了一些局部的个股投资机会，可以说是风险和机会并存。

中资地产股涌动融资潮

中国大陆中资地产股于2007年再次掀起融资潮，各大房地产企业纷纷筹集巨资，以内地业务为主的房地产企业开始了新一轮的融资热潮。

房地产开发企业，在 IPO 的融资途径中，2007 年有一种新的趋势引人关注，那就是香港 H 股上市的房企“回归”A 股融资的意愿变得强烈。年初，在民营企业大亨郭广昌旗下，3 年前登陆香港股市的上海复地（2337. HK）就发布公告称，其董事会拟向中国证监会及相关政府部门提出申请，发行最多 6. 32 亿股、每股面值 0. 20 元人民币的 A 股，并准备把这些 A 股全部在上海证券交易所上市。

2005 年广州富力地产（2777. HK）在香港上市，而且也发布公告，称准备发行不超过 4. 5 亿股、每股面值 0. 25 元人民币的 A 股在上海证券交易所上市。从操作上看，股份合并是这些 H 股上市房企都面临的问题。因为 A 股每股面值普遍为 1 元人民币，而上海复地、富力地产都已表示，如果内地相关部门要求必须按照相关规定以 1 元面值发行 A 股的话，会配合要求进行股份合并，发行数量也会进行相应的调整。同时，上海复地、富力地产也都显示出对 A 股融资的恳切态度。在业内人士看来，对这些 H 股上市房企来说，回归 A 股也是“正常的选择”。如上海复地在 2003 年年中就启动过“A 股计划”，但因当时的政策原因而被延后，而如今“卷土重来”，从一定程度上可以看出大开发商在市场竞争中正在逐步寻求由资本所决定的主导地位，“毕竟，房地产大企业在资金上的竞争已成定局”。

由于市场并没有兑现对于中国大陆再度加息的预期，颇受挤压的中资地产股重新获得买盘追捧，绿城中国（3900. HK）、世茂房地产（0813. HK）等多家内地房地产公司也趁热集资。据统计，不计 IPO 融资，内地主要房地产公司在 2006 年 9 月至 2007 年 7 月这 9 个月的时间共募集资金超过了 300 亿港元。

2006 年 9 月至 2007 年 7 月内地房地产公司集资情况一览表：

股份	代码	日期	融资方式	募资（亿港元）
世茂房地产	0813	2007 年 5 月	配股	55
绿城中国	3900	2007 年 5 月	配股	23. 09
新世界中国	0917	2007 年 5 月	债券	25
路劲基建	1098	2007 年 5 月	债券	23

续表

股份	代码	日期	融资方式	募资（亿港元）
中国地产	1838	2007 年 4 月	债券	23
华润置地	1109	2007 年 1 月	循环信贷	20
合生创展	0712	2007 年 1 月	债券	17.8
上海置业	0754	2006 年 12 月	配股	5.1
世茂房地产	0813	2006 年 11 月	债券	45.4
绿城中国	3900	2006 年 11 月	债券	31
雅居乐	3383	2006 年 11 月	配股	19.1
雅居乐	3383	2006 年 9 月	债券	31
富力地产	2777	2006 年 9 月	配股	16

2007 年 10 月 14 日复牌的绿城中国宣布，用新方式配售 1.42 亿股股份，募集资金 23.09 亿港元。每股配售价 16.35 港元，较停牌前收盘价 17 港元折让 3.82%。另一房产巨头世茂也于当日停牌并公告称，停牌涉及配售发行公司股份。有人称，世茂房地产计划通过摩根士丹利配售 3.058 亿股，每股定价 17.88 – 18.27 港元，较上次收盘价 18.84 港元折让 3% – 5.1%，募集资金 54.67 – 55.87 亿港元。此次配售中有 8734 万股由主席兼大股东许荣茂出售的旧股，许荣茂此次有望套现约 15 亿港元，其余 2.1846 亿股为新股，集资所得将用于收购土地。此外，中国（0917. HK）则通过发行可转债集资 25 亿元，行使价为 8.044 港元，较该股停牌前每股 5.91 港元溢价 36%，集资所得将用作一般营运资金。路劲基建（1098. HK）则通过摩根大通发行 1.5 亿美元浮息票据，息率介于 7.5% – 7.75%，集资所得也用于购地。华润置地（1109. HK）也于当日中途停牌，并明确表示该公司确实涉及了配售股份。

除了配股和发行债券的方式以外，引入策略股东也成为内地房地产公司的重要融资途径。中国海外（0688. HK）2007 年 10 月 14 日宣布，以约 6700 万美元，相当于 5.2 亿港元，向摩根大通房地产基金出售上海市卢湾区一个地产项目 50% 的股权。该地皮面积约 24705.4 平方米，总投资额 2.3 亿美元。摩根士丹利斥资 10 亿元购入该项目 29.99% 的权益，世茂房地产当时公告称，预计其有关出售将获利7.4亿元。瑞银指出，中资地产股仍是值得长期投资的板块，对房地产市场的降温措施短期可能有效，但这些措施却不能解决根本的供需不平衡问题。该行表示，长期来看，私人住宅方面仍有巨大需求，降温措施将导致股价波动，而这时正是买进的机会，因此，世茂房地产和绿城中国被看好。

上市房企涌动融资潮

2006年初，各大房地产上市公司都陆续公布了年报，大部分公司的利润普遍比2005年出现了大幅增长。由于各大公司都在增加土地储备，不错失机遇，在最有利的时机买入土地，房地产企业普遍表现出强烈的融资冲动。招商地产在2005年年度公告中表示："目前，公司处于快速发展的阶段，为把握市场机遇，公司逐步加大对房地产业务的投资，因此也面临着不断增加的资金压力。"

在海外上市的房地产企业的可换股债同样也展示出了融资的冲动，2006年3月，在香港上市的上海置业（1207.HK）表示，公司正计划发行1.5亿美元7年期债券。负责安排此次债券发售的是和上海置业保持着良好合作关系的德意志银行以及摩根士丹利。这是上海置业不到半年的时间里第二次发债融资。2005年年底，上海置业发布公告发行5券，共募资3.86亿港元。在众多企业的此轮再融资潮流中，复地、首创置业已然先行一步，在近期完成了再融资计划。复地集团2006年3月24日的公告显示，公司与摩根士丹利签署了一份与配售有关的股份配售协议，共配售1.466亿股新H股，按每股H股2.82元港币配售予投资者。与配售协议日前的最后一个交易日的收市价相比，配售价折让了大约4.4%。配售所得的款项净额估计也达到了4.05亿元港币。

复地集团于2004年2月6日在香港上市成功，该公司当时共发行6.38亿股H股。随后，复地行使超额配股权，额外发行约0.95亿股H股，公司额外募集资金2.23亿港元。加上此前已在香港H股市场成功融资15亿港元，复地在港融资总额高达17.23亿港元。目前，摩根士丹利等国际基金正在与其共同开发多个楼盘。据悉，此次成功配售后，复地集团的总股本数将由原来的22.06亿股扩大到现在的23.53亿股。

按开盘价计算，股票市值大约为67.66亿港元。而在此前的2006年1月27日，首创置业也已在香港股市成功配售1.13亿股。上海置业2006年开发的项目包括位于上海卢湾区的华府天地，绿洲系列楼盘以及罗店新镇项目等。上海置业目标是成为上海第三大地产商，这一目标的达成需要大量资金支持。该公司的公告显示，全部新发债券由包括大摩、瑞银在内的国际知名投资机构认购，这些公司之所以要加强与投资银行进行融资方面的合作，最主要目的是继续拓展内地房地产市场。

为解决资金问题，2007年广东多家地产商纷纷通过上市、增发等渠道进行融资，4家以上广东本土地产商筹备在香港上市，多家上市房企积极增发，扩大融资规模。在广东的房地产开发商中，包括恒大、奥园、时代地产、广东珠光集团等均计划登陆H股市场，广东地产商再次集体向香港资本市场进发。中央紧缩银根、不断加息的宏观政策，令众多对银行信贷依赖性极高的房地产发展商资金链更加的紧张。为解决开发资金短缺的困境，广州发展商此前已经在开辟新融资渠道，而其目的地大多数选择了香港。华南理工大学建设经济管理与房地产研究所所长王幼松博士认为，这与香港证券市场和投资人对房地产概念比较认可有关。而且，选择在香港上市的企业，增发、配股等再融资相对国内A股市场也更为容易。更为重要的是，广东房企乐意选择赴港上市或者到其他境外证券市场上市。同时，还有助于引进国际战略合作伙伴，引进先进的管理技术，从而使企业的运作更加趋于规范化。

2007年7月7日，金地宣布，该公司增发成功募集约44.9亿元，扣除各类费用，实际净得约44.56亿元。而在半年前，该公司的增发方案只是预计募集30亿元。另一地产巨头——保利地产在今年初的股东大会上也表示，该公司将在年内启动增发3.5亿股融资，目前该方案已获得证监会有条件通过。若这一方案实施，按照保利地产收盘股价67.95的水平，其融资规模也将超过200亿元。此外，2007年增发的还包括香江控股、万科等发展商，其中前者计划募集资金约19亿元，用于收购或投资翡翠绿洲、锦绣香江等5项目公司，而万科定向增发规模不超过流通股股本的20%的融资方案已经获得证监会批准，迄今的融资规模早已突破200亿元。

以往如此大规模的融资实在是令人难以想象的，也难以获得有关部门的通过。但随着地价的不断攀升，开发商的开发成本开始不断增加，对资金的需求量自然也就越来越大，巨额融资理所当然便成为了一种不可避免的趋势。

都市融资潮一波高过一波，然而面对融资狂潮，很多投资者不得不采用“脚”投票，这样将直接导致反弹屡屡失败，新股将会频频跌破发行价，配股股价也会一路下跌。“套”中人只会愈来愈多。对于资金日趋紧张的券商来说，这种被套无疑是雪上加霜。应该看到的是，如果股市对于投资者完全失去了吸引力，那么另一半吸引力——股市的融资能力也将不复存在，正所谓皮之不存，毛将焉附。

融资本身就是一把双刃剑，它考验的是企业自身创造利润的能力，那么多的资本融进来，如果驾驭不好的话，无疑是在烧钱，甚至可能催生新一轮的泡沫！

6. 地下融资与其出现的方式

什么是地下融资？它是否符合正规的金融体系？如果大量的资金流入地下融资体系，是否会产生一系列的负面效应？

面对各种融资方式的此消彼长，地下融资却以低调的姿态，游走于富豪之间，成为富豪的另类融资装备，其规模之大，范围之广，着实令人惊叹。许多人对地下融资早有耳闻，却对其出现方式的了解和认识并不深入，地下融资本身并没有严格的定义，只是相对于正规金融体系之外的一种金融活动，经常被称作黑市融资、非正规融资或“草根金融”

等。面对它的日趋火爆，如果不对其有个确切的认识，很有可能抵挡不住它的诱惑，在它的错误认识中成长，从而造成无法挽回的错误。

地下金融规模

中央财经大学曾完成了一项有关中国地下金融规模与宏观经济影响的课题，针对中国20个省、82个市（县）、206个乡村、110家中小企业和1203位个体工商户，进行了实地抽样调查，并对各地区地下金融规模、农村地下金融规模和中小企业非正规融资规模进行了基本判断。

据调查测算结果的初步显示，中国目前地下信贷规模介于7405亿元至8164亿元之间，地下金融规模平均指数已达28.07，也就相当于地下融资规模占正规途径融资规模的比重为28.07%，这是由专家首次采用定量方法对地下金融现象进行调查所得出的结果。如果考虑到这个指数只是20个被调查省份的平均值，有一定误差，若将5%的误差率纳入指数，由此测算出中国地下金融规模指数区间应该为26.73至29.47。调查数据显示，在中小企业和农业等方面，地下金融很大程度上起到了补充作用。调查表明，目前全国中小企业约有1/3强的融资来自于非正规金融途径，而农户只有不到50%的借贷来自银行、信用社等正规金融机构，非正规金融途径获得的借贷占农户借贷规模的比重超过了55%。此外，地下金融规模测度的结果反映出，近年来中国广义货币中大约有3%至4%被地下部门占用，在货币币值不稳定时，地下货币资金的规模存在扩大的趋势。

据中央财经大学金融学院副教授李建军介绍，如果根据中国目前法规的明文规定来讲，正规金融以外的金融机构与金融活动，无论是合理的非正规金融，还是带有经济犯罪性质的“黑色金融”，都可以称为“地下金融”。在中国，地下金融活动的典型形式是间接金融，以合会等民间借贷为主，非金融企业变相吸收公众存款也属于此类；而直接金融活动主要是企业、单位或个人未经批准通过非法募集股份、发行债券和彩票、私募基金等进行融资。

专家认为，市场经济在不发达的条件下，地下金融将永远存在，只是多少的问题。由于中国对金融采取长期的抑制政策，导致了地下金融的膨胀。与此同时，改革开放以来中国日益充沛的民间资金供给也成为地下金融发展的“催化剂”。地下金融中，一部分民间金融的存在对促进市场机制发育、弥补正规金融的不足和促进金融机构改革发挥了积极作用，但地下金融长期存在削弱了金融宏观调控的力度，并且其中潜伏着不可预测的金融风险。另外，市场经济如果发达，竞争充分，地下金融想要获得更高利息是没有发展可言的。因此，应该深化经济金融体制改革，逐步完善金融资本市场，从而提高国民经济的整体水平。

从辨证角度看地下融资

地下融资实质上就是对金融压抑的一种纠正，虽然有利于经济效率的提高，但其负作用也是巨大的，而且是累积性的。增加打击力度和稽查密度是抑制地下金融蔓延的有力措施，从源头上放松金融压抑，规范民间融资是其治标治本之计。

就目前的企业融资而言，地下金融的存在早已是不争的事实，但其规模到底有多大？无不让人关注。曾有专家组对全国 20 个省份进行的首次实地调查显示，2003 年底地下信贷的规模在 7400 亿元至 8300 亿元之间，占正规金融机构贷款业务增加额的比重近 30%。而花旗银行一份研究报告的估计更为惊人：在 2004 年 5 月到 10 月期间，银行居民存款流失额在 9000 亿元左右，而这些资金大都用于自己投资或民间融资。

诸多调查结果是显而易见的，金融压抑的结果必然是民间金融的繁荣。尽管中国经济改革已走过了 30 年，但金融基本为国有垄断。金融压抑和低效率的国有银行垄断造成严重的信贷歧视，非国有经济部门深受其害。虽然非国有部门对中国 GDP 的贡献超过了 70%，但是它在过去十几年里获得的银行正式贷款却不到 20%，其余 80% 以上都流向了国有部门。在此背景下，目前全国中小企业约有 1/3 强的融资来自非正规金融途径。

从经济学角度来说，金融压抑在一定程度上扭曲了资金配置。政府控制金融的目的就是低价格将信贷资金用于支持体制内部，而资金在体制内外的价格是不同的。改革开放以来，官方利率一直比非正式信贷市场的利率低 50% - 100%。最近几年，国家允许银行在向中小企业提供贷款时可以采用比官方利率高10%－50%的利率，可是，市场利率仍然比最高利率高出50%。

由于国家目前还缺乏必要的金融法规规范，所以地下金融尚处于一种无政府状态，并且要承担一定的风险，资金的供给方和需求方都面临着巨大的不确定因素，信用难以确立。正规制度的缺乏也使金融中介和融资企业滋生短期行为，在高昂回报的刺激下，非金融企业以实业为名变相非法融资屡禁不止。

地下融资就是在金融压抑得不到改善的情况下产生的，是一条次优的有效途径。换句话说，就是地下金融会帮助民营经济绕过僵化的落后体制，从而实现落后体制无法实现的效率，然而，问题依然存在，民间大量通过地下融资犹如饮鸩止渴，地下融资风险高的同时，融资成本也异常高昂。地下融资的高利率正确反映了资金的市场供求，但也补偿了高风险。一般来说，融资成本随融资规模的增加而下降，因而金融具有十分显著的规模经济特征，地下金融分布零散，也难以整合重组，因而不会达到最小有效规模，融资成本也就居高不下。

面对现如今的融资市场，地下融资的繁荣有利于缓解金融压抑造成的扭曲，而要改革各种非法融资，相关势力就会百般阻挠，金融制度正规化就会遥遥无期。

开发商力争地下融资

2005年上海房地产行业的形势使得部分开发商出现了严重的资金短缺问题，在此背景下，地下融资应运而生。据操作此地下融资项目的中间人张先生透露，当时上海已有十余家开发商和他们联系，开发商们普遍愿意以高于银行的贷款利率向他们借贷资金，贷款额度一般都在5000万元以上，贷款期限为一年。

张先生当时是上海房地产网络营销中心总监，他表示从2004年以来银行收紧银根，对房地产项目的贷款审批更为严格，过去只要土地证审批出来，开发商就能从银行拿到贷款，而现在则要四证齐全才能申请贷款。而四证完全审批出来最快也要半年，在此期间许多开发商就面临资金周转不过来的现象。而2005年3月份以来一系列的房地产调控措施更是雪上加霜，商品房的市场成交量持续下降，而且商品房的销售款也无法回收，致使许多开发商的资金链出现了断裂。

张先生当时从事房地产行业已经有十多年，他敏感地捕捉到了其中的商机。与此同时，张先生熟知的上海某大型国有企业正有大量的资金考虑投放出去，张先生提出的做房地产项目融资的提议立刻得到了该国有企业的认同。该大型国有企业注册资金在 50 亿元人民币以上，经营业务涉及诸多行业，也包括房地产开发。该企业信用度很高，资金来源和操作都是合法和规范的。对开发商来说，目前他们都能接受高于银行一定数量百分点的贷款利率，同时地下融资在一定程度上缓解了开发商的资金压力。但地下融资只是在特定形势下的产物，愿意把资金拿出来借贷给开发商的企业不会很多，所以它不可能非常普遍。对于资金实力雄厚的房地产企业来说，他们会把资金用于自有地产项目的开发，而有充足资金的其他行业的企业，则由于不了解房地产行业和开发商的情况，因此不会轻易做出类似的尝试。

2006 年 8 月 18 日，“提高存款准备金率效果不明显，加息是意料之中的事情。”复旦大学房地产研究中心副主任华伟发表评论。房地产的再度加息，其实对开发商的真实和直接的影响并不很大。对于大型开发商来说，目前银根并未完全收紧，在获贷顺利的情况下，0.27 个百分点的融资成本并不会增加太多压力；那些中小开发商本来就很难获得银行贷款，因此和加息的关联已经不大。特别是现在不少开发商从地下融资获取一些利率高达 15% 以上的高利贷，加息 0.27 个百分点，对于缩小正常利率和高利贷之间的差额并没有多大作用——这些开发商还是会竭力争取地下融资。

其实，最让开发商担心的是加息是否会对潜在购房者的心理造成重大打击。“我们不愿意看到加息，尽管对于我们开发商的贷款来说，加息的实际影响的确并不大。但我们最担心的是加息对购房者的心理影响，购房者可能因此陷入进一步的观望。”上海一家大型开发企业的负责人表示。该负责人解释说，目前开发商的自有资金因为楼市调控而紧绷，不少开发商都重视推盘套现，这依赖于购房者的积极入市购房。一旦加息必定使购房者压力加大，心存观望而取消购房计划，不少开发商的资金链将会遭遇更大的考验，优胜劣汰将会加速。“这种考验和当前的各项楼市新政效力叠加，影响绝对不容忽视”。

随着对社会宏观经济政策的有所调整，地下融资的活跃局面，表面上反映的是金融秩序问题，其实质上体现的是金融供给与需求不平衡，是金融体系不适应经济发展需要，地下金融的风生水起，在促进县域经济发展的同时，也给宏观调控和金融监管带来了一些负面影响，其供给已经不能满足金融需求。因此，要彻底解决地下融资问题，不能一味采取“关门政策”。俗话说“疏胜于堵”，应该区别对待，“堵”、“疏”结合，将民间金融资金“拉”出地面，最大限度地发挥其积极作用，开辟中小企业融资新途径。

地下融资现象的繁荣发展，有其一定的时代性，但其中最令人担忧的后果则是非法融资的自我制度化，使得地下融资的改革成本无限加大。地下融资虽然可能从某些方面有利于缓解金融压抑所造成的扭曲，但每年近百亿元的利息很容易形成相应的利益输送渠道，这些很可能滋生一个强大的利益集团，而面对貌似一个集团的利益，只有正视地下融资，才能将其貌似变为现实。

地下融资，几分欢喜几分愁，是忧还是患，相信所有人都心知杜明！若想使金融制度得到完善，趋向正规化，地下融资改革，迫在眉睫！

7. 免入融资陷阱

哪里有融资，哪里就有陷阱。融资陷阱，企业的坟墓，金钱的黑洞。将之斩于无形，事业方能成功。

在金钱竞争的社会，各路商家竞相出手，在各种融资方式争相出炉的同时，一些融资陷阱也蠢蠢欲动，使得许多急于发展的企业在不知不觉中陷了进去。所以，企业要发展就一定要学会识别那些不怀好意的融资陷阱。不仅是融资的初始阶段，在整个融资过程中的任何阶段都可以设置陷阱。创业者，尤其是白手起家的创业者，时常为融资所困扰，也很容易碰上融资陷阱。融资难是中小民营企业的老大难问题，在融资过程中受骗对他们来说无疑是雪上加霜。这不仅是经济上的损失，更多的是对他们创业热情的伤害。

认识国内融资市场骗局

直观融资领域，有多少企业在融资陷阱中全身而退？面对防不胜防的融资陷阱，企业要降低自己的损失度，就要在整个融资的过程中保持高度的警惕，加强防范意识，免得到最后遭受更大的损失。

当前，国内融资市场存在的骗局划归为两大类：

■ 第一类是以国际资金为背景的融资骗局，主要融资方式包括合资、合作、“过桥”等。

■ 第二类是以国内资金为主要背景的融资骗局，主要包括银行保函、直存（大额存单抵押贷款）、有价证券抵押贷款、银行（商业）承兑汇票等融资方式。

依靠国际资金作背景的融资骗局，往往设计的十分巧妙。主要是个别海内外华人勾结，间或夹杂一些洋人，以充当门面，增加可信度，在国外注册一家听起来名声很响的公司，在国内设立代表处或直接开办投资贸易集团，甚至向你出示国外银行的资信证明，再摆上几份让你很难核实的国外背景的资格证书，把办公地址放在金融或国际公司集中的高档写字楼内，俨然是一家很有实力的投资公司，而你在国家管理机关——工商局或商务局根本无法核实其资信。那些人效仿国际上通行的投资程序，依照国内合法的方式，例如合作、合资等进行欺骗融资，使你也难辨真伪。

面对悄无声息的融资陷阱，企业在与投资商打交道时要走好每一步，留心对方的一些细节，免得一步错，步步错。

■ 一些骗子公司虽然是在高档的写字楼里，但办公室却只有一两间，而且设施简陋；

■ 公司内部员工整体素质不高，技能方面差；

■ 与你接触洽谈时不够正式；

■ 不论你的项目好坏与否，对方很快表示将愿意给你投资，并快速进行项目考察；

■ 由指定的公司为项目一方写《商业计划书》以及资产评估，这一条是真假投资公司的根本区别。而大多骗子公司都是凭这一条挣钱的；

■ 让项目方做完《商业计划书》。

一般情况下，正规的投资公司会要求企业提供《商业计划书》。投资公司如确实想投资该项目的话，一般都是投资公司和创业者共同委托评估公司，评估费用共担或由投资公司承担。

就目前的融资现状而言，国内的融资骗局主要特征是在合法的融资方式下，利用法律漏洞及融资方缺乏金融专业知识、急于融资的特点，出资方与银行、证券公司等内部工作人员合伙做局，达到骗取融资方手续费、保证金等各种名目的费用为目的。

生活中，我们往往看到第一次经历骗子投资公司谈判的项目方抱着真诚合作的态度，把投资公司视为救星，希望从融资意向书签定开始，就开启了融资的大门，但到最后却是竹篮打水一场空。企业家一般都具有睿智的头脑，只要不被高额的利益所诱惑，稍有用心就会轻易发现对方的融资破绽。

三招识破融资陷阱

随着融资对企业的渗透，它对企业的影响也越来越深，正因为融资可以为企业带来可观的效益，所以一些不正规企业就抓住企业急需融资的心理，设立了一个个融资陷阱，使得许多企业在迫切心理的驱使下忽略了许多重要的细节。对于创业型企业家来说，求胜心切有时候也是一个陷阱，专家从一些企业在融资时碰到的陷阱进行分析，教你在面对陷阱时规避风险，我们不妨来看以下案例。

■ 投怀送抱

李某的互联网公司自创立以来，已有几年的持续盈利记录，该公司主要提供以即时通讯技术为基础的在线客服系统解决方案，而且随着国际电子商务巨头 Ebay 将即时通讯工具 Skype 整合进行交易后，这家创业型企业的投资价值一时间水涨船高。尽管其在国内已经拥有近百家代理商的销售渠道，但在当前的互联网领域，类似技术早已不是惟一的壁垒，使该企业的创始人李某决定加大市场推广投入和力度，以便迅速建立起以技术、品牌和规模等三位一体的领先优势，而面对市场竞争的压力，该企业的融资需求就越来越迫切。

在四处融资碰壁的时候，很快就有一家具有国际背景的风险投资机构主动找上门来，在并未对企业有关财务状况做好尽职调查的前提下，该机构就迅速与李某签订了一份投资备忘录，并答应在一年内共分三次向李某的企业投资 2000 万美元，从而换取 51% 的股份。之后，肖某代表投资机构与李某进行洽谈，时隔一个月，当涉及对李某的企业技术和资产评估时，却又增加了自称是投资机构已经投资的另一家互联网企业的总裁赵某，作为投资机构提名的一位具备实际运营经验的专业人士，第一次与风险投资机构接触的李某并未过多地猜测投资机构的动机。

招数：在投资机构已经投资参股的联网企业中，存在类似对李某公司的核心业务的即时通讯服务，尽管这一技术是之后出现的联网企业通过并购其他互联网公司间接获得的，但显然，作为一家知名风险投资公司，不可能如此重复投资，单从这一点就足以断定该投资机会对李某企业的投资必定另有所图。

■ 谈判疑云

按理说，代表风险投资机构已经投资过的联网企业的赵某加入谈判似乎在情理之中，但在以李某、肖某和赵某三人为核心的谈判中，李某却察觉到了一丝异常。当初，投资公司与投资过的联网企业接触时，一再声称之所以投资该联网企业，就是看中了该企业在即时在线客服系统的技术优势，但当赵某参与进来以后，该投资机构的兴趣似乎大大转移了，双方完全搁置了对李某企业的即时通讯技术的评估。赵某更在意的显然是李某企业的代理商资源及其销售团队，而这一切似乎更符合联网企业的收购意向。

赵某的联网企业就是目前国内以 WEB2.0 技术为基础的互联网公司，并且通过一系列的并购行为，已经构建了一个类似搜狐公司的矩阵门户，有关该企业即将赴纳斯达克上市的消息也不绝于耳。尽管上市迫在眉睫，但该公司依然面临着 WEB2.0 企业的通用诟病，盈利前景和商业模式并不清晰，而这也是李某在企业创办三年来一直持续盈利的。

略加猜测，对赵某的行为也就有了明确的解释：如果赵某成功购并了李某的企业，那么李某企业的渠道资源和盈利能力对于急于上市的联网企业来说，无疑如临门一脚，是资本市场上一个不可多得的题材。渠道和代理商资源一直是“3721”和“百度”等互联网公司在中国市场上立足的基础，这一点在业界内早已被认同。

招数：联网企业的总裁赵某参与后期谈判行为有些可疑，因为相关技术和财务审核，涉及到李某企业的核心技术和商业机密，在李某仅与风险投资机构签署投资备忘录的情况下，作为与李某企业的核心技术和业务有重合的联网企业的高层理应规避相关内容，相关尽职调查应由投资机构或者联合第三方独立机构进行，赵某对相关谈判进程的直接参与，显然有违常理。

■ 暗度陈仓

李某的疑虑之后即被证实，风险投资机构对李某企业的潜在意图，就是急于将李某企业的技术、渠道和团队资源整合进赵某的联网企业，从而为该企业的未来上市之路增加筹码，这也是投资机构在前期投资备忘录上死守51%股份底线的原因。只有如此，才能依靠资本话语权，将李某企业注入到赵某的联网企业，实现将李某企业完全整合进联网企业的计划。

就这一点而言，风险投资机构的深谋远虑显然与李某的意思完全背离，作为一个创业型企业家，尤其是一个中国本土的创业型企业家，很难容忍自己一手养育的企业被其他公司吞并，哪怕这种合并在事实上更加务实和实惠。当然，李某接受风险投资基金的控股是另一回事。正是李某的这种意识，使得联网企业不得不“明修栈道，暗度陈仓”，通过其股东风险投资机构来实现。而当风险投资机构的控股意图无法继续掩饰时，李某与风险投资机构的“第一次亲密接触”也在一场“阴谋论”中宣告终止。

招数：风险投资机构在与李某的接触过程中，前后期兴趣点的转移非常明显，最初该机构一再声称欣赏李某企业的技术及开发优势，但当赵某参与进来后，其投资意图已经转向对于李某企业的销售渠道和团队的热衷，这一点也不得不让人生疑。

就上例而言，也许将李某的企业整合进赵某的联网企业是一次双赢的机会，但对于自主创业的企业家来说，却是不能接受的事实。自主企业本就不是一件易事，当自己的企业蒸蒸日上时却又要把它拱手让人，这无疑比放弃自己的企业更让人难受。在现如今融资过程中，不乏赵某这样的融资陷阱，打着融资的旗号却实施并购的行为，对于企业家而言，判断和识破风险投资家的潜在意图，显然并非易事，但见微知著，也并非没有可能。在融资心切的同时别忘了保持冷静的头脑，抓住容易忽略掉的一些显而易见的细节，就可以避免掉入融资陷阱。

在融资成为企业成长的必要手段时，为什么会有那么多的企业掉入融资陷阱？细细分析，我们不得不承认设下融资陷阱的骗子的手段非常高明，但“百密总有一疏”，他们欺骗的手段也总会有其不合理的漏洞。只要企业家们具备“以不变应万变”的心态，不要让对方看到你的迫切心理，用精明的头脑去观察融资的细节，就完全可以让自己避过那些显而易见的融资陷阱。

不要总是到了资金紧缺的时候才去想融资的事情，心态急躁往往容易掉入陷阱——融资有风险，国人须谨慎！

8. 融资有难，“天使”出招

企业的融资救星——天使投资！“忽如一夜春风来，千树万树梨花开”，用此来描述当下国内天使投资景象，似乎一点不为过。

资金短缺、融资难一直是我国创业企业发展的一大障碍。传统融资渠道无法满足创业企业的融资需要，而天使投资正好弥补了这一空缺，天使投资是解决创业企业融资的一个重要方式。

如何定义天使投资

天使投资是权益资本投资的一种形式，也就是凭个人实力出资协助缺少资金却有发展能力的创业家进行创业，并承担创业中的高风险和享受创业成功后的高收益，或者说是自由投资者或非正式风险投资机构对原创项目构思或小型初创企业进行的一次性的前期投资。它是风险投资的一种形式，是根据天使投资人的投资数量以及对被投资企业可能提供的综合资源，属于一种自发而又分散的民间投资方式。

天使投资人就是给予刚起步却颇具实力的公司予以帮助这些公司迅速启动的投资人。在风险投资领域，“天使”这个词指的是企业家的第一批投资人，这些投资人专注于对原创项目的早期投资，甚至当这些项目还仅处于一纸商业计划书的阶段。天使投资人通常是创业企业家的朋友、亲戚或商业伙伴，由于他们对该企业家的能力和创意深信不疑，因而愿意在业务远未开展进来之前就向该企业家投入大笔资金，一笔典型的天使投资往往只是区区几十万美元，是风险资本家随后可能投入资金的零头。天使投资最早起源于20世纪初的美国，指的是那些对未来戏剧进行投资的百老汇投资者，这些投资是有风险的，因为他们在赌戏剧的票房。

天使投资一词起源于纽约。“天使”一词也是由百老汇的演出人员创造出来的，用以表示对百老汇演出进行了高风险投资的富有资助者的尊重。虽然通常天使投资对回报的期望值并不很高，但 10 到 20 倍的回报才足够吸引他们。这是因为，他们决定出手投资时，往往在一个行业同时投资 10 个项目，但结果却只有一两个项目获取成功，也只有采取这种方式，大使投资人才能分担风险。

其特征主要有以下几点：

■ 天使投资属个体或小型的商业行为，它是一次性投入，金额较小，投资方不参与管理，其对风险企业的审查也不严格。一般情况下它更多的是基于投资人的主观判断或者由个人的好恶所决定的。通常天使投资是由一个人投资，并且是见好就收。

■ 天使投资人对于刚起步的公司来讲是最佳的融资对象，有很多天使投资人本身也是企业家，他们对于创业者面临的难处有很深的体会。

■ 天使投资人可能是你的亲人、邻居……任何一个愿意投资公司的人，而并非一定是百万富翁或高收入人士。

■ 天使投资人带来的不仅仅是资金，同时也会带来联系网络，假如是知名人士的话，还会对公司信誉大大提高。

天使投资与风险投资的区别

天使投资虽与风险投资虽说是属于同一个家族，但从常规意义上来说，彼此却又有着以下几点不同之处：

■ 投资者不同。天使投资人一般是针对个人而言，而非一个群体。

■ 投资金额不同。天使投资比风险投资的投资金额要少得多，每笔投资金额约为 5 万美元到 50 万美元。

■ 投资审查程序不同。天使投资大都是基于根据投资人的主观判断和喜欢而定，而对创业项目的审查并不严格，手续非常简便，而且投资人一般不直接参与管理。

■ 天使投资更注重提供增值服务。

就目前的融资现状而言，天使投资仍归属于风险投资的行业中，实际上它也是风险投资人的一种类型。不过，这类投资人在新建公司中的投资数额较小，通常少于风险投资人的金额。一些天使投资人也会参与新建公司的具体管理工作，对于公司的重大决策则干预较少，他们所关注的只是公司最终的丰厚投资回报，而不在乎公司的管理问题。在这种情况下，他们较有耐心，能够等待较长的时间，只要最终获利，则无怨言。因此，人们将他们视为天使也不是没有一定的道理。

他们如何拿到天使投资

■ 庞升东——51 创始人

庞升东在 24 岁就已跻身于百万富翁的行列，创立 51 之前，一掷 98 万购得 51 域名，再个人投入上千万前期资金打造 51 流量。第一轮融资获得红杉和 SIG 共计 600 万美元投资，第二轮投资也不日即将结束。

庞升东的融资心得很值得投资者们借鉴：第一，估量自己所在行业的市场规模的大小，估算出自己能够赢得多少份额；第二，知道赢得利润的多少取决于所带团队的实力；第三，懂得凡事预则立的道理，融资前一定要做好万全准备。

■ 姚劲波——58 创始人

姚劲波在大学毕业后开始创办个人网站，该网站之后被万网收购，并在万网从一个普通员工一步一步做到公司副总裁的位置，身居高位之后又激流勇退再次创业创办了 58 同城，获得软银大幅投资。他的经历是一个典型的职业发展过程。

总结姚劲波的融资心得是：第一是专注，做自己喜欢做的也能够做的事情；第二是模式，选择一个合适的市场细分领域；第三是激情，如果创业者自己都不清楚自己要做什么，拿出 4、5 个项目来让 VC 选择，VC 肯定不敢投。

■ 杜雪骞——1ting 创始人

杜雪骞在大二时辍学，20 岁时就成了百万富翁。虽然他年龄很小，但却有着与之极不相称的沉静与清醒。他的 1ting 获得天使投资，并开始寻找 A 轮投资。

归结杜雪骞的融资心得是：第一，专注。就如你自己所说，网络不是他生活的一部分，而是他自己完全生活在网络当中，一切生活都围绕网络在转，网络可以说是他生命的全部。第二，低调。不要在自己还没有足够实力的时候就到处去张扬，不要在时机未成熟的时候就去遍找 VC。如果你过早让所有 VC 看到了你的不成功，也就是封闭了未来他们真正投资的机会。第三是明白。要明白自己做的事情是什么，自己往哪里走，自己的长处是什么，行业的发展是什么。

■ **杨浩涌——赶集网（ganji）创始人**

杨浩涌的逻辑条理性极强，喜欢用证明式的思维方式，他所创办的赶集网得到了包括 GOOGLE 在内的投资。

总结杨浩涌的融资心得：第一，市场，要找一个足够大的市场。第二，要有可预见的前景。第三，对投资人要有诚信，不说假话。

■ **戴志康——DISCUZ 创始人**

戴志康读大学时便开始创业，写社区软件，现在已经成为中国最大的社区软件提供商。

归纳戴志康的融资心得：第一，兴趣，把事业当作兴趣来做，而不仅仅为了发财。具有价值性，每做一件事情一定要真正能够为用户带来价值，不要为了编造商业计划书虚拟一些根本不存在的需求出来。

■ **高燃——gouzai 创始人**

高燃在所有 80 后创业人中是最有名气的，他是 80 后人员中少有的连环创业人物，据他声称开办还有 N 个项目。

归纳高燃的融资心得：第一，决心。做什么事情都要事前把自己置于死地，不留余地，全力以赴才能成功。第二，勤学。保持学习的心态，不断提高自己的学习能力。上网看书都是学习，最重要的学习是找一些在业界大有名气的人，找人家去请教。给自己一个目标，每天要见几个人。第三，懂得去沟通。跟 VC 的沟通很重要，诚信非常重要，大家将心比心，换位思考，大家都不容易，互相体谅。

要拿到天使投资并不容易，要得到天使投资人的关注更不容易。以上这些人都是在融资过程中实实在在走过来的人，他们的体会，未必是理论的，但的确是发自他们内心的。他们心得也不尽相同，但仔细体会，却有很多相通的地方。相信定能给其相关人以启发教育。

天使投资现状与发展趋势

要让发展创意产业成为中国的支柱产业，政府的重视和扶持是必不可少的，但就目前的投资现状而言，来自社会上各方面的支持，尤其对天使投资的需求则更为迫切。

天使投资有很长的存在历史。美国属发达国家，是风险投资基金最雄厚的国家，同时也是天使投资最活跃的国家。据美国小企业局保守的估计，到2000年，美国约有40万名“天使”，共向5万家企业投入了400亿美元，相当于正式风险投资总金额（1040亿美元）的40%。相比较，其所支持的项目总数约为正式的风险投资基金投资项目的20－50倍。

目前美国等发达国家天使投资呈现如下变化趋势：

■ 倾向化

随着时代的发展，天使投资开始倾向于为网络、电讯等产业提供长期投资，而这些高新技术产业也有着长期强劲的增长趋势，所以使得天使投资者愿意为之提供长期的启动资金。由于一些成功的网络、电讯、生命科学领域的创业者利用天使投资快速积聚起巨额财富，这些成功者（包括个人和企业）常常会“饮水思源”，拿出一部分资金加入到投资天使的队伍中，从而为天使投资事业的壮大提供了持续和稳定的资金来源。

■ 略占优势

在当今竞争激烈的环境中，风险投资基金担心投资初创企业会遭遇过大的风险，因此在投资上开始产生推后的迹象，从而使得天使投资在初创企业早期融资的优势得以强化。特别是正式风险投资基金近年来不同程度的“裹足”（如美国 2001 年 10 月底风险投资额为 300 亿美元，比 2000 年同期减少 700 多亿美元），使初创企业更难争取风险投资。由于上述情况，天使投资在早期风险资本市场的舞台相对扩大。

■ **吸引更多的投资者**

早期的投资天使被人们戏称为“独行侠”，而在高新科技日新月异的今天，这种孤军奋战的运作模式已经不利于押准“黑马”和降低风险。在美国等发达国家，目前投资天使们大多拥有自己的集合投资团体（如美国有 150 个正式的天使俱乐部），团体化的投资天使可以充分利用信息和资金等资源共享的优势，提高投资成功的几率，从而也使得更多的富人更愿意加入投资天使的行列。据统计，1989 年美国正式风险投资的投资家不过 2000 多人，而投资“天使”多达 25 万多人；2000 年，后者增至 40 万人。

社会一路发展而来，天使投资造就了一批又一批闻名遐迩的企业。“天使投资”在我国风险投资行业中发挥出越来越重要的作用，天使投资为推动国民经济发展，为树立全社会的创新意识和创业精神起到了重要而且积极的作用。

当前，在北美及一些发达国家中“天使投资”极为流行。它是一种直接民间投资的方式。现如今在风险投资市场上，天使投资与私募基金，以及公司（机构）型基金三分天下，正发挥日益重要的作用。在美国大约有 300 万天使投资人，每年的投资总额是风险投资的两倍。中国境内的天使投资行业发展比较晚，但随着 IT 业的发展，生物、半导体等科技的日新月异，天使投资日益活跃，本土机构与外资机构对好项目展开了激烈角逐。与此同时，在国内天使投资行为迅猛发展其间，对于天使投资的管理及相关法律法规也应该弥补其不足。

“天使”在人间，天使投资并不是投了钱就坐立等着回报，天使投资是风险投资中风险最大的一个环节，因此控制风险就很重要。对天使而言，对风险的把握在于对

这个行业的了解，不仅要看到现在，还要能够看到未来，还能帮助企业制订战略、规划模式。同时在这一个行业里面有资源，可以调动资源帮助公司找到合作伙伴，帮助其成长。

天使一旦投资了你，那么彼此就是血脉相连，他会倾注全力帮助你，让你的梦想起飞！

第五章

颤栗于薄冰上的庞然大物

——另类者的“银行战争”

有的人用银行的钱挣钱，有的人用银行的钱骗钱，有的人用银行的钱圈钱，还有人所有的钱都是银行的钱！

银行贷款是银行以债权人身份安排使用资金的主要形式。解决资金不足的一条途径就是银行贷款。无论哪个富豪，他们的发家都离不开银行贷款。有的人利用银行发了家，成为福布斯富豪榜上的一员，也有的人因为银行贷款，走进了监狱……

1. 做大事离不开银行贷款

“穷人”辛苦劳动，兢兢业业，把努力挣来的血汗钱存入银行；而“富人”却大胆地从银行贷款，拿着银行的钱去投资，在承担着风险的同时变得更加富有……

让“钱”生“钱”是理财最简单的一个道理，也许有人会说，我对自己目前的经济状况非常满意，我不需要更多的钱，我不需要理财。所有的工薪阶层每天辛辛苦苦地工作，用辛勤劳动来换取工资，除了对付日常生活开支之外，还有些许盈余。

我们现在用的钱都是纸币，靠的是国家经济稳定、国家通货做基础来支持其价值。但万一有什么风吹草动，它们充其量也就是一张张优质的纸张而已，有可能会变得一钱不值，去年能买一斤肉的钱，今年却只能买 8 两。所以，老百姓攒的这点血汗钱，怎么能让它尽量增值保值就成了我们温饱以后最关心的问题了——是存银行？放家里？做生意？是炒股票基金？是买保险？是买黄金？还是买房地产？

穷人因为迫于生计，很多时候只能妥协，这一妥协又埋没了自己的才华，错过了发展的机会，最后只好随波逐流。老百姓的想法与做法都是很实际的，对于钱，必须得绝对安全，然后还要能保值，风险不大的话，最好还可以追求点收益。老百姓都知道这样一个朴素的理财道理：钱只有投入到社会经济活动中一起运转才能保值。而富人的想法却与他们截然不同，他们为了实现自己的计划，会想方设法如何让别人的钱为自己所用。

富的就是银行贷款

张鹏，一家私营企业的财务员，属于无数混迹于房地产投资中的一个普通人，他的特别之处就在于，在缺少资金投资的时候，他把自己的房子卖给“自己”，所以“自己”便得到了银行的贷款，获得了操作资金，于是他又可以进入房市，尽情地发挥了。

虽然张鹏的这个办法纯粹是给逼出来的。但对房子有着强烈癖好的张鹏一直喜欢研究房产信息，报纸上角角落落的房源他一套也不会放过，比专业人士还要有钻劲。功夫不负有心人，张鹏的眼光还算不错，凡是被他看上的房子在一两个月内总会涨，从 10% 到 50%，周围的朋友知道张鹏有这个本事，纷纷让他做房产投资参谋。给朋友看得多了，遇到难得的好房源张鹏就会自己“吃”下来。

在众多的房子中，张鹏看中了一个“极品”——一套 50 万元左右的小户型办公房，月租金达 5000 多元，投资收益完全到位，张鹏没有丝毫犹豫就定了下来。但是家里除了 3 万元现金以外，就是 3 套房子了，因为都在还贷期内，没有一套能办理再次抵押手续，如果要向银行贷款，光审查个人资格，就能磨蹭一个月，而且还得不到十几万的贷款额度，眼看着一套能赚大钱的房子从自己眼皮子底下溜走，张鹏心里很不是滋味。

思来想去，张鹏想既然自己有那么多的房子就在这上面动动脑筋。灵感果然从天而降：在三套房子中，张鹏现在住的房产升值最快，从以前买入的50万元已升到80多万元。只要他把这套房按照市价80万元卖给自己，利用房价80%即49万元的银行贷款就可以把小户型办公房买下来。

为了确保万无一失，他做了一个周密的计划。3年以前买入的价值50万元的房子如今还欠银行贷款25万元，要取得银行的贷款，必须要把产权完全释放出来，这25万元的还贷款就是关键。

张鹏找到一个熟悉的房产中介，说出了他的计划：由中介公司负责打通所有关节，并先垫付他尚欠银行的25万元贷款，完成产权转换后，按市价80万元卖给自己，再用价值70万元的自住房向银行贷款49万元，接着自己再加1万元购买那一套升值潜力巨大的办公房，并且张鹏一再强调，小公房可望在两个月内获益。收益后张鹏再将25万的垫付款外加2万元的中介费一并交付给中介公司。

由于张鹏与中介公司有过多次合作，较为熟悉，中介公司认可了他的计划，并一口答应下来。接下来的事情就变得顺理成章了。

首先要释放产权证，由中介公司先期垫付了25万元把张鹏房子产权证上的他项权利取消。然后，张鹏把房子以70万的市价卖给了自己的爸爸（其实就是自己），反正是自己卖给自己，首付的30%房款只需一张自己写的收据即可。接着，中介公司就开始了公关行动，在房屋价值认定后，通过“加急费”的刺激，银行贷款在两周后就到了张鹏的账户。张鹏很顺利地就用银行贷款买了心仪的办公房，还办妥了所有手续。然后他将之挂牌62万元出售。

由于5000元的租金吸引了不少人，小房型的办公房又是稀缺货，他两个月后就找到了买家。整个过程，前前后后只花了3个月的时间，张鹏的资金就发生了可喜的变化：支付中介27万元后，他手上还剩下35万元，还欠银行49万元贷款，比较之下，他从欠银行25万元到只欠

14 万元，除去各种花费，净赚了 10 万元左右。更重要的是，他手上了有了一笔不少的活动资金，让他又可以打起下一个算盘了。

对于这一次操作，张鹏忍不住露出得意的神情，但一转头，他又冷静地说道：“资金操作不是大问题，关键是你得找对资金的出处，不然再漂亮的操作也是徒劳。”

一个亿万富豪致富的经过

浙江省某市有一家大型的国有水泥厂，水泥厂拥有固定资产 3 个多亿，员工 3000 多人，20 世纪 80 年代初组建水泥集团，80 年中期企业开始改制。

当时改制方案有两种：一是由企业管理层控股，国有资产部分退出；二是吸引外资进行收购，国有资产全部退出。后来经过他们企业管理层不停的公关、游说，市政府最终同意了他们制订的一个承债式全盘收购方案：企业管理层 2 年分 4 次，合计出资 1200 万元，收购 J 市水泥集团 100% 的股权。

企业管理层共有 15 人，大股东理所当然是厂长，厂长出资 720 万元，占 60%，绝对控股。2000 年，这家水泥厂的厂长在一个朋友的介绍下，收购了一家亏损的大型国有轴承厂。虽然那家轴承厂很旧很烂，接近破产，但位置很好，厂区约有 120 亩，而且正好位于浙江省市中心。于是这一国有水泥厂的厂长，就不慌不忙地找市政府谈判，并抛出了一个宏大的计划：首先，他们投资 2 个亿，全资收购轴承厂，并把轴承厂整体搬迁到市经济技术开发区扩建，进行产业升级，新轴承厂建成后 30% 产品出口海外，并最终形成一个年产值达 5 亿元以上的轴承集团。

市政府看了他们的计划很高兴，他们就不失时机地提出了他们的要求：一是把原轴承厂的土地性质由“工业生产用地”改变为“商业开发用地”；二是市政府自行解决轴承厂的下岗人员分流问题。

经过漫长繁琐的协调谈判公关，市政府在 3 个月后，同意了他们的收购计划。他们也迅速拿到了原轴承厂的土地证，又把该土地拿到银行贷款 5800 万元。半个月后他们拿银行的贷款同时启动了两个项目：新轴承厂扩建，老轴承厂开发大型的“长江现代城”房地产项目。目前，新轴承厂已步入正常的生产轨道，而“长江现代城”项目已经结束，这个项目使他们获利2.6亿元。

2004年，该厂的厂长又与朋友合伙买了一块地。该地位于C市火车站旁，总面积200余亩，属于净地公开拍卖，起价为6500万元人民币，保证金1000万元人民币。该地总共有6家开发商参与竞拍，但他们在拍卖的前一天晚上以每家300万元人民币的代价，买通了其中的四家开发商。最终，他们公司以6900万元的价格拿下了该地。

经过测算，他们买这块地的实际价格为8300万元（6900万元+1200万元+200万元政府公关费），约折合40万元/亩，而该地的市场价格应在60万-80万元/亩。

赚钱就这么简单，他仅仅用了10年的时间，就成为了一个亿万富豪。

房地产的发展靠银行贷款

一穷二白的房地产商是如何起家的呢？房地产企业注册的所有业务就是其打算开发的楼盘，没有别的经营项目，而资金也以银行贷款为主。

国内房地产企业在开发项目时，普遍存在资金不足问题。一些房地产商在项目开发之初，启动资金就是向别人借来的，一旦银行贷款到位，抽逃自有资金的现象就普遍存在。而银行贷款就成为他们进行滚动开发的第一桶金。从开发资金到建筑企业垫付的工程资金再到个人购房的资金，几乎都依赖于银行的信贷资金。这无疑加重了银行的信贷风险，也使房地产行业成为一个依赖性很强的行业。

以往中国房地产行业主要靠自有资金和银行贷款发展，但随着银行收紧银根，房地产行业普遍意识到未来要发展主要出路在资本市场，资金只能到股市上筹集。房地产企业上市在香港资本市场成就了郭广昌、杨国强、潘石屹这样的“地产富豪”，但现在整个房地产业只有200多家企业进入资本市场，这个比例还是非常小的，还不能算是地产行业完全进入资本市场。上市了也不意味着万事大吉，进入资本市场的企业可能仅仅是存活着，本身的再融资机会也微乎其微。

在银行贷款方面，中央经济工作会议后从紧的货币政策的第一场寒风已经刮了起来，存款类金融机构人民币存款准备金率上调一个百分点。调整后，存款准备金率达14.5%，是有史以来的最高位。2008年房地产公司如果不依赖于资本市场或者市场融资，完全依赖于银行信贷的话，可能难以为继了。大批的公司在排队积极酝酿着境外上市。房地产进入资本市场现在是小荷才露尖尖角，资本市场融资这个小问题却变成了社会的大话题。

房地产商在资本市场上圈钱、捂地、囤地、捂盘、涨价、暴利、然后再圈钱，这似乎已经是广为人知的赚钱逻辑，但在召开的一个大型年会上，房地产大佬却提出了他们新的解释，他们认为这只是一个小问题，是公众和媒体小题大做了。

在一次房地产论坛上，有人曾算过这样一笔账，“房地产每年投资额是20000亿以上，而境内境外的市场融资总共加起来却只有1000亿，这个资金量除了境内只有300多亿，大量是从境外获得的，房地产企业自有资本的增长已经超过9000亿。”所以这样看起来房地产企业主要依靠着自有资本在增长，在资本市场上的行为并不能称之为圈钱。即使再融资1000亿，在整个房地产投资当中也不到5%，这就是典型的小问题大话题。

20世纪末，来自《福布斯》中国富豪榜的信息显示，前20名富豪中有10人都在从事房地产业，其实这些房地产商的资金都是以银行贷款为主。

富人和穷人就像一盘棋上的兵和车，兵的作用永远不会有车大，而车永远是胜利的关键，所以我们在人生这盘棋上怎么下？有人会问人生平平淡淡，不好吗？的确好，但是，平淡的人生是我们想要的吗？朋友们请把握好成为富人的机会，巧妙地运用银行贷款来成就你的富人之梦！

富人永远是把穷人的钱反复利用，所以穷人就会越来越穷。大胆计划，不要让赚钱的机会从身边溜走。

2. 银行贷款的富豪级操作

随着一批“问题富豪”的覆灭，总能拔了萝卜带出泥，连带出一批批问题贷款的暴露。

为什么银行贷款之门只对富人敞开？为什么会有越来越多的“问题富豪”覆灭？为什么这些“问题富豪”总是与银行有着千丝万缕的联系？富豪与银行之间到底谁是谁非……

银行贷款之门为什么只对富人敞开？

银行储蓄的那扇门总是对穷人和富人同样敞开的，能做到一视同仁；但是贷款那扇门通常只对富人敞开？很多人是因为富了才去投资和借贷，也正是因为借贷而使一些人变富。从形式上的所有权来看，规模较大私营经济的所有者是目前中国负债率最高的阶层，而全国最富有的人的相当一部分也来自这个阶层。在其他的企业中，负利率带给企业的好处也有相当一部分为企业的经理阶层所获得。虽然他们的收入在形式上主要是工薪收入，但是由于所有权约束的不到位与经营权的垄断，形成了他们对所在企业的一定程度的事实所有权。这个权利在今天意味着负债权和获利权。穷人和富人并无多大差别，关键是在同一件事上，富人的智慧很有远见，要比穷人高一筹。

并非所有的穷人都一无是处，他们中的某些人也是很有才华，很有学识的。当然，富人并不是全身都是闪光点，也不一定有很高的学识，但是他们有一点是相同的，他们善于寻找解决问题的办法。众所周知，普通人如果想富有，离不开经商。穷人也想经商，穷人经商成败不说，他们面对的第一个难题就是资金的筹措问题。筹措资金的渠道很多，比如个人的存款，向银行贷款，向熟人筹借等。

富人和穷人做生意，心态的好坏是最根本的区别。富人做生意认为风险是正常的，赚钱是努力的结果，赔钱也是情理之中的事情，他们在乎的往往是经商的过程，很少考虑结果，因为他认为只要过程不出现失误，结果也不会出人意料，这样他才敢投资，投资的方向往往也不会错。

洛克菲勒与克拉克合伙开公司时，做的是谷物和牧草生意，那时他们两个都很穷，两个人所有的资金放在一起才4000美元，等于是在做买空卖空的游戏。风调雨顺，收成好的时候，农民把谷物和牧草等产品拿来，洛克菲勒和克拉克想着法子倒来倒去，不仅生意可以做下去，还能从中赚一些小钱，但是如果遇到灾年，他们的运气可就没有这么好了。

洛克菲勒19岁时，公司开业还没有多久，美国中西部的农业区遭到了霜害，农作物几乎没有收成，公司更是没有生意可做，同行有许多公司纷纷倒闭了。克拉克虽然看在眼里，急在心中，但却不知所措。这时，有不少的农民找上门来，要求用来年的谷物收入作抵押，请求支付定金，条件对公司相当有利，但棘手的问题是，洛克菲勒和克拉克到哪里去弄这么一笔庞大的资金呢？

克拉克心急如焚，洛克菲勒对他的这种表现表示不屑一顾，自己想办法筹措资金去了。由于洛克菲勒从小就练就出了独到的眼光，一眼看上去就能分辨出什么生意能做，什么生意不能做。对于眼前的形势，他一下就嗅出了发财的味道。

在克利夫兰有一位颇具声望的银行家叫汉迪的先生，他与洛克菲勒都是虔诚的浸礼会教会的教徒，平日里志同道合，洛克菲勒决定去找他帮忙。

听了洛克菲勒开诚布公地请求贷款，拯救农民的高谈阔论后，汉迪先生表示了同情。这位精明的银行家，终于生平第一次破例，在没有任何抵押品，甚至连货物证券也没有一张的情况下，凭着对朋友的信任，以“圣父、圣子、圣灵”的名义，贷了2000美元给他。

洛克菲勒从汉迪先生那里贷来了2000美元，大他11岁、来自英国威尔士的克拉克再也不敢高傲自大，摆老资格地以老大自居了。洛克菲勒领导着克拉克经过努力，公司在第一年的营业额就达到了45万，获纯利润4000美元。

洛克菲勒思路敏锐，手腕高明，只要他看准了一件事情，准备要做，便会积极地调动一切可以利用的因素，不达目的，誓不罢休。

穷人和富人在都没有钱的时候，所面对的一切都是一样的。身上的枷锁，脚上的铁镣分量都是相等的，只是二者的心态不同而已。穷人或者是认命，或者是等待，或者向前蜗行。富人则想尽一切办法，去掉自身的牵绊，轻装上阵。这也是穷人与富人的差距。如果是位穷人，送给他一块金砖，他也只能是用这块金砖去打兔子，为了吃一顿兔肉。只要是英雄汉，就不会被一文钱难住。穷人是没想法，更没办法；而富人则是有想法，更有办法。

富人在资本积累上要比穷人精明得多，富人的聪明所在就是他敢利用能利用的，调动他能调动的关系、资金为他所用。借鸡下蛋，借壳上市都是富人惯用的招数。富人也善于联合，众人拾柴火焰高，十根筷子折不断。他们会利用自己的智慧和众人的力量把风险化解到最小的程度，即使是失败了，也不会大伤元气。

富人能在“铜钱眼里翻跟斗”，他们能根据自己面对的实际情况，灵活选择自己的对策，不失时机地开创自己的事业。事业的开创既是一种资金、实力的较量，更是一种智慧的较量。白手起家的富人起家资本的得来很大程度上就依靠智慧、依靠精明的头脑和灵活的手腕。一个成功的富人总是能够凭借自己的聪明智慧为自己聚积起创业的资本。

资产泡沫和巨额贷款

曾以 14 亿元身家登上“2004 胡润百富榜”和“《福布斯》大陆富豪榜”的河南首富孙树华，因提供虚假资料，骗取银行贷款 13.6 亿元，涉嫌经济犯罪，结果被警方实施刑事拘留。令人触目惊心的是，当地政府为扶持这家企业不惜提供大片土地，到头来这些土地却被孙树华用作抵押来诈骗银行。其 14 亿元的身家之中，竟有 13.6 亿元来自银行骗贷。

孙树华出身于河南省淮阳县农家，从小由于家里穷，便失学在家，曾经炸过油条、卖过烧饼，也捡过破烂。在卖烧饼的同时也收购废旧塑料。他以树华塑料厂起家。熟悉孙树华的人回忆说，1998 年因为“三江”洪水，农膜、编织袋等供不应求，加上政策免税扶持，孙树华彻底翻了身。

国内某行业协会在2001年时介绍华林集团时称，华林总资产16.5亿元；2004年10月，孙树华登上《福布斯》排行榜时，公开资料介绍华林集团总资产为39.6亿元。2007年2月，华林集团提供的材料称总资产则为40亿元。

但据当地工商部门2004年3月出示的华林集团年检报告显示，到2003年年底，华林集团资产总额为13.33亿元，仅为华林集团自己宣称总额的40%。

华林集团资产不实的背后，有着一连串的贷款。据调查，经河南省多家银行查证，已经核实的华林集团贷款情况如下：中信实业银行郑州分行文化路支行1.3个亿，浦发银行郑州分行金水支行2个亿，广东发展银行郑州分行有6个亿，其中2004年度新贷款是1个亿。交通银行郑州分行约2个亿，已经收回。正如华林集团招牌上宣称的那样，其是农业银行重点扶持的企业，农行系统给华林集团的贷款多达20多亿元，其中农行周口分行8.9亿元，农行淮阳县支行营业部4.5亿元。2004年华林集团的贷款总额一度达到48亿元，远高于其资产总额。

与孙树华合资组建安彩华林化学建材公司的安彩集团一位高管表示，孙树华那些资产经不起检验，谁也没有见过他的审计报告。

华林集团宣传部工作人员认为，华林集团资产总额应该包括无形资产。但他同时承认，华林集团的无形资产是多少，从来没有一个机构进行过评估。

2004年10月份，华林集团想在郑州某家银行增加贷款，这家银行到企业实地查看时发现，仓库里的“进口原料”原来只是被粉碎的废品和半成品。这家银行一怒之下，不仅没有新增贷款，还要求收回原来的贷款，这就是银行逼债华林之说的由来。

“为了还清债务，孙树华费尽了九牛二虎之力。”淮阳县政府一位知情人士称，孙树华陷入困境后，当地的淮阳县政府伸出了援手，紧急从县财政和淮阳县一中调集资金6000万元予以支援，其中淮阳县一中的1800万元是该校为建设分校向银行贷的款。

据调查及华林集团提供的材料，2004年，安彩华林化学建材公司共生产聚乙烯（PE）97257吨，销售80217吨，利润率为24%，实现利润1.08亿元。

据相关人员提供的信息，PE管材行业如果用进口原料，其利润率应该在10%以下，甚至会在7%以下。而像用于西气东输、南水北调的产品，对压力和使用年限要求很高，只能用进口原料。“华林集团24%的利润率太高了，不可能。”

华林集团10万吨PE管材管件生产线2003年10月正式投产，投产前10个月，生产3万吨，实现销售收入3亿元。按照这个推算，华林集团不可能在后5个月内生产出67257吨产品来。还以这则报道来推算其利润，前10个月的产品等于销售价每吨1万元，而去年下半年以来，PE原料每吨进口价格已经过万元，盈利微乎其微。如果华林集团真的售出80217吨PE管材，实现利润1.08亿元的话，其每吨利润仅为1316元，再除以其利润率24%，推算出的每吨售价仅为5625元。这显然不可能。

孙树华只用了短短十几年的时间，就从一个破烂王越上了河南首富，再到《福布斯》富豪。凭借经济实力及其与地方政府千丝万缕的关系，他成为华林总部所在地淮阳县政协副主席、河南省人大代表。可是他背后的“传奇故事”又有多少人知道？如果一个人的钱都是银行的，那么他“富”是值得深思的。

穷人为什么会穷，富人为什么会富，一个很简单的道理，富人去银行贷款，做生意，而穷人把钱存到银行，就形成了一个循环，富人从银行贷款，开厂制造产品，再卖给穷人，从中赚钱……可是有些富豪却把银行贷款当成一种操作手段，从而造成了一批又一批的问题富豪的出现……

银行，开来就是供需要钱的人利用的，这是正当的，是合法的。可是，问题在于有人热衷于绕开利用银行的钱办事需要跨过的门槛，这就是违法，这就是不走寻常路。

3. 富豪获得亿元贷款的方式

为什么富豪的落马事件经常会影响到银行的正常经营？为什么富豪会一个接一个地倒下，银行也一家接一家地出事？为什么看似家财万贯的富豪们反而不堪一击？富豪们的亿元贷款为何会屡试屡胜？

当今社会，如果一味地安于现状，不寻求良机，那么便很难成为富豪级的人物。而成为富豪后，却又面临更大的挑战，更大的诱惑，以致有些富豪不惜“身家性命”，贷巨资，投巨款，使得落马事件频频浮出水面。

富豪的亿元贷款

富豪们的骗贷通常与房地产结合在一起，如通过勾画圈地蓝图——落实土地批租方——最低首付资金——拿到可套取银行贷款的土地批文——以承建单位资金铺垫——搞定银行获得抵押贷款——完成收益周期。或者是虚增资产，以“滚雪球”的形式达到暴富。如买进一块地皮——以高于原价评估抵押贷款——再买进地皮——再抵押贷款——以“滚雪球”的形式使资产剧增，其间配合各种声势“炒作”，从而骗取更巨额的贷款，然后进行资本运作，一旦资金链断裂，财富便如雪崩。

通过财务造假，制造企业经营假象后上市“圈钱”是骗钱的一种方式。这种类型的敛财模式通常是三部曲：炒作概念——财务造假——上市。通常炒作概念是一个重要的环节，如小学文化的蒋泉龙炮制的“中国稀土”，正是有了种种光环，才得以一步步地前进，但问题一旦被揭露，股价即刻崩盘，一泻千里。

另一种方式是借壳上市，又称“后门上市”或“逆向收购”，通常是与巨额的银行骗贷联系在一起，在成功使财富虚增之后，通过并购交易把自己的业务或资产并入到一家已经上市的企业中，并在并购后的头年制造“辉煌业绩”假象，在资本市场获取更多的利益。同时，还可以利用上市公司套取更多的信任，包括银行贷款。

周正毅，1994 年还在上海滩开一家名叫“阿毛炖品”的餐饮店；到了 2002 年，据说其财富已达 3.2 亿美元。而杨斌，在 1989 年还不名一文。此年他初入荷兰经商，但据说其后不到两年，已积下 2000 万元的财富；时至 2001 年，《福布斯》评估的个人财富为 40 亿元——9 年之内，其财富膨胀了整整 200 倍！杨斌的财富积累不得不让人觉得玄乎。

能入《福布斯》中国百富榜“法眼”的，至少有数亿元以上的“身家”。但细数起来，这些纷纷落马的热门人物，其个人达数亿甚至更多的“财富”，基本上都是在数年的时间内完成聚集过程。

大唐电信的亿元贷款

2007 年 4 月份，业内人士传出大唐移动已获批国家开发银行 46 亿元 TD 项目贷款。该项贷款的全称是 TD－SCDMA 奥运及商用化网络工程建设项目贷款，用于中移动 TD 招标项目中标设备的生产，包括奥运 3G 网络建设以及后期商用网络建设。对于大唐移动来说，获得 46 亿的贷款，无疑是久旱逢甘霖的大好事。

“2006 年年底，大唐移动的资金缺口就有十多亿，移动 TD 系统设备的订单，生产资金也需要几十个亿，国开行的这笔钱对大唐非常重要。”消息人士如是表示。而大唐移动方面人士则称，“国家总不能看着大唐移动饿死吧。”

早在 2004 年，国家开发银行便对大唐移动发放了 2 亿元的技术援助贷款。到 2004 年年终，大唐移动已从国开行获得 3 次总计 8 亿元人民币的贷款。

由于基站的生产就需要几十亿元的资金，一条生产线就要几千万美金。大唐移动一直是大量投入，却还没有真正地大量“产出”。在兜了一圈之后，国家开发银行的再次援手，既是必要，也是必须。国开行直属国务院，是专为国家基础设施、基础产业和支柱产业重大项目及配套工程发挥长期融资作用的主力银行。

“大唐的核心竞争力就体现于企业的研发人力资本。这种经费使用模式与商业银行贷款一般性原则不符。此外，研发活动中开支所形成的，大多是高度专用性资产，甚至大多是无形资产，在抵押了所有银行认可的有形资产后，再从商业银行取得贷款是相当不容易的。”此前，国家开发银行尝试用知识产权抵押贷款方式，为大唐移动提供融资。

2003 年，信产部、发改委等拨款 7 亿元专项资金，用于 TD 研发，大唐移动获得逾 2 亿资金的“支持”。

2004 年 6 月，国家开发银行给予大唐移动 2 亿元的技术援助贷款。

2005 年 12 月，国家开发银行给予大唐移动 3 亿元的技术援助贷款。

2006 年年初，国家开发银行给予大唐移动 3 亿元的技术援助贷款。

大唐电信集团声称，这次贷款主要是为了把国开行的融资优势与大唐集团自主研发优势结合起来，国开行通过为大唐电信集团提供全方位的金融服务，以融资链覆盖产业链的形式，积极为奥运城市及大规模 TD－SCDMA 网络建设提供长期融资支持，推动我国通信产业的技术创新和发展。

巨额贷款的方式

虽然企业从银行方面进行正常融资并无大碍，但问题的关键在于有些巨额贷款有违规之嫌。周正毅获得几十亿乃至于上百亿元银行贷款，通过正规的程序似乎难以实现。问题是富豪们采用的手法虽然算不上高明，但银行为何还是连连中招？富豪的恶意诈骗固然是一大因素，同时也说明了银行在信贷观念方面还存在着一定程度的误区，而这也恰恰给富豪们制造了一个成功贷款的机会。那么，富豪们是用什么样的方式来达到获得亿元贷款的目的呢？

首先，利用自身的条件，给人造成一种富人效应误区。在一般人眼里，富人往往是优质客户，穷人只不过是普通客户而已。既然是优质客户，总归是讲信用的，怎么可能赖账不还呢？既然是富人，又怎么可能无力偿还？于是乎，富人便很容易成为银行眼中的最爱。殊不知，有些所谓的富人在很大程度上是依靠“炒作”骗取银行资金，他们很可能是名副其实的“空心竹”，外表硬朗，肚中空空，根本经不起风吹雨打，稍遇碰撞，便会“东窗事发”，于轰然间彻底倒塌。

其次，利用银行羊群效应的误区。在很多情况下，银行之间总是争相“垒大户”、“挖墙脚”。很多银行发放贷款往往不是看这家企业的经营、财务及现金流状况的好坏，而是偏好于察看这家企业是否是大户，是否有其他银行发放贷款。在他们看来，能获得其他银行贷款的企业必定是好客户。而富豪们正在利用银行之间存在的这种误区。富豪们看似庞大，其实只是个充满真空的气球，一根小小的大头针，轻轻一扎，便会使其顷刻间四分五裂。

最后，抓紧银行在信贷管理上可能存在的缺陷。银行在信贷管理体制上存在的缺陷很容易使富豪们的违规贷款成为可能。同时还向银行提供不切实际的财务报表。很多银行在决定是否向企业发放贷款时，其主要的依据就是企业提供的财务报表。而有些企业为了骗取银行资金往往会编制虚假报表，抑或通过关联公司互开增值税发票，制造虚假业绩；利用银行流于形式的贷后检查。在向企业发放贷款后，银行根本不去关心其最终用途。于是就为那些想靠股市发财而又缺乏本金的所谓“富豪”提供了机会。他们在获得贷款后，迅速通过关联公司将资金转入股市。因为屡屡得手，很多“富豪”往往选择这一致富捷径。

金融机构贷款是企业向银行等金融机构借款，银行贷款在贷款期限上可以分为长期贷款和短期贷款；在资金用途上，可以分为流动资金贷款、项目贷款等。银行贷款是一种债权性的融资方式，因此也存在财务杠杆作用，适合企业盈利能力较高时使用。企业能够获得数额较大的银行贷款，可以增加流动资金，确保资金链的流畅。金融机构贷款融资成本比较低，办理程序比较简单，但是必须到期还本，按约定付息。比如中国网通在2005年4月向多家银行办理了金额为8亿元的长期贷款用于收购电讯盈科近两成的股份。2002年中国联通就获得了数百亿人民币的银行贷款授信额度。

由此，可以看出，其实凡是正规企业，得到国家认可的权威性企业，得到上亿贷款是理所应当的，而且还会受到国家的大力扶持。而利用向银行贷巨款达到私人目的的富豪们，往往会不惜一切代价去银行贷巨资，甘冒风险，以求赢得繁华。有些富豪赚的是不义之财。暴利走私是“暗黑”富豪榜上敛取财富最多的模式。尤其对已经成气候的走私犯罪团伙头目来说，他们常常雄霸一方，呼风唤雨，为方便走私，甚至拥有自己的走私码头和各种先进仪器。

想要成大事者，不惟有真才实学，亦无须有万贯家产，只需有心机，有胆略！这就是某些一夜暴富者的成功秘诀！他们也正是依靠这种方式而顺利得到了亿元贷款！

4. 成在银行，败在银行

富豪与银行之间有着怎样的关联？为何有人能够凭借银行而走上财富的顶峰，而有些富豪却因银行而坠入万劫不复的深渊？

在现代社会，有人一夜暴富，成为众人仰慕的大富豪；也有人在一夜之间，倾家荡产甚至沦为阶下囚。这样的事件接连不断，成为了人们津津乐道的谈资。然而，久而久之，听到此类事件已经不再能够引起人们太大的兴趣，而富豪们的沉浮原因却很少有人知晓。

富豪浮沉轨迹

当人们还停留在为号称上海首富的周正毅的突然落马感慨和疑惑

时，富豪钱永伟被调查，南京富豪朱耀民携款潜逃。中国富豪的诞生犹如一个个情节跌宕起伏的神话传奇，往往令人难以读懂。而这些富豪第一桶金的获得更为其添加了浓厚的神秘色彩：周正毅何以在短短几年之内，由“阿毛炖品”的小老板一跃而成为身价超过百亿元的大富豪？钱永伟又何来如此巨大的资金收购香港上市公司瑞昌？如果朱耀民只凭借自身的实力他怎么能够拥有百科药业90%以上的股份所有权，从而操纵该企业的股价？

一连串的疑问萦绕在人们心头，挥之不去，而这些富豪们能获得巨额资金的地方首先就是银行。以房地产为例，在银行都把房地产按揭贷款作为优质资产进行拼抢时，不设防的银行房贷，事实上便诱惑并膨胀了开发商“掠夺”的野心和胃口，一个手中只有500万资金的开发商，完全有胆量去操作几个亿的房地产项目。他可以先提高房子售价，然后把开发中的房子按其售价标准抵押，从一家银行贷款2000万，再用这2000万中的1000万开发售价更高的房子，并找另一家银行抵押贷款4000万。如此滚雪球般地在各行间反复“假按揭”，不仅推高了房价，还让开发商拥有了一堆令人羡慕的“优质资产”——房子。一些开发商凭借这些“优质资产”，可以源源不断地从银行“掠夺”更多贷款。他们不在意房子能否卖得出去，只在意房价是否走高，以及更高的房价是否可以套取更多本来就没打算用真金白银偿还的银行贷款。这些财富的攫取者，还不起房贷，只会以价格高得离谱的房子去搪塞银行。而银行拿到这些“泡沫房”如同拿回一堆“烫手山芋”，为了不让贷款受损，只能被动加价。银行的被动加价与开发商的主动加价一起共同构成了“加价集体有意识”。谁都明白，房地产价格不可能只升不跌，“专项行动”和“调查风暴”让房地产业秋风瑟瑟。一旦房地产价格下跌，那些“假按揭”可以在转眼间变成呆坏账，变相“掠夺”银行利润，酿造金融风险。银行本来就是为需要钱的人服务的，这是正当事，是合法事。可是，问题在于有人热衷于绕开利用银行的钱办事需要跨过的门槛，这就是违法，这就是不走寻常路。望着中国财富星空中这些璀璨的明星，不经意间总有一颗星划破长空，转瞬即逝，那是流星，是这些问题富豪们。他们昙花一现，获得了暂时的人生满足，付出的代价却沉重无比。

很多富豪经营的都是民营企业，随着企业经济的快速发展，银行在其上面投入的贷款比率在快速增长，因此，银行必须要面对民营企业可能带来的不良贷款。长期以来，银行对于国有企业的运作比较熟悉，对于其形成不良贷款的机制也有一定的了解，随着银行对民营企业的贷款规模的不断扩张，银行必须开始关注民营企业贷款的运作机制，关注其不同于国有企业的地方及其对贷款偿还能力的影响。周正毅事件，从不良贷款的处置来看，中银香港的动作就相当迅速，值得中国内地银行界借鉴。实际上，在许多富豪引人注目的财富积累过程中，往往与金融机构、特别是银行形成了十分密切的关系。金融机构的外部性，特别是以银行为代表的金融机构所支配的大量金融资源，往往会成为这些富豪在拓展财富发展企业规模的过程中所必须借助的。

仔细分析富豪们的落马事件，便能够清晰地描绘出一条富豪的浮沉轨迹：银行巨额贷款——股市炒作——暴富——迅速扩张——资金链条断裂——瞬间倒塌。连续发生的“问题富豪”案件，无不与银行信贷密切相关，在各家商业银行都声称建立了具有国际水准的内部风险管理制度时，这些“问题富豪”似乎轻松地突破了这些制度。商业银行，特别是国有银行，长期以来在国有企业投入了相当规模的贷款，这使得国有企业转轨过程中出现的经营困境很容易转嫁为银行不良资产。应当说，目前国有银行的不良贷款中，有相当比率是因为国有企业的转轨所造成的。可以说富豪的成败与银行有着必然的联系。

富豪与私人银行

2007 年，中国 800 位胡润百富榜上的富豪总财富值达到了 34452 亿元，占到 2006 年中国 GDP 的 16%；与 2006 年相比，前 500 位富豪人均财富更上涨了 372%；中国制造亿万富翁的速度与其发展速度同样惊人。2007 年，追随着中国富豪们的步伐，花旗银行、渣打银行、汇丰银行、东亚银行、美国国际集团、德意志银行、法国巴黎银行等外资银行已先后在上海设立了私人银行部或代表处，而中国银行与苏格兰皇家银行合作，也正式推出了私人银行业务。在创富道路上大步行进的中国富豪们，在财富管理上却处于初始阶段。

欧美的富豪们很多家族传承都能够超过100多年，经受得起大起大落，所以财富观念比较成熟和理性。中国的富豪多为第一代白手起家的富豪，目前仍然奔跑在创富新长征的路上。相对其他发达成熟国家，中国机会太多，项目太多，只要眼疾手快稳准狠，成功掘金不是太难。所以，中国富豪们更青睐于风险投资基金，而高风险、高回报本身就是游戏规则。

但事物总是具有两面性，机会太多，相应诱惑也就越大，经营企业稳健是根基，要有做百年老店的心态，如果根基不稳，企业抗风险的能力就比较脆弱，稍有不慎，小则伤筋动骨，大则一蹶不振。民营企业最容易出事的就是资金链问题。德隆这个巨无霸的轰然倒地就是最好的例证。对理财和投资抱着搏一把、赌一下、拼一拼、碰运气想法的富豪，大概你要被私人银行拒之门外了。因为私人银行的传统操作理念是：财富的保值与稳步增长。他们致力服务于具有同样目标的顶级富豪，那就是："为了长远的未来，持有、保护和增加资产价值，有效地管理和规划财富，并将财富传承给子孙后代。"国外很多的富豪家族与私人银行的合作延续了将近200年，经过了六七代人的继承与合作，私人银行了解整个家族从古至今的资产状况。有钱人会比"穷小子"更了解有钱人的需求，同时更加了解有钱人，也就是说，私人银行在建立人脉的同时，也拥有了钱脉，富豪们与私人银行之间是互利互惠的。一个私人银行可以持续服务许多家族达百年之久，在国外是常见之事。

很多富豪其实本身就已经是个理财专家。财富管理专家在了解需求后，不仅要考虑到高回报，同时也会进行合理的资产配置，达到控制投资风险的目的。中国富豪往往过于强调高回报，却忽视风险管理。其实比投资在哪里更重要的，是你知道在某些地方怎么投和投多少。惟因如此，财富将不随市道繁荣或萧条而大起大落，实现稳步增长。对财富的短视，没有长远及成熟的财富心态，则财聚财散如流水散沙，中国人有句老话"富不过三代"就是这个道理。中国的新生代富豪们应该认识到，管理财富的能力与创造财富的能力大大不同。财富的创造性增值很大程度上是资源的竞争。聪明的富豪必定懂得擅用私人银行的各项资源，使自己的财富稳如磐石。中国富豪们若想跨越“富不过三代”的门槛，需要掌握一套守富增值之术。

首先，要善于运用私人银行的人力资源。私人银行实行的是一对一服务，每位客户的背后，都有强大的财务专家团队提供支持，由众多资本市场专家，信贷专家、投资融资专家等顶尖人士组成，富豪们应充分利用这些外脑，享受专家们提供的全面的各个层面的财富管理服务。

第二，要善于运用私人银行的全球网络资源。经营私人银行业务的，多为全球顶级银行。其覆盖全球的庞大网络资源将带来众多机会、资讯与关系网络，拓宽其财富之路。如花旗银行在 2007 年 4 月就曾举办了一次“环球中国峰会”，邀请全球 30 个地区的富豪们参与其中，为那些有意在中国投资的富豪与想进行境外投资的富豪之间牵线搭桥。

第三，要善于运用私人银行的贷款融资能力。不少中国富豪，对私人银行的服务期望中除了对个人业务的需求，更多来自于对公司业务的需求。而集团业务版图完整的国际银行，可充分利用自身企业银行业务板块的服务内容，为客户进行整体规划。如同时兼备投行角色的私人银行，可解决客户在贷款和融资方面的需要，包括为客户企业提供上市 IPO 服务等。这样，富豪们在享受私人银行个人业务的同时，还可促进自身公司业务方面的成长和壮大。

其四，要善于运用私人银行的附加值服务。考虑到中国富豪们重视家庭及子女教育，不少私人银行推出了针对富豪子女的教育及培训项目。“第二代夏令营”就是花旗银行为客户子女提供的教育及培训项目。在这里，二代财富继承者不仅可以认识相同阶层及背景的朋友，同时也将学习到诸如财富管理以及心理学方面的课程，培养成熟的财富心态和财富观念。

当然，私人银行的流入，对于中国的富豪们来说，开始阶段肯定是个不容易接受的“新生事物”。因此，各家私人银行为了争取中国高资产净值人群，在这一竞争过程中也不遗余力使出浑身解数。中国富豪们，在被私人银行叩响财富管理之门的过程中，应积极学会如何管理自己的私人银行资源，利用私人银行的全球化网络、国际化视野、专业化团队及其高附加值服务，不仅在个人财富管理方面更游刃有余，还可惠及自身公司业务，达到财富稳步增长并持续增殖的终极目标。也正因为如此，财富才将会生生不息，代代相传。

银行就像一座金矿，吸引着富豪们的眼球，想方设法从中获利，用银行来成就自己。的确，金矿谁都想挖，但关键是看你如何挖：方法得当，便能因此而让自己的财富增值；方法不对，则很可能因此而让你从财富的高峰上掉下来，摔得“粉身碎骨”！

成也银行，败也银行！银行可以成为你致富的有力武器，同样，它也可以成为置你于死地的魔鬼！

5. 抵押贷款的胜算机会

他们曾在商界呼风唤雨，动辄几千万，甚至上亿的资金任其调遣。因为腰缠数亿，他们曾经位居《福布斯》中国富豪榜。但是，当公众的目光探究他们的致富历程时，那些财富大厦轰然倒塌……

商场风云变幻无常，身处其中，不可能一直都扶摇直上，总有栽跟头的时候。在万不得已之时，富豪们往往会亮出底牌，用抵押贷款来做最后一搏。然而，他们只能掌握初始之时的决策权，却无法预知结局。

地产抵押贷款之风险样本

2006年，任运良家族登上了胡润百富榜，以15.5亿元的资产排名218位。任运良以大连金石滩高尔夫球场声名远播，仅球场净资产估算值就超过10亿元。而当时的一份审计报告揭开的财富面纱让人困惑：大连金石滩高尔夫球场俱乐部公司的所有者权益只有7652万元。更不为人所知的是，在任运良的名字出现在胡润富豪榜前一个月，这个号称大连名片的高尔夫球场已经不是任运良的资产了。

那么，是什么让任运良家族的财富犹如乘坐过山车一样，急速膨胀后又迅速地跌落下去？在任运良的财富轨迹背后，挥之不去的其实只是地产泡沫的影子。

早在2006年9月份，球场俱乐部公司已经作价4.4亿元，易主招商银行和辽河石油勘探局。他们都是任运良公司的债权人。审计报告显示，由于球场的微利和各项投资的失败，高尔夫球场俱乐部公司贷款本息2.5亿多元。而任运良个人还欠招商银行2亿多元人民币，这是一个令人惊讶的数字。正是在2006年10月，凭借着金石滩高尔夫球场，任运良家族还以15.5亿元的资产登上了2006年胡润百富榜，名列榜单第218位。根据市场人士估算，仅他拥有的金石滩高尔夫球场，估价就在10亿元以上。而任运良夫妇及儿子任世峰旗下的公司曾经多达数十家，涉及诸多行业。胡润资料也显示，被任运良视为旗舰的大连华丰企业集团成立于1990年10月26日，注册资本6680.66万元，由任运良夫妇出资设立。集团拥有19个企业，总资产29亿元。接近华丰集团的人士说，华丰集团旗下企业大半停止运营，集团仅仅是一个空架子。工商调查显示，除此之外，任运良一家名下已经没有任何可以作为抵债的房产、汽车等资产。

招商银行于2002年依据香港法律而接管了中安公司。由于中安公司掌握着金石滩高尔夫俱乐部公司75%股权，招商银行实际上接管了金石滩高尔夫俱乐部公司，此后，招商银行重组了金石高尔夫的董事会，但是董事长仍然是任运良。在招商银行向广东省高院起诉中安公司之后，广东省高院于2004年6月做出判决，确认中安拖欠贷款及金石滩球场75%股权质押事实。该笔贷款本息合计7000万美元，折合人民币近6亿元。此时，金石滩高尔夫球场的土地也已不再像几年前那样值钱了。2005年9月和12月，金石滩高尔夫球场俱乐部公司先后两次宣布打折拍卖，评估价为5.1485亿人民币。不过拍卖都没有成功，一次被法院终止，而另一次则被流标。

最后，金石滩高尔夫球场俱乐部公司的100%股权被以4.374亿元价格抵债给了招行和辽河石油勘探局，两者分别拥有75%和25%的股权。在出局后，任运良一直在向有关部门进行申诉，还表示要起诉招商银行。任家人认为，招商银行看中了这个高尔夫球场，因而想方设法夺走球场。任淑娟说，由于招行控制了董事长的印鉴，任运良多次希望为金石高尔夫引入韩国某公司作为新的股东和重组债务都无法得到实现。根据审计报告显示，截止到2006年5月31日，金石高尔夫长短期借债账面余额约为1.8亿元。积欠利息约2656万元。金石滩高尔夫公司二期1亿元左右的土地出让金还没有缴纳。此外，华丰高科技园还向大连商行借款4600万，拖欠利息上千万，并以金石滩高尔夫球场的土地作为抵押。就在股权正式移交不久，大连市商业银行和当地农业银行将球场的新东家招行告上法庭。最终招商银行缴纳了700万元的利息，农行将贷款转为正常贷款。

一直以来，国内的银行一般都特别看重抵押品的价值——第二还款来源，而很少考虑贷款项目自身的收益情况——第一还款来源，这种思路存在很大问题。任运良所有的贷款都拿土地做了充分抵押，银行当时是非常放心的。他们认为，按照土地价格至少是每平方米1000元，而且土地价格还会升值，不用担心贷款的风险问题——如果他们还不了贷款，可以用土地来抵债。

在全球金融市场中，亚洲的银行家最看重的是资产本身的价值，喜欢资产尤其是土地做抵押，认为这才是看得见摸得着的东西；欧美银行衡量资产价格则更喜欢看资产本身带来的净收益，甚至是现金流。收益不高或者现金流不充裕的资产成为抵押品都被认为是有风险的。一位经历过香港股市暴跌的投资者说，作为银行的抵押品，资产价格本身具有太多的不确定性。造成这种不确定性的因素有评估、概念、流动性甚至是否为人所知等等。这就让衡量资产价值成为一个非常困难的事情。资产价值的不确定性也就成为一种风险。没有流动性的资产是永远不值钱的。政府部门不会允许其改造成其他建筑的金石滩高尔夫球场正是这样的资产。

球场本身的盈利能力就十分微薄，甚至亏损。投资球场的高手通常都会在球场附近甚至球场中想方设法开发房地产业务，尤其是建酒店式公寓，收益颇丰。任运良也曾经考虑在球场周围建酒店，但资金投入球场二期建设后，就没有多少资金周转了。由于流动性过剩，国内无论是银行还是股市都普遍看资产的价值，银行对于实物资产抵押品也相对放心。房价也年年大涨，一些银行甚至根据房地产不断上涨的最新市价来为客户提供抵押贷款。但这都是比较虚的。因为资产市场会出现波动。如果缺乏相应的监控，一旦市场出现资产价格下跌的趋势，那么银行的抵押品就会出现大量贬值的风险，银行贷款就会出现大面积坏账的风险。这种教训在日本市场和香港市场曾经屡屡发生，早就不是什么新鲜事了。

富豪抵押债务覆水重收

想知道如何从坍塌得几乎没有一点儿翻身机会的企业中赚到钱吗？一个名叫高天国的富豪企业家或许能够告诉你答案。

高天国是安信信托的实质控制人，2007 年胡润百富榜上排名 302 位，胡润金融富豪榜上排名 19 位。胡润榜认为，他个人拥有的财富达到 29 亿元人民币。这个成功的企业家拥有一个庞大的企业王国。

从 1996 年到 2007 年，高天国在云南昆明建立了很多企业，然后任由其发展。当有的企业因债务沉重而崩塌时，他却从容行走其间毫发无损。当他再次回来，废墟上却堆满真实的财富。他只用弯下腰，把它们一一捡起来。央行年内的第六次加息以反通胀的名义不期而至。在昆明，他通过自己控制的另外的企业，在自己业已崩塌的企业的废墟上捡了至少 2 亿。种种迹象充分表明，高天国深谙其中的平衡，不管何时，总能做到有惊无险。

高天国在 1996 年 3 月走进昆明，来到这里的目的，是为了筹建一家巨大的商城，也就是后来的昆明仟村百货有限公司。若干年后，这家巨大的百货公司经营所需要的场地，大部分因为抵押贷款无力偿还而进入资产处置程序。没有证据能够确实表明，这些抵押物当初准确的贷款本息数目。昆明仟村成立于 1996 年 8 月 2 日，注册资金 2000 万元。由海南天祥实业开发公司和海南大昌实业开发公司共同投资。其中海南天祥投资 1400 万元，海南大昌投资 600 万元。可以确定的是，海南天祥的法人代表是高天国。

高天国把昆明仟村经营和办公所在地美亚大厦，从1楼至6楼，先后全部抵押给了金融机构以获取贷款。其贷款主体除了农发行那一笔，其余均是昆明仟村。而担保主体则均为香港创安集团。这些金融机构除了农发行（后转至工行），还涉及到中国交通银行、中国建行、中国工商银行以及云南省国际信托投资有限公司。来自以上银行的贷款后来至少是部分剥离进入了资产管理公司。根据中国信达资产管理公司昆明办事处资产处置公告，昆明仟村贷款截止到2005年12月21日总债务数目为人民币191637419.60元。其中自用贷款1.3亿元左右，为他人担保近6000万元。当时昆明仟村在云南国投的贷款余额本金为1600多万元，利息600万元左右。贷款时间大约在1998年左右，一共有三笔。由香港创安提供美亚大厦一层部分房产，共计1900平方米左右作为抵押。香港创安还以美亚大厦一层作为担保抵押，为昆明仟村从中国工商银行云南本地机构取得贷款。2005年被工行诉至高院，被法院拍卖。拍卖时涉及债权总计6000万元，其中本金5600万元，利息400万元。就在2005年，该债权被上海国之杰投资发展有限公司以2550万元买走。美亚大厦二楼也因此成为国之杰在昆明买走的第一笔资产。

依照安信信托2005年的一份公告，自2001年开始，高天国先生成为国之杰的实质控制人，直接或间接持有国之杰总计84.78%的股权。国之杰在昆明通过竞标昆明仟村债权、债权回购等方式，从2005年2月到2006年底前后，陆续取得了原在香港创安名下美亚大厦的几乎所有资产，且总的来说远远低于昆明仟村所欠债务。经过谈判，国之杰共计偿还本息2060万元，拿回了原来抵押的资产。昆明仟村进入昆明信达的债权至少涉及到中国交通银行、中国建设银行在云南的本地机构。截止到2005年12月21日，该债权数目总额超过1.9亿元，其抵押物业包括美亚大厦第一、三、四、六楼及五楼的一部分，共计约1.4万平方米的产权。而其最终公开竞标价格为3000多万元，被国之杰买走。在经过一次公开竞标失败之后，2006年6月19日，昆明华融将债权转让予云南风帆实业有限公司。其时，该债权涉及本息已经高达3100万元。

从昆明仟村到国之杰，从应偿债务到债权收购。简单的计算，也可以看出，小小的一圈有着巨大的效益——当初昆明仟村超过2.7亿元的债务，被国之杰以7000万元左右的价格全部收购。其间差额差不多两亿元。高天国控制的国之杰就这样轻松拿回了同样是他控制的香港创安在昆明美亚大厦的几乎全部资产，并从庞大的债务中解脱出来。

由于市场的不断变化，富豪们抵押贷款的胜算机会，一般情况下无法预料。只有身处其中的富豪们才知道自己在打什么样的如意算盘，怎样在无形中进行这场游戏。难道他们真的有洞穿一切商机的慧眼？一场富豪与银行之间的游戏可以说是愈演愈烈！这个赌注是否冒了很大的风险，是否会赢，却无人知晓。

抵押贷款，玩赌博游戏！富豪与银行之间的这场没有硝烟的战争，究竟鹿死谁手，其中玄机实在耐人寻味！

6. 地下黑银行“地下钱庄”黑幕

地下钱庄为何能够获得持续的发展？一味渲染地下钱庄储户的愚昧轻信，一味渲染地下钱庄借贷者的凄惨经历，这种低劣的文宣作业是于事无补的，因为它掩盖了事实的真相……

从事地下非法金融业务的一类组织人们称之为“地下钱庄”，它是一种地下经济的表现形态。地下钱庄从事的主要非法金融业务有：非法吸收公众存款、非法借贷拆借、非法高利转贷、非法买卖外汇以及非法典当、私募基金等。根据1998年6月30日国务院颁布施行的《非法金融机构和非法金融业务活动取缔办法》第3条规定：“非法金融机构，是指未经中国人民银行批准，擅自设立从事或者从事吸收存款、发放贷款、融资担保、外汇买卖等金融业务活动的机构。”由此可见，地下钱庄属非法金融机构。

在经济发达的沿海地区如浙江、江苏、福建、广东、山东等地区是地下钱庄的主要分布区，由于不同的地理环境和市场需求，地下钱庄在各地的“经营”形态也不同，可分为三种：

■ 以非法买卖外汇为主要业务的地下钱庄

它们主要分布在广东、福建、山东等地，非法买卖港币的以广东、福建为主，非法买卖韩币和美元的以山东为主。

■ 以非法吸存、非法放贷为主要业务的地下钱庄

全国大多数省份都有，但以浙江、江苏、福建、云南等省较多，它们在各地分别以标会、台会、互助会等形式出现。

■ 以非法典押、非法高利贷为主要业务的地下钱庄

主要分布在湖南、江西等内地一些省份，包括一些已被国家清理整顿的典当行也转为地下继续经营。而且不少地方的此类钱庄有黑恶势力渗透。

中国地下钱庄现状

多年以来，政府虽然从未间断过对地下钱庄的打击，但地下钱庄非但没有就此消亡，反而活动范围越来越广、经营业务越来越多。某大学课题组曾经进行过一项调查，全国20个被调查省、区、市的地下金融和正规金融规模相比大约占其三成。如果据此推算，目前地下信贷规模已经绝对超过了8000亿元。如此庞大的金融交易数额，让人们不可忽视其真实的存在性。

在中国，钱庄曾是对早期银行的独特称呼，其历史可能比我们想象得要久远得多。历史走到现代化的中国，“钱庄”已经成为违法乱纪的代名词，由于其经营的非公开性，又称为“地下钱庄”。

当有人提起“地下钱庄”时，人们在感受其神秘和非法性的同时，联想最多的就是“洗黑钱”、“严厉打击”、“黑幕”等词语。

“地下钱庄”很多人对其都不太了解，现实中的地下钱庄既不同于那些在银行外兜售外汇的小贩，也不同于那些民营银行，他们是一群独

特的团体，游离于金融体系之外，在现实经济生活中多以资产投资公司形式存在，他们有独特的信用体系、运作机制，主要为海外留学生和现金流周转有困难的中小企业提供品种多样的金融服务。有人形容地下钱庄“野火烧不尽，春风吹又生”，它顽强的生命力令人惊叹也发人深思。

揭密广东地下钱庄洗钱黑幕

2007年8月，广州海关公布了“蚂蚁搬家”式走私成品油的最大案件。以郑洪钧为首的走私集团利用香港免税柴油与国内柴油的差价，4年间，走私柴油54万吨，案值高达14亿元，偷逃税款3.5亿元，已抓获的主要嫌疑人就多达150多名。据了解，该走私团伙为了筹集大量港币、美元，频繁通过地下钱庄“洗钱”。

在走私链中，资金顺利周转是走私链中一个决定性环节，地下钱庄多是走私集团的财务“靠山”。

汕头“许鹏展地下钱庄”案就是其中最有代表性的一桩，看过以下内容你就可以了解大多数地下钱庄的运作流程是什么样了。

表面来看，许鹏展是汕头市金园区新兴鸿展农副产品商行的老板。从1999年9月商行成立到“东窗事发”短短6个月，许鹏展为汕头走私交易提供了源源不断的超过18个亿的现金流量，几乎超过了许多当地银行的业务量。

许鹏展在汕头一带换汇圈里早已是声名远扬，不少有换汇需求的企业和个人都会主动来找他。因为他人缘不错，服务和信誉甚至比部分正规银行还要好。

对于钱由深圳进入香港的途径，至今无人知晓，可见许鹏展在运钱线路的巧妙设计是“远非常人所能想象的”。

许鹏展有3个下手，两人专门负责从内地客户那里收取现金，交回钱庄集中保管，清点后捆绑装箱，然后由另一个负责用一辆三菱吉普车运到深圳交给在深圳的接货人。现金运输这一个环节，也被许鹏展分解成若干单独的动作，由不同的人来完成，彼此之间互不知情。

人们推测，地下钱庄对现金的运输路线可能有3种：深圳到香港有很多直航航线，最简单最原始的办法就是通过“水客”将这些钱分批过境，还有一种方法就是与香港那边的走私公司相互配合做假单证，签订假的购货合同把钱汇出去，也有可能是直接偷渡运送。

就这种情况而言，走私活动日渐隐蔽，从原来的单纯“洗单”转变为洗单、洗货相结合，且“洗单”的内容也从价格开始向原产地等要素发展，千方百计地瞒报价格以偷逃税款。为了对付海关调查和稽查，少数不法企业的行业性“反海关价格联盟”已显山露水，他们私下制订“行业价格”，共同对付海关检查：出现小批量、高频率、分散性和低风险的隐性走私等。更进一步的是有的甚至“洗人”，隐瞒真实的货主身份进行走私，一旦被查货主便逃之夭夭，重新开设新的公司进行违法走私活动。

对于这种非法金融交易，国家从来都是予以取缔的。它们表面上运用正规的条款进行正规的经营，然而这却没有完全稳固的保障系统，而且没有固定的工作空间。因为融资的性质不同，所以背负的风险颇大，有可能会“一鸣惊人”，但最终必定“死于法网”。钱不是这种赚法，人也并非此种活法；人要活得光明正大，钱要赚得冠冕堂皇，如此才可成为真正的富人。

西安地下钱庄放贷黑幕：年息达银行贷款20倍

假如你去过西安，你就会发现在天桥护栏以及公交站牌的地面上，办理长、短期贷款的野广告有很多，其实在其背后隐藏着的是一些“地下钱庄”放高利贷的内幕。

在这些野广告中，通常都会出现一些诸如“短期拆借”、“当天放款”等内容。调查发现，这些自称为投资公司的“地下钱庄”一般都藏身于高档写字间或公寓之中。它们大多数是按照高利贷的规矩，利息按月结算，而且必须在下一借贷月开始之前付清。如果借款期不足一个月，也按一个月计算。如果利息不能当月返还，则所欠利息将自动计入下月本金当中，开始“利滚利”。

高利贷款最显而易见的危害就是容易因追讨高利贷而引发的治安和刑事案件，影响了人民群众的日常生活。

据了解，这些所谓的“短期拆借”贷款的利息竟然最高是银行同期贷款利息的20倍。曾有人分别用不同的电话分3次拨通了一家贷款公司广告上的手机号码，提出了3次不等的贷款金额。第一次，提出贷款3000元，接电话的是一位女士，她说：“我们公司不贷几千元，最少也要1万元，贷款1万元的利息是一个月300元。”而且还非常不耐烦地说了句“爱贷不贷，低于1万免谈”。

过后当以贷款15万为由再次拨通了该号码，那位女士的态度好了很多：“你的贷款超过了10万，我们就可以给你优惠一点，按照1万元每个月收取200元的利息计算，你可以考虑一下，如果你确定要向我们贷款，就带上身份证和营业执照，拨这个电话联系我。”当提出了贷款200万的要求时，让人意外的是，那位女士竟然非常爽快地答应愿意帮忙，但她说：“我们公司最高能够贷款100万。你肯定是拿钱去做生意的吧，如果确定要贷款，就把你的营业执照和房产证给我们看一下，贷款100万一个月就要收取2万元的利息。”

一家信用公司的一位业务员称，相比之下这家的利息还算低的，有的公司月利息还要高得多。

有关人士在暗访“地下钱庄”时，某公司经理开出月息5分的利率，计算下来，一年的利率为60%。目前央行一年期的贷款利率为6.03%，可是该“地下钱庄”的贷款利率是银行同期同类贷款利率的10倍左右。

但是，在地下钱庄，5分利还不是利息最高的高利贷。在一家声称可以“一天大额放款”的“地下钱庄”，有人表示，他们短期拆借的利息为6分，是银行同期贷款利率的12倍。这还不是最高的，现在5分利的，手续费多得你都听不明白，6分利的需要交不到1000元的手续费，现在西安最高的是1毛利，手续费不用交。”据悉，如果按1毛利计算，年息达到120%，是正常银行贷款的20倍！

地下钱庄是一种违法的犯罪活动，其实人们都心知肚明，然而在一些特殊的情况下，还是会有人去招惹它，然而一旦与其扯上关系，就很难再脱离干系。因为那可怕的利滚利，会把你与其拴在同一条船上，从而在你以后的生活中再也洗不去这个污点。地下钱庄赚钱的手段可谓高中求精，然而它再怎么精，也同样是不合常规的，最终必定得不偿失。

银行是金钱汇集的地方，而世上总是存在盗版，就连银行也不例外，“地下钱庄”可以说是盗版式银行。它可能会以高利息为诱导、以守信为原则成立，还可能会以表面上的某些企业做担保，让人们大胆地送钱给他，但随着规模的扩大，资金储存量的增加，其信誉也会随之慢慢消失，大多地下钱庄的庄主最终的下场都是携款而逃。

而最终的受害者却是存钱的人，最终也会因自己的贪欲而自食苦果，白白连本带息一块转手送人并且哭诉无门。

地下黑银行之所以被称为“黑”，就代表它并非正常银行，人们切不可为一己贪心而断送自己的钱财。

第六章

打赢金钱战争的武器

——“人脑”之间的游戏

富豪的大脑转的比 CPU 还要快，想法更是与别人有着天壤之别！

知识发财，智慧创富。对于我们来说，靠智慧致富的概念与富豪靠智慧致富的概念完全不一样，我们也许只是为了挣 100 元就煞费苦心，而他们就可能没有几千万甚至几个亿的生意的收入就不会去做。他们的脑袋的价值前所未有的得到肯定，他们用脑袋实现了创富道路上的一种飞跃，这也是富翁队伍中一道独特的风景。

1. 头脑，富豪致富的特殊风景

钱来源于头脑，钱会往有头脑的人的口袋里钻，正所谓：脑袋空空口袋空空，脑袋富有口袋就能富有。

为什么有的人月收入比你高一百倍、一千倍、一万倍？难道是他们比你聪明一百倍？一千倍？一万倍？也许你并没有做错什么，但你不能不知道成功者都做对了什么！

在这个世界上，大多数人是通过打工来取得工资的，他们用自己的汗水成就老板的事业，用自己的辛勤烘托领导的辉煌。工作二、三十年，月工资还不过千。累死累活、省吃俭用几十年，买个住房还要借钱。

头顶同样的蓝天、脚踏同样的大地，一样的政策、一样的条件，为什么有的人能一月赚数万元乃至十万元，而有的人却长期徘徊在温饱线上？

钱究竟从哪里来？别人成功的奥秘是什么？许多人百思不得其解。

一滴智慧成富豪

一位美国青年好不容易在一家石油公司找到了工作。他不仅学历不高，而且也没什么技术。所以只好做石油公司最简单的工作，就是查看生产在线的石油罐盖是否自动焊接封好，这种工作甚至几岁的孩子都能够胜任。

当装满石油的油罐经过传送带输送到旋转台上时，焊接剂就会从上方自动滴下，沿着油罐的盖子滴一周，于是作业结束，油罐下线入库。他的任务就是注视这道工序，从清晨到黄昏，过目几百罐石油。没多长时间，他对这项工作就厌烦透了，他很想改行，却找不到别的工作。他非常无奈，仍然坚持工作。

经过他的反复观察，发现盖子旋转一周，焊接剂一共滴落 39 滴，焊接工作随即结束。他想着，在这简单至极的工作中，是否有什么可以改进的地方。

一天，他突然想到：如果把焊接减少一二滴，那样不就可以节省生产成本吗？

有了这样的想法之后，他研制出 37 滴型焊接机。但是该机器焊接出来的石油罐偶尔会漏油，质量缺乏保障。他不灰心，又研制出 38 滴型焊接机。这次公司非常满意，不久便生产出这种机器，采用了他的焊接方式。新机器虽然只节省了一滴焊接剂，可是每年却为公司节省 5 亿美元开支。

他就是美国石油大王洛克菲勒，工业界的第一代亿万富豪。

只要你有智慧，成为富豪就不再是梦想；只要你善于利用你的智慧，下一个“洛克菲勒”可能就是你。

世界级富豪赚钱的独门秘籍

洛克菲勒出身贫寒，在贫民窟里他和多数相同出身的孩子一样争强好胜，也喜欢玩，调皮甚至逃学。

但菲勒与他们不同的是，他从小就有一种善于发现财富的聪明头脑。他把一辆从街上捡来的玩具车修好，让同学玩，然后向每个人收取0.5美分。在一个星期之内，他竟然赚回一辆新的玩具车。他的老师深感惋惜地对他说：“如果你出生在一个富人的家庭，你将成为一个出色的商人。可不幸的是，对你来说这已经是不可能的事了，你要是能成为街头商贩就不错了。”

菲勒在中学毕业后，成了街头的一名小商贩，正如他老师的预言。他卖过电池、小五金、柠檬水，每一样都经营的得心应手。这时的他与贫民窟的同龄人相比，已经算是出人头地了。但是，老师的预言也不完全对。后来，菲勒又靠一批丝绸起家，于是他从小商贩一跃而成为商人。

那批丝绸的数量足有一吨，在轮船运输的过程中，因为遇到了风暴被染料浸染。如何处理这些被染料浸染的丝绸，成了日本人非常头痛的事情。他们想卖掉，却无人问津；想运出港口扔掉，又怕被环境部门处罚。于是，日本人决定在回程时把它抛到大海里。

菲勒经常到港口区域的地下酒吧喝酒。那天，菲勒喝醉了。当他步履不稳地经过那几位日本海员身边时，海员们正在与酒吧的服务员说那些令人讨厌的丝绸之事。说者无心，听者有意，他感觉到机会来了。

第二天早晨，菲勒来到轮船上，指着停在港口的一辆卡车对船长说：“我可以帮你们把这些没有用的丝绸处理掉。”结果，他没有花任何代价便拥有了这些丝绸。然后，他用这些丝绸制成迷彩服装、迷彩领带和迷彩帽子。几乎是一夜之间，他就拥有了10万美元的财富。

一天，他在郊外看上了一块地皮，于是他找到这块地皮的主人，说他愿花10万美元买下来。地皮的主人拿到10万美元后，心里还在嘲笑他：“这样偏僻的地段，只有傻子才会出那么高的价钱！”可是令人想不到的是，一年后，市政府宣布在郊外建环城公路。不久，菲勒的地皮升值了150倍，一位富豪找到他，愿意用2000万美元购买他的地皮，那位富豪想在这里建造别墅群。但是，菲勒没有出卖他的地皮，笑着对富豪说："我还想等等，因为我觉得这块地皮应该增值得更多。"

菲勒的预测完全正确，3年后，那块地皮卖了2500万美元。

同行们很想知道当初他是如何获得那些信息的，有的人甚至怀疑他和市政府的官员有来往。但调查的结果令他们很失望，在市政府任职官员中没有一位是菲勒的朋友。

菲勒活了77岁，临终前，他让秘书在报纸上发布了一条消息，说他即将去天堂，愿意给失去亲人的人捎带口信，每人收费100美元。这一荒唐的消息，引起了无数人的好奇心，结果他又赚了10万美元。如果他在病床上多坚持几天，相信他赚得还会更多。

甚至连他的遗嘱都是独一无二的，他让秘书刊登了一则广告，说他是一位绅士，愿意和一位有教养的女士同卧一个墓穴。后来，有一位贵妇愿意出资5万美元与他一起长眠。

菲勒的发迹和致富，在很多人眼中一直都是个谜。解铃还须系铃人，他那别具匠心的碑文，也许概括了他不断在平凡中发现奇迹的传奇一生，也许能够帮助不少人解开他发迹和致富之谜："我们身边并不缺少财富，而是缺少发现财富的头脑与眼光。"

头脑是创富之源

2005年的胡润"强势榜"，在上榜的"强势富豪"中，阿里巴巴CEO马云是个新面孔，但马云在IT界里绝对是个标志性的人物。阿里巴巴B2B商业模式以"协助中小企业赚钱"为宗旨，2004年其商品出口总额达到100亿美元，其中广东地区大约占到25%。阿里巴巴被称为创造的社会影响力最大、最能创造经济价值、最有投资价值、竞争优势最大及在未来5年能竞争获胜的电子商务企业，马云当选强势富豪是理所当然的。

很多人都知道马云有一个"YES理论"，有人曾问马云应该先赚钱还是先培训？马云答：YES，既要赚钱也要培训；问要听话的员工还是要能干的员工？YES，既要听话也要能干；问你们玩虚的还是玩实的？YES，我们既玩虚的也玩实的；问制度和人谁更重要？YES，都重要，我们同步进行！

“Yes 理论”让完全不懂网络的马云涉足于网络世界。这段经历，对于马云来说纯属偶然，更像是神话。没有人会想到一个不懂电脑，不懂管理学，不懂广告的“门外汉”成为中国互联网的教父，成为中国最有势力的执行官，并且在所有的中国网络公司都是美国某一个模式的翻版时，马云一手创办的阿里巴巴却是个例外，被国际媒体称为继雅虎、亚马逊、易贝之后的第四种互联网模式。

在创业过程中，马云认为创造价值和赚钱同样重要，他一直都以“Yes 理论”为准则，他认为如果创造了价值没有钱，这个价值根本不是价值，如果创造的价值没人愿意付钱，那就是垃圾而非价值。

马云只用了短短的 6 分钟就让雅虎最大的股东、被称为网络风向标的软银老总孙正义也投钱进来。促成了这次合作的关键因素就是马云迅速决断的作风及其注重资本与赚钱谐和的“Yes 理论”，让孙正义下决心要将阿里巴巴打造成雅虎一样成功的网络。

马云成功了，凭借着精明的头脑，成就了巨大社会影响力的同时也创造了财富，在胡润强势富豪榜上笑傲江湖。

拥有智慧，拥有财富

鲍名利大学毕业后被分配到吉林省商业厅下属的一家公司成为一名普通的工薪族，由于不甘心工薪族平淡的生活，一年后鲍名利就下海了。下海后，他做的第一件事便是和朋友合开比较前卫的“香港欧美时装廊”，这在长春属于独家新潮时装，还不太容易被当时保守的人接受。鲍名利却认准了年轻人逐渐走向开放的时代背景，相信这一经营定有市场。果不其然，引进的港台等地新潮时装受到年轻一代的欢迎，获得了丰厚的利润。可是两个合伙人却因性格不合的原因而分了手。

1993 年鲍名利退出时装界，在中外合资的希而康食品公司任市场部经理。别人一年没有打开的市场，他只用半年的时间便使希而康果茶打入千余家宾馆、酒店，批发商、经销商争先恐后进货。然而，鲍名利的梦想是干一番真正属于自己的事业。后来，刚刚打入市场但是并不被行家看好的速冻食品被他看中，他毅然辞职做了台湾怡而香面食的吉林省总代理。

随着人们生活节奏的加快，速冻食品的出现既为人们节省了宝贵的时间，更为人们增添了新的口味。为了使策划独具新意，9月1日老人节，鲍名利在长春率先推出“为70岁以上老人送台湾寿桃的活动”，广泛的宣传遍及吉林其他城市。为此，他开了4家连锁店，而且在百货大楼、红旗商城等处设立冷冻专柜，生意异常火爆。

可是因为初涉商海，鲍名利虽然有闯劲和干劲，但是他忽略了一个重要问题，速冻食品也有淡旺季之分。每年的4月到10月正是淡季，由于战线拉得太长，价格不菲的柜台费和庞大的员工开支使他力不从心。到1995年6月末，已经亏损数万元。于是他只能宣布这次代理的失败。

于是，鲍名利开始反思自己。干别人没有干过的，闯新路是可以抢占先机，但是在经营上一定要得体，否则还是会一败涂地。

1995年8月，他从朋友那里借来了1万元，与丹东一家中法合资的百叶窗帘厂联营，建立吉林省首家百叶窗帘厂。这是一个别人从未涉足的行业，却是鲍名利经过认真考察才做出的选择。为此，他花了20多天的时间，跑遍长春市的装潢建筑公司和装饰材料公司。可是都没有这种新型窗帘，但是从大连、丹东等地的装饰趋势来看，这是一项正在走向热门的行业。

为了让人们能够接受这种装饰，鲍名利印了大量宣传单，并亲自到建筑工地及机关、学校等企事业单位散发。他在郊区租了一间民房，亲自送样品，既当经理又当业务员、送货员，累得又饿又渴不说，还常常遭人白眼。但是他相信自己的眼光没有错。

为了使宣传更具有形象性，他巧妙地抓住了一个电视效应。当时，吉林电视台正在播放电视连续剧《中方雇员》，画面里不断出现百叶窗帘的镜头。后来，在新的宣传单里面，他加进了“《中方雇员》告诉您，百叶窗帘是您无悔的选择”等宣传内容，借用电视效应，人们更生动、直观地了解“百叶窗”。

知识发财，智慧创富，其根本在于精明的头脑，在于善于发现机会，并能够通过自己的行为将其转化为财富。鲍名利就是这样一位靠头脑致富的百万富翁，正是有着敏锐的致富头脑，让他从传统产业中崛起，开始了他的成功之路。

犹太人说：“你的价值是脑袋，而不是手。”财富是靠脑袋的，世界根本不存在发展的空间，而是缺少你对它的发现，靠着自己的头脑，积累自己的财富。有智慧的人才能发现商机，获得财富。

眼下新经济风起云涌，靠头脑创富也是“八仙过海，各显神通”，但共同点只有一个：充分开动大脑机器，靠智慧谋财。脑袋的价值前所未有地得到肯定，这也是创富道路上的一种进步，也是富豪队伍中一道独特的风景。

对头脑灵活的人来说，致富其实很简单。想做富豪就要看你是否具有睿智，能否发现它的商机；因为我们的头脑就是创富之源。

2. 富豪的睿智，成就了与众不同的赚钱模式

为什么他们能够脱颖而出？除去机遇成分之外，他们究竟在哪些方面与众不同？是智慧、勇气还是资本……

人生需要有大智慧，赚钱同样需要大智慧！生意有大小之别，而生意人却似乎不宜以生意之大小而分出大小。成功源于个人，那些在舞台上光彩照人的大腕们有着怎样非凡的功力？他们是如何赚钱的呢？

看富豪如何成功

王侯将相，宁有种乎？但是不得不承认成功人士身上自有一些与众不同的地方。正如那些身家亿万的大亨，其言谈举止似乎都有着固定的招牌模式，让人一眼看到就有一种“来者不善”的感觉！那么，富豪们都有哪些共同特征呢？你是否也身兼这些特征，具有成为富豪的潜质呢？

第一，富豪不会完全信任专家：富豪虽然与银行职员或证券公司职员有着亲密关系，但是却不会百分之百信任他们。虽然从他们身上获得准确而有用的信息，但是最终都由自己来做出判断。因此，他们注定要成为富豪。

第二，富豪中有很多早晨型人：每天很早就起床。因为与别人相比生活目标非常明确，很想度过有计划的一天。

第三，富豪脸上有“富豪线”：富豪脸上的线条非常明显，如不让金钱流失的人中线，嘴角的法令线，还有嘴周围一向微笑的笑线。这是因为相对来说，他们的表情更明朗，更充满自信。

第四，富豪买书不是做样子，其实很多富豪都是非常有学问的。他们大多每天都有固定的读书看报时间。据说刘永好就有一“打”的秘书，专门为他把书报上的重要部分勾画出来，择其精华而读之。而孙大午离开看守所时，对所长惟一的抱怨就是：“里面书太少了，出去我给你捐点。”

第五，当富豪们跨进一个房间时，通常会在进门处停留几秒，这会给房间里的人一种权威的感觉。

第六，只有那些小人物才会大包小包地拎着各类文件，顶级人物从来都是两手空空去开会，因为信息和信心都装在他们的头脑里。

第七，在一个房间里，坐得笔直的绝不是老板。他们是放松的，甚至是随意的。讲究坐姿是他们部下所要做的事情。

中国富豪成功类型总结：

■ 逼迫下的动力

李晓华与易贤忠属于此类型的典型代人物。李晓华曾连续数年位居

《福布斯》中国富豪排行榜前列，他的第一桶金是靠在北戴河贩卖所谓“美国冷饮”掘得，后又在秦皇岛放录像，获利百万。但他真正暴发是后来东渡日本，时间是1993年，他成为章光101毛发再生精在日本的总代理。

易贤忠创办了广东七喜电脑有限公司，他的第一桶金是成立白云节能电子电器厂，3个月获利14万元。最初下海是由于女儿患脑疾，为筹集医药费才被迫下决定，他在筹得为女儿治病的钱后，又继续回原厂上班，后因工厂衰败，才不得已第二次下海，创立广东七喜电脑有限公司，个人资产过亿。

■ 刺激下的动力

典型人物代表——廖长光。廖长光是重庆小天鹅集团董事长。早期廖长光家境普通，在当地是一个临时电工，因当时身份“低微”受众人挤兑。这让廖长光备受打击，发誓要努力创业，出人头地。

后下海经营火锅，在他坚持不懈下，事业步步为上，由小店到大店最后到企业集团，目前个人资产达1亿元。

■ 顺理成章

其典型代表人物为鲁冠球、沈爱琴、李桂莲……因所属企业均由原乡镇企业或集体企业转制而来，历史悠久，发展顺遂，符合政策，顺理成章。一般来说，在创业者个人的第一桶金问题上，此类企业大多概念模糊。

■ 知识就是力量

其典型代表人物可以划为三类：

一类是拥有自有专利技术，靠自有专利技术发达的，如中宜环能（CECO）董事长吴桐。

另一类是用友软件（600588）王文京亦可视为靠技术起家。

第三类是以王志东、张朝阳和丁磊等为代表的属于被时代潮流硬推上富豪坐席的一类。

巧用负债变收益

世界上没有一边付利息贷款，一边储蓄拿利息，也没有见过存款利息高于贷款利息的银行。在存款与贷款的对垒游戏当中，处于上风的绝对是银行，而不利的、倒霉的一方就是贷款人。我们之所以畏惧从银行贷款，是因为银行利息居高不下。如果偿还期是30年，就要在付基本房款的基础上再付大笔的利息。

一想到一辈子都没见过这么多的债务，任何一个人心里都发凉。许多人因此犯下了愚蠢的错误——尽可能地减少偿还时间以便减少须支付的利息额度，每当手头稍有充裕，第一件事就是往银行跑。新生代富豪们认为这是一种很不明智的做法。

韩国经济最发达的江南区首屈一指的大富豪、贸易商韩泰英先生微笑着说："普通人认为自己的这种行为是极其明智的，据他们的判断，尽可能早地把银行贷款还完，等有了多余的钱时再去投资或储蓄。但是这样做的后果很明显，他们绝对不可能成为富人，而且更惨的是他们是在不知道自己为何失败的情况下失败的。"

为何这种常识性的做法无助于我们成为富人呢？尽可能地提前还贷可以省很多利息，这是众所周知的事情。然而，众人只解其一，不解其二，那就是如果将还债的钱投资到其他地方，或许还有可能获得更大的收益。

例如一人买房需50万，分15年还房贷，利息为5.5%，但是，如果这个人不将所有的积蓄及省吃俭用的钱拿去还房贷，而是用来投资的话，每年能获得15%的回报率，所以说，他是"丢了西瓜拣了芝麻"，因为担心5.5%的年利率而放弃年回报率15%的投资机会。从这点来看，要想成为富人，具备"富人的投资心态"是相当重要的。

"无条件地尽可能提前还贷或还债"就像"无条件地成为富人"的主张一样空虚，光是从"借"银行的钱来"买"自己的房这件事情上，就可以看出新生代富豪们并不是因为偶然撞了大运才成为财富的宠儿，他们与众不同的看待问题的方式及灵活的"用钱"方式使他们必然成为富豪。

一定要记住，只还债你是成不了富豪的。

领带大王发家史

知道和认识曾宪梓的人，都知道他是从一个领带名牌——“金利来”开始的。香港的金利来领带受到了世界40多个国家、地区的小姐、先生们的青睐，有则趣闻，美国前总统尼克松第一次访华前，就看中了“金利来”，“金利来”也得以挟总统光临中华。“金利来”的品种每年能推出2万多个，雄踞亚洲市场。“金利来”的“先祖”曾宪梓也荣任亚洲领协主席、被尊称为“领带大王”。企业界的成功者，在奋斗的道路上不知要付出多少心血和智慧，靠蛮干、乱撞，只会头破血流。曾宪梓就是一位集实干和智慧于一身的成功者。

经营管理方面，曾宪梓提出“三字方针”与“四快口号”。“三字方针”为：看、想、做。看，即多调查；想，既多思考；做，即多实践。1968年，曾宪梓从泰国回到香港，他注意并调查到，香港服装业很发达，400多万香港人中，不少人有几套西装，但香港却没有一家像样的领带工厂，思考一番之后，他大胆地做起了领带生意。1970年，他注册成立了金利来有限公司。为了取人之长，弃人之短。“金利来”每年都派人到欧洲、美洲一些国家考察，深入工厂、服装店，甚至了解个人，以此获得顾客所喜爱的领带的款式和色彩。这也是“看、想、做”的运用。“四快口号”，即“快设计、快制作、快投产、快上市”，当今世界的生活节奏、运转时效都极快、极短，这样对领带的更新换代提出了更高的要求。所以，曾宪梓为了实现“四快”之中的首“快”，“金利来”实行“拿来主义”。“金利来”派遣大量人员到花式品种繁多的法国和意大利，挑选合适的花式，见有别具一格的，即用重金买下版权，拿回香港自行配上不同颜色，迅速批量生产，投放市场，保证了制作、投产、上市的快捷，“金利来”，每年推出2万个花色品种，得益于“四快”。成功地运用广告这个宣传媒介，施以巧妙的广告术。他凭着敏锐的目光抓住机会，以勤劳和智慧成功地缔造了不同凡响的金利来名牌和金利来企业。

曾宪梓也是一个狂热的球迷，为给中国球队出力他曾放下手头繁忙的商务工作，去充当一名拉拉队队员，慢慢地曾宪梓也把广告做到了自己热爱的体育上。1971年中国政府开展乒乓外交，他用了30000港元赞助名将李富荣、庄则栋赴港表演，广告发挥威力，金利来价格倍增，每打售价由原来的45港元升至100港元。可与外国领带售价相匹敌，电视台转播比赛实况，金利来领带也第一次登上了电视画面，知名度激增，曾宪梓做了世界上第一个做电视广告的领带商，1984年，曾宪梓将亲自设计、绣上了奥运会会徽的4000条金利来领带赠送给参加奥运会的中国健儿，使全世界都感染到了“金利来”的魅力。曾宪梓很重视“产品未动，广告先行”之术。1981年到1982年，“金利来”耗资百万人民币在内地大做宣传，但市场上不见其影，勾起了消费者的欲望，1983年，“金利来”款款而来，只闻其声的消费者见其影后马上争购，销售量空前。他以中国人所特有的骨气加勇气努力创建品牌的成功。

在1974年间，世界经济逐步出现了不景气状态。使领带市场受到冲击，行情跌落，许多厂家都采用大降价的手法将领带脱手。面临窘境的曾宪梓却反其道而行之。提高领带的质量和价格，结果使“金利来”的身价倍增，经济危机过后，“金利来”就顺乎民意地成了独占鳌头的名牌货，大张发展之帆。现在的香港商店，最跻身于领带橱窗的香港领带，最醒目的是“金利来”价值不菲，气度不凡。在崇尚外国名牌的香港，能有那么多人喜爱“金利来”，可见其地位之超越。垄断原料来源，这条计策不是创业时所能运用的，须等到时机成熟，自己的实力雄厚，身壮腰圆时方可运用。从布料索取价值，以西欧为最佳，“金利来”独揽西欧领带布料在亚洲的总代理权，以致亚洲的各家领带厂都要向“金利来”购买布料。“金利来”垄断了亚洲领带布料的来源。金利来也因采用进口优质布料，领带达到质地考就，颜色新颖，长盛不衰……

这就是“金利来”的创始人，香港金利来集团公司主席曾宪梓先生的创业之路。

创造财富是当今最为招摇、最为时尚也最具诱惑力的词语了，成为富翁也是大多数人梦寐以求的想法。于是，在商业竞争中，企业家们围绕投资理财的具体实践八仙过海，各显神通，运用积聚的人脉和资源以求得迅速市场占

位，商战破冰的目的。

“观念不及格，其他全部是垃圾”，智慧，指引着成功，意味着财富，演绎着英雄的梦想。成功者之所以成功不仅仅是因为时机和运气，从某种程度上来说，智慧比财富更值钱。

将相王侯，并不是命中注定的，但他们自有一些与众不同的地方。正如那些身家亿万的大亨，他们因此与众不同，因此独具魅力。

3. 经营独特，天下无双

成功总有方法，积累财富同样也需要方法。任何一个成功的富豪都有其独特的经营之道。

人人都渴望成为亿万富翁，这是每个人的梦想。从全球前500大富豪中我们可以发现，没有一个富豪的财富是从天而降。富豪不一定是某个伟大创意的发现者或发明者，却能将其发扬光大，懂得其中的生财之道，你一定也可以！

富豪财富经营观——李嘉诚

幸运只会降临在有世界观、胆大心细、敢于接受挑战且能够谨慎行事的人身上。李嘉诚一生坚守这样的经营理念——“进取中不忘稳健，稳健中不忘进取”。他说：“我是一个很进取的人，从我从事行业之多便可以看得到。不过，我注重的是在进取中不忘稳健。”

李嘉诚在刚刚步入地产业时，香港地产业还不太景气。当时，卖楼花大行其道。李嘉诚却“逆”此“主流”而动——谨慎入市、稳健发展：不卖楼花、不向银行抵押贷款、物业只租不售。当挤兑风潮来临时，那些靠银行输血的地产业瞬间一落千丈。李嘉诚实力大增之时，仍未抛弃“稳健发展”，“聪明而谨慎的商人既然知道是山雨欲来风满楼，那么在经济过热、炒风过劲时，就应该认真研究整个市场趋势，要居安思危，该出货时，就要毫不犹豫地出货。”20 世纪 60 年代末期到 70 年代初期香港人的炒股狂热由此可见一斑。被称为“股市浪潮中掌舵的老手”的李嘉诚在 1972 年 10 月趁股市处于高位之机，将长江实业挂牌上市，吸纳资金。后两次行动，集得资金 1. 8 亿港币。事后他并未将这些资金入市投机，而是在香港地产处于低潮的时候，大批购买楼宇和地盘，为“长江”继续向前发展积聚了扩张的实力，奠定了雄厚的基础。

李嘉诚买下旧房翻新出租；利用地产低潮、建筑费低廉的良机，在地盘上兴建物业。到 20 世纪 70 年代初，李嘉诚已拥有的 35 万平方英尺的收租物业为其带来 390 万港元的年租金收入。而他从此也由一个中小地产商迅速成长为地产界的巨无霸，还依靠股市杠杆的神奇魔力，巧用低进高出的股市定则在股市中尽显风采，创造出财富的奇迹。

李嘉诚素有“商界巨人”之称。兵家之道，一张一弛。商家之道，进退自如。在商界，进则取利，退则聚力；进必成，退亦得，有时退让更能“海阔天空”。1978 年前后，李嘉诚采取分散户头暗购的方式吸纳九龙仓的股票，意欲控得九龙仓入主董事局。但不料九龙仓股被职业炒家炒高，九龙仓老板不甘示弱组织反收购。与此同时，船王包玉刚也加入到收购行列。一时间，强手角逐，硝烟四起。李嘉诚在汇丰大班沈弼的斡旋下，从长计议，鸣金收兵，停止收购，密会包玉刚，提出把手中的 1000 万股九龙仓股票转让给包玉刚，助力包玉刚收购成功。李嘉诚退出了“龙虎斗”，却通过包玉刚，从汇丰银行手里承接和记黄埔 9000 万股。最终在此番商战中，李嘉诚一箭三雕，成为最大的赢家。

此类例子可谓数不胜数。李嘉诚巧借股市大肆扩张，其风险当然是巨大的，但李嘉诚却能运作自如、绝少失手，这并非一般人能够做得到。

华人经营之神——王永庆

王永庆，台湾商界的精神领袖，也是华人圈里的经营之神。台塑集团的创办人，台湾十大财团之一，被誉为“主宰台湾的第一大企业家”、“塑胶大王”，个人资产约有27亿美元。

王永庆在当选全球华人富豪时，被称为台湾的“经营之神”。王永庆——台塑集团董事长，人称“塑胶大王”的他是凭个人奋斗走向商业区成功的典型代表，他领导下的台塑集团不但雄踞台湾之首，亦是世界最大的石化企业之一。而他的成功不仅仅是因为他拥有巨额的财富，更多的是他在商业经营当中所表现的独出心裁和人格魅力。

王永庆曾经在一个米店做工。1917年1月8日，他出生在台湾台北县一个贫苦的茶农家中。小时家境十分贫困，从祖上开始，家里就一直以种植茶叶为生。当时，作为家中长子的王永庆每天都要走很远的路去打水、喂猪，帮家人干活。父母辛苦供他读书，但是他对书本从来不感兴趣，因此从小学毕业就开始做工。15岁那年，经人介绍，王永庆来到一家米店打工。聪明伶俐的他，除了完成自己送米的本职工作以外，处处留心老板经营米店的窍门，学习做生意的本领。第二年，他就在父亲的帮助下自己在嘉义开了家小小的米店。

当地虽然只是小地方，但竞争也相当激烈，加之王永庆是个外来户，生意并不是很如意。20世纪50年代初，台湾“工业局”推出一系列工业发展计划，其中包括利用美国援助兴建石化工业基本原料——聚氯乙烯塑胶粉，王永庆看到这一领域的潜力，就决定申请这个项目，可由于他对塑胶一无所知，不但没有申请到项目，还被大大地奚落了一番。事后，王永庆花了一年的时间专门学习塑胶知识，这些知识为他以后的生产打下了扎实的基础。

1954年3月，台湾第一家塑胶工业有限公司登记设立，自有资金约50万美元，美国援助有67万美元。3年的筹建工作之后，改名为台湾塑胶工业公司，王永庆自任董事长，正式生产PVC塑胶粉，从此，他走上了事业的起飞点。

所谓“万事开头难”，事事总会让人不如意。塑胶粉粒生产出来后，但首期月产仅100吨，可谓世界上规模最小的，付出的成本根本无法收回，而当时的日本同类产品物美价廉，充斥了台湾市场，王永庆的产品都积压在仓库，公司面临倒闭的危险。就在这时候，许多股东开始纷纷退股，而王永庆决定“破釜沉舟，在此一举”，毅然变卖了。但在强大的压力下，是丰厚的回报，在这一点上，王永庆从不吝啬，压力与激励相结合，产生的是强大的动力，这就是为什么台塑成为许多热血青年创业学东西最好去处的原因。

虽然王永庆已经成为亿万富翁，但他在生活中却十分节俭，可能是世界上最节俭的亿万富翁了！他公司的一位职员，花了1000美元为王永庆的办公室更换新地毯，结果惹得王永庆很不高兴，差点大发雷霆！在吃的方面更是“简便”，家常的卤肉饭就足够了；穿的原则是“整洁”，每天早上跑步穿的运动鞋，一双总要穿上好几年，而一条运动时用的毛巾用了近30年！他几乎每周都要给子女们写信。为省邮资，常常用很薄的信纸，而且每封信上都是密密麻麻的好几张……

的确，正是在这种刻苦耐劳的精神之下，王永庆才建立起今日的辉煌，成就了其台塑帝王的梦想。因为知道回首过去，才明白现在的不易，所以才会充满压力，倍加珍惜。这就是台塑的精神！

曾经是台湾穷苦的卖米小伙计，现在是横跨各个领域的第一大企业家。他曾对塑胶一无所知，却创办了最大的塑胶集团；他虽然只有小学毕业，却提出了多种合理化经营方法和建议，被人们广为传颂……

他的成功秘诀：

有敢于用身家性命做“赌资”的抉择魄力；

信守“人是企业之魂”的定律。

胡润女富豪管理之道

■ 张茵

以“埋头苦干”成就事业的张茵，于2006年在胡润排行榜上以身价270亿排名女富豪第一位，也排名中国首富，改写了中国富人的历史。

张茵说话干脆利落，看起来比实际年龄要年轻。获得今天的成功，张茵只是淡淡一句：“是我运气好，占到了天时地利人和。”她说自己创业起步时，恰逢中国改革开放的黄金时期，到美国后又恰逢美国经济复苏持续繁荣，此外，美国森林资源丰富，造纸业发达，废纸回收系统极为科学，加上此时经过在香港的发展，公司资金雄厚，起点高，靠着诚实守信的经营作风，从而快速发展。

她如何成功，有什么秘诀？谈起自己的成功秘诀，张茵说自己最大的特点就是埋头做自己的事情，凡事量力而为，“如果只能建三星级的饭店，自己决不会赌气建五星级的。”此外，由于学过财会专业，因此在管理上有独到的见解。提倡“个人小家庭，公司大家庭”的人性化管理。既为下属提供充分发挥才干的空间，又在待遇上说到做到，帮助解决实际困难。最重要的是，她的成功和自己的丈夫、其他几位副总裁的全力支持密不可分。丈夫刘名中出生于台湾，成长在巴西，毕业于名牌大学，精通英语、葡萄牙语，处事稳健细致，张茵笑着说：“咱们是夫妻互补。”

■ 陈宁宁

吕慧、陈宁宁母女靠着“眼光”以65亿元位居女富豪榜的第二位。

提起香港嘉鑫控股集团，知道的人大多首先这么形容：一家由母女俩执掌的大企业。因为在鲜有女人涉足的钢铁和矿产行业，吕慧和陈宁宁母女的名字就同宝钢集团的董事长谢企华一样显得与众不同。

香港嘉鑫控股公司成立于1995年，注册资本高达2250万美元，也确实是24岁从美国学成归来的陈宁宁与母亲一手打造的。经过几年的发展，嘉鑫控股已经拥有数十家全资或控股子公司，业务逐渐扩展到铁矿石资源、贸易、物流、实业以及金融服务等多个板块，而铁矿石的进出口贸易，却一直是嘉鑫控股主业中的主业。在铁矿石贸易商“鱼龙混杂”的中国内地市场，能够拿下1/10的市场份额是一件不容易的事情。

谈起成功，平时在公开场合谈起现在的成就时，陈宁宁多不提“发达秘籍”，只会将这些归功于运气多一点，最多就是比较有眼光。而她未来的眼光，也已经转向了对矿山甚至钢厂的投资。

■ 陈丽华

伴着“诚实守信”的陈丽华以60亿排名胡润富豪榜的第三位。

陈丽华是“投资型的女企业家”，1999年国庆前夕，她斥资2亿元投资兴建了中国紫檀博物馆，这个博物馆比她经手的任何一个地产项目都“费钱”。陈丽华说：人与人的关系很难相处。一句话，不许跟百姓吵起来，不许跟百姓打起来。时间是生意人的命脉。一个商人不要怕加大自己的成本。如果你迟迟开不了工，自己也生气，百姓也骂你。

谈起经商诀窍，陈丽华的总结却很简单——“恪守诚实信用，真心实意交朋友”。陈丽华交的朋友并非都是达官显贵，其中还有许多普通百姓……

富豪们在创业的历程上，其独特的创业理念、用人技巧、管理才能、组织能力等方面，给他们的生活带来了相当大的影响。他们确实是有其不凡和过人之处，这是很少人不能与他们相提并论的。

然而富豪们所特有的胆量、肚量和力量，使他们终于成为了今日的巨富，这三项也是他们成功经商的独特秘诀，缺一不可。

理想不是梦想，机遇决定方向，勇于向成功挑战，随时对市场变化充分掌握，再加上独特的经营策略与创新技能，事业取得成功的机会也就相对增高。记着：路永远是自己走出来的……

4. 惟有思路常新，才能财源不断

思路决定财路，有什么样的思路就有什么样的财路。财富无处不在，缺的是“发现”二字，缺的是独具匠心、别具一格的思想。

有人说：“人不能改变别人，但可以改变自己；人不能改变环境，但可以改变思路。多一个思路，就多一条出路。”

思路是一切人生财富的心理根源。人的命运在选择，选择的轴心是思路，人的成功在于思路。在商机无限的大好市场中，行业竞争也相当激烈。创业需要的不仅仅是资金和勇气，更需要有突破性思维，否则很难在激烈竞争中生存。

惟有思路常新，才能财源不断。邯郸学步、东施效颦的思维定式在今天已举步维艰了。成功的喜悦总是属于那些思路常新、不落俗套的人们。如一堆木料，将它用来做燃料，可以说是分文不值；如果将它卖掉，能够价值几十元；如果你有木匠的手艺，将它制成家具再卖掉，就能够价值几百元；如果你有高级木匠的手艺，将它制作成高级屏风卖掉，那就能够价值几千元了！

由此可见，思路对于一个人的财源起着决定性作用。

思路决定财路

多年前，有一句名言是：“卖出去是硬道理！”而今天，这理念早已过时。知识经济的新理念，应该是“将知识卖个好价钱！”

如今的时代是信息化高速发展的时代，而获得财富的智慧比追求财富本身更加重要。在商业辞典中，智力也是永远大于财力的。其实，这也对应了人们常说的一句话：“思路决定出路”，思路就是我们提出问题、分析问题、解决问题的纲领和路标；进而“出路又能决定财路”，企业再从技术、管理、经营、服务上去创新，从而形成经济合力，最终实现“思路决定财路”。

被誉为“中国创新培训第一人”的吴甘霖曾说：“在经营中，最重要的不是企业的某些‘硬资源’，而是善于思考这一‘软资源’。企业就像人一样，只要勇于突破心理障碍，改变思路，就完全可能成功！”

有一段时间里，美国人非常热衷于淘金，有个叫阿默尔的小伙子，一天在挖金时，突然觉得很渴却找不到水，而其他人同样如此。他想到，不管是能淘到金的，还是不能淘到金的，都要喝水。于是他不淘金了，改去卖水。后来，他通过卖水，稳稳当当地赚了很多钱，过后他开了商店，成了美国百货业内的巨子。

在别人的眼里淘金才是最赚钱的事，可阿默尔偏偏只选择看来赚不了大钱的卖水项目来做，结果不仅避免了不必要的风险，而且同样赚了很多钱。这种现象被吴甘霖称“鸡犬定律”，而这正是“一人得道，鸡犬升天”的一种侧向思维，不做得道人，而做得道人的“鸡犬”。

在多数人看来，世界上的万事，似乎都有常规，但是若打破一下常规，颠倒一下思路或从侧面进行思考与创新，这样就能思路尽开，财路明朗。

安于现状是积聚财富的大敌

每一天早晨醒来时，非洲羚羊的妈妈都会对它说：“你必须跑得比非洲最快的狮子还要快，否则你就会被吃掉。”然而在同一时间，一只非洲狮子也在对自己的孩子说：“你必须跑得比非洲最快的羚羊还要快，才能保证每天有饭吃。”商业竞争环境多变导致许多人观念思路的老化。多年积累的销售经验、资源可能因不适应新的环境而不再有价值。甚至成为桎梏。俗话说：“逆水行舟，不进则退。”若一个人满足于现状，不懂得进取，他的财富将会一点一点地消耗掉。时间是不会在你取得成功的时候停止的，安于现状就为积聚财富树立了一个大敌。

在现实生活中，只有拒绝平庸，思路常新，才能干出一番轰轰烈烈的事业。迈克尔·戴尔就是这样一个人。

迈克尔·戴尔出生在美国休斯敦，他的家庭比较殷实，父母希望他长大后能够成为一名医生，但戴尔天生对医学毫不感兴趣，而商业却像磁铁一样深深地吸引着他，从小他就对商业很有兴趣。

在迈克尔·戴尔12岁的那一年，他通过邮购目录销售邮票，赚了2000美元。高中时，他从各种渠道寻找最可能的潜在客户，向他们推销《休斯敦邮报》，使平淡无奇的卖报工作成了赚钱的好差事。他利用自己努力赚来的钱买了一部宝马车。车行的老板看着这个用自己挣来的钱购买宝马的少年，不禁目瞪口呆。

1983年，戴尔高中毕业后，根据父母的意愿，他进了一所大学学习生物。但他仍醉心于计算机。当时，他感到市场对个人电脑的大量需求并未得到充分满足，而零售商店的个人电脑售价过高，且销售员对电脑也不是一窍不通，就是一知半解。针对这种状况，戴尔想出了一条赚钱的好路子：通过电话订购向客户直接出售按客户要求组装的电脑。于是，戴尔说服一些零售商将剩余的电脑配件存货以成本价卖给他，在他的大学宿舍里组装电脑。随即，他在电脑杂志上刊登了广告，以低于零售价15%的价格出售个人电脑，从那以后，订单如雪片一样纷纷向他飞来。

1984年，戴尔离开了学校，他利用自己的储蓄创办了一家电脑公司。第一年，公司销售收益600万美元，此后，他的公司一直是全美发展最快的公司。迈克尔·戴尔成了家喻户晓的“神奇小子”。截至1993年，戴尔公司的销售额已突破了20亿美元，公司股票成了华尔街投资者最抢手的高科技股之一。

迈克尔·戴尔的成功充分告诉我们：一个人如果没有点儿不安于现状的心理，就永远不会获得成功，一生都将一事无成。拒绝平庸不仅是一种心态，也是一种欲望，你的欲望是接受拒绝平庸，那么你的人生就会变成拒绝平庸，反之亦然。只有欲望改变了，思路才会改变；思路改变了，行动才会改变；行动改变了，结果才会改变，才会有源源不断的财富。

思路 & 财路，电风扇 PK 四十万

山东省某大型药业是我国的知名企业（以下简称J药业），年产值达数亿元，无论是技术与工艺都采用了国际上的顶尖设备，其产品更是得到了广大消费者的一致好评，可谓是“名利双收”。可是就在这个时候，它却遇到了一个让人挠头的“小麻烦”。

在2003年，J药业为了提高效率、降低成本，投入数千万巨资引进了一套国际顶尖的制药流水线，在投入使用后，生产效率提高了十几倍，生产成本也降低了很大比例，与此同时销量也随之翻番上涨。企业上下都沉浸在一片喜悦之中，这时，该企业售后服务中心却纷纷接到了经销商与消费者的投诉电话。

据投诉者的反映，该药业生产的某胶囊制剂出现了“空盒”现象，

经调查“空盒率”竟占药品数量的2%，问题十分严峻。接到投诉，该企业一面向投诉者道歉，对其损失给予双倍补偿，并在第一时间成立了专案小组，勒令该小组在三天之内找出问题根源，同时要求市场部工作人员对已经出厂的药品进行彻查，坚决防止“空盒”药品在市场中出现。几经周折，“祸根”终于找了出来，原来“惹祸”的正是这套先进的制药流水线。由于该生产线用于生产胶囊制剂，在药品装盒的过程中该设备自身存在的某些技术问题导致了装盒过程中的误差。经与国外生产厂家联系，在对方也束手无策的情况下，双方达成协议由该设备生产厂家与J药业各出资50%，购进一台X光扫描设备。X光扫描设备价值四十余万元人民币，它能穿透药盒表面，操作人员可直接透视到药盒内部，这样就可以从中检查出空盒药品。

新增的设备虽然能检查出盒中是否装有药品，但是其价格也是十分昂贵的。为了提高工作效率，保证产品质量，该企业目前所需要的不仅仅是一台X光扫描设备。这下可难坏了该企业的总经理。一个偶然的机会，他与当时正在山东某集团担任总裁的穆麒旭谈起了自己的苦恼，谈起了“惹祸”的设备。谁知穆麒旭听后，眼前一亮，当即提出要到该胶囊制剂车间“参观”的建议。于是，J药业总经理与穆麒旭即刻驱车前往J药业厂区。说到“参观”J药业，穆麒旭可真的是醉翁之意不在酒。其实，他已想到了一个能够帮助J药业解决“空盒”危机的绝妙想法，此次“参观”只不过是进一步确认是否可行。

参观完流水线，又仔细观察了药品包装盒，穆麒旭请J药业的工作人员取来了电风扇。他决定做一个小试验。选好角度，调好风速，电风扇吹出的风射向了流水线，奇迹出现了：在电风扇的作用下，没有装满药品的包装盒被风吹到了流水线的一旁，而装满药品的包装盒则随着流水线的运作进入下一道工序。结果显而易见，电风扇PK四十万，挑战成功！

面对市场的需求，企业加大生产力度是必然的。考虑到该套生产线在国际上的领先地位与其尖端的技术，J药业决定再次引进一套与之相同的流水线。设备虽新，可老问题还是不变，虽然在引进该设备时，国外生产厂家已经对J药业折让出购进X光扫描设备的四十万元，可J药业总经理却毅然选择了穆麒旭给予的“妙招”，立刻购进了10台电风扇，总投入不到3千元，而其却换来了等同四十万元的超额价值。这就说明了一个问题：在当今竞争越来越激烈的商业市场上，不是有资金、背景，就能成为市场的常胜将军。

新世纪的市场经济辩证法告诉人们：惟思路常新才有出路。墨守成规、邯郸学步、东施效颦的经营思维定式在今天已无立足之地。如果细心观察就会发现，成功的喜悦总是属于那些思路常新、不落俗套、富有创意、勇于实践的人们。有了好思路，就能走上好财路；反之，没有好思路，企业必将走入死胡同，甚至走向消亡。

想要把“1”变成“1000000”，只需在后面再加6个“0”，而“思路”就是前面的“1”。企业要学会发现，从而去拓宽自己的思路，让思路与财路紧密联结起来。创新不一定是横空出世，对于司空见惯的现象或做法换一种思路也是创新，借用罗兰大师的话作为结语：“市场不是缺少商机，而是缺少发现”。

思路的创新是动力，是航标，指引了企业前进的方向，是财富的泉眼！

富人的思路决定了他们将会成为富人！

5. 敢想敢做，创造财富神话

富豪们的成功之道是什么？为何他们会战无不胜，攻无不克？难道他们天生就是做富豪的料，天生就与众不同？

机会是公平的，它同样存在于我们每一个人的身边，关键看你是否有胆量、有魄力去抓住它。有些人对它视而不见，有些人对它听而不闻，有些人对它知而不行。人生丰盛富有，可以因为知足常乐，也可以源于以智聚财。知识型经济社会，才力就是财力。梦想只有转化为实际行动，才有可能被实现。敢想敢做的人，才能成为财富的持有人，才能创造出财富神话！

只要“敢”就会成功

纵观世界就会发现，成功者都属于那些敢想、敢做的人，而那些所谓智力超群，才华横溢的人却因瞻前顾后，不知取舍而终无所获。人们常说，天才、运气、机会、智慧是成功的关键因素，但更多的人失败是因为有三件事没有做到位，即缺乏敢想的勇气，缺少敢做的能力，没有敢成败的决心。

成功是一种挑战自我的过程，对每个人来说，需要有更大的胆量、更快的速度、更奇的招数才能脱颖而出，掌握先机。这就是说，敢想敢做是必须遵循的成功法则。

■ 成功的第一件事：敢想

一个人想都想不好，可能做得好吗？想得好才能做得好。成功的人是第一个吃螃蟹的人，他们总是先例的破坏者。不成功的人不明白这样一个基本的事实：人们之所以能够获得报酬，是因为他们能够做些什么。他们还不明白一种必然的结果：人们由于能够干些使价值大量增值的事而获得高的报酬。一个人如果要想获得成功，就必须实实在在地创造别人想要的东西，而不应该只停留在原地不动。

成功是伴随着敢想而来的，这就是真理！梦想可以为成功扬帆起航；能想的人，头脑长在自己的肩上；会想的人，从不钻牛角尖；敢想的人，随时都在追寻目标，准备前进。然而，敢想并不是妄想，不是瞎想，也不是空想。如果一个没有脚的人企图跑过世界冠军，可能吗？

■ 成功的第二件事：敢做

在多数人的成功当中，敢做是一种谋略。能不能把一件事做成功，关键看使用什么方法和技巧，只要有特殊的套路、明确地实施方案和清晰的目的，一切按计划运作，成功就指日可待。成功是每个人都梦寐以求的。然而，成功不是天上掉馅饼，天下也没有免费的午餐，芝麻开门更是阿拉伯世界的神话，成功有成功的游戏规则，成功有成功的奥秘和学问。只有不断地追求，才能不断地进步；只有不断地执行，才能有不断的成就；只有不断地积累，才能不断地提高；只有不断地提高，才能取得更大的成功。

人生的成败全系在一个“敢”字，只要你“敢”你就能成功！

创业，要敢于冒险

富豪倪志君的创业经验可以用5个字来形容：敢想敢冒险！倪志君是深圳创佳电子设备厂的总经理，他从2000元起家，依靠勤奋和智慧，在电子设备领域赚到了第一桶金，经过不断大胆的尝试和努力，成为了拥有万贯家产的大富豪！

倪志君对创业的个人感悟很深，他认为年轻人要想做成一点事情，资金不是最重要的，重要的是要敢想、敢冒险，善于学习、善于从实践中获得经验。年轻人最大的资本就是可以毫无顾虑地做很多事情，这是一种积淀。当你想到好的办法时，不要害怕尝试，你应该立刻去做。不要听别人怎么说，只要你自己去尝试、去摸索，才会知道这个想法究竟有多好，即使失败了，也没有关系，因为你从中会学到很多东西。结果固然重要，但更重要的是你去做了，而且在做的过程中你会学到很多东西，这本身就是一种资本，就是你得到的财富。“敢想”不等于空想，也不是胡想。它有两方面的意思，一是要有高尚而明确的人生目标，二是这个愿望要非常强烈。围绕这个目标，应该制定一系列切实可行的具体目标和行动步骤。一句话，敢想就是指可以付诸行动的强烈愿望。“敢做”不等于胆大妄为，更不等于违法乱来。敢做，也有两方面的意思，一是指人必须有冒险精神，必须敢于去做，畏缩拖延永远不可能成功；二是指我们在追求目标的过程中，要勇敢地面对各种挫折与失败，不可半途而废，应该愈挫愈奋，不达目标誓不罢休。

敢想敢做——财富属于你

凯蒙斯·威尔逊从一个贫苦的穷小子而成为了一名酒店大老板，他从1952年创建自己的第一家假日酒店开始做起，不到20年就把酒店开到了1000家，从而组建了世界首家达到10亿美元规模的酒店集团。他的坎坷经历令人感叹，他的奋斗精神令人钦佩。那么，威尔逊成功的奥秘究竟是什么呢？很简单，这是因为他善于去发现机会和抓住机遇，把想象的事物付诸于行动。

养成善于发现的习惯，机遇就会主动来敲你的门。一个成功的企业家必须具备的重要素质就是“是否善于发现和抓住机遇”，威尔逊便是如此。当初，威尔逊虽然身上没有钱，却喜欢看电影。他常常去孟菲斯剧院干一些杂活，这样就可以免费看电影。令他奇怪的是，该剧院不卖食品！于是，他说服剧院经理，让他在剧院门前放一台爆玉米花机，开始爆玉米花卖，每周能够净赚四五十美元。尽管赚到的钱不算太多，却是一个良好的开端。1951年夏天，威尔逊度过了一次因住宿艰难而令人沮丧的全家旅游后，恍然大悟：我为什么不开家汽车旅馆呢？我要提供理想的住宿条件，旅客能够获得许多享受和乐趣；对孩子不收另外的费用，还可以把汽车旅馆办成连锁公司……想到这些，威尔逊没再有丝毫犹豫，开始为创办世界上最大的连锁旅馆——假日酒店公司而做准备。

其实，每个人都会碰到机遇，但若想要把它转化为财富，关键在于能否及时把有利时机转化为行动。威尔逊一旦发现机遇就敢做敢为，朝着目标大踏步前进。威尔逊创业首先遇到的是资金不足的困难。他第一桶金就是通过爆玉米花获得的。当初，一台爆玉米花机就是用分期付款的方法花50美元购买的。他创办电影院花费的2000美元也是采用分期付款的方法。威尔逊曾用一幢房屋作抵押，得到6500美元贷款。他说：“如果能以1000美元买一块地，以1700美元造一幢房屋，然后以此作抵押借到6500美元，那正是我所向往的经营。”

后来，威尔逊逐渐发现，无论一笔交易的金额有多大，几乎都可以用一个公式来筹措资金。只要充分利用负债这个杠杆，就能使一美元发挥10美元的作用。威尔逊解释道：“杠杆就是一切。只要善于利用别人的钱，就能赚钱。你始终不必对负债担心受怕。”后来，威尔逊又总结出一种“取得承诺”的筹资方法。他找到一家保险公司谈判，该公司同意在汽车旅馆建成时贷款给威尔逊，这就是所谓的从他们那里“取得承诺”。威尔逊“取得承诺”后，就向其他银行贷款。由于银行知道能收回贷款，所以就同意贷款给他。后来，威尔逊一再利用这种方法，不断地扩大事业。财富也源源不断地奔向他。

威尔逊的成功告诉我们：做一般人不愿意做的事情！做一般人不敢做的事情！做一般人做不到的事情！你就能够拥有财富。财富并不是那么遥不可及，只要你想了、做了，那么你离它们就不远了。

有人是敢想但不去做；有人是敢想敢做，先做后说，成功理所当然的属于后者。智慧只是理论而不付诸实践，犹如一朵重瓣的玫瑰，虽然花色艳丽，香味馥郁，凋谢了却没有种子。有了想法，付出了行动，那么你就会拥有成功，拥有财富。把自己的想法传播出去，把计划付诸行动。登上橡树之顶有两种办法：一是坐在橡树下等待机会，二是爬上去。世界上许多富豪都拥有敢想敢做的精神，因为他们知道，只有把想法付诸行动，才可能给自己带来财富。

财富源于敢想敢做的人！敢想敢做方能成为人上人，方能获得意想不到的成功！

6. 稳赚不赔，向赚钱者取技

要想成功就必须向成功者学习，要想成功就必须跟成功者在一起，模仿成功者的精神，拷贝成功者的心序！

他们是财富的秘诀，他们善于总结失败后重新站起来的教训，他们经岁月与人与社会周旋所摸索出来的黄金法则，他们在关键时刻力挽狂澜的精神支持，对每一位渴望财富的人来说，都是比黄金更为宝贵的无形资产。靠着它们，每个人都可以走向令人钦羡的人生巅峰。

一万美元变为二点七亿

许多闻名世界的富豪，当年也是一名普通人，但他们知道如何利用自身的优势去抓住机遇，于是，他们成功了，拥有了自己盼望的一切，例如名声、地位、金钱等。巴菲特精明过人，风趣至极。也正因为他为人正直、品格高尚、专心致志、思维清晰以及反应敏捷，才使得他在人类投资的名人录上占有一个崇高的位置。

倘若在 1956 年把 1 万美元交给巴菲特，它今天就变成了大约 2.7 亿美元。伯克希尔公司在 1973 – 1974 年的经济衰退，公司受到了严重打击，股票价格一直下跌，自从巴菲特在 20 世纪 60 年代廉价收购这家濒临破产的纺织厂以来，伯克希尔公司发生了质的变化。当时，伯克希尔公司只是一个“抽剩的雪茄烟头”，巴菲特把一个价格极其低廉的投资称作是仅“剩一口烟”。而到了 20 世纪末，按照标准会计股东权益来衡量，伯克希尔公司已经成为了世界上最大的上市公司之一。

假使你的祖父母在 1956 年时给你 10000 美元，并且要求你和巴菲特共同投资，如果你非常走运或者说很有远见，你的资金就会获得 27000 多倍的惊人回报，而同期的道琼斯工业股票平均价格指数仅仅上升了大约 11 倍。如果你姗姗来迟，直到巴菲特 1965 年收购伯克希尔公司时才开始投资，那么，你所投资的 10000 美元现在就变成了 6000 多万美元。如果你把 10000 美元投资于标准普尔 500 指数，在现在它的价值将大约为 50 万美元。

特此提出一点，特威迪·布朗的传统型基金管理公司是价值投资之父本·格雷厄姆的早期证券经纪人之一，格雷厄姆在哥伦比亚大学培育和塑造了巴菲特。1965 年春，当巴菲特收购伯克希尔公司时，伯克希尔的股票价格只有十几美元，而道琼斯指数接近 1000 点；1983 年，伯克希尔的股票价格约为1000美元，而道琼斯指数约为1000点；到了2002年，道琼斯指数约为10000点，而伯克希尔的股票价格却涨到了大约75000美元。

巴菲特在2000年收购了本杰明·穆尔油漆公司。他这样做的一个理由或许就是他需要为一块更大的画布准备充足的油彩颜料。关于他的画布，巴菲特说过：“我希望它是一个人们可以效仿的公司行为典范”。巴菲特在其画布上描绘了一幅内容详尽、价值连城的投资艺术品。

巴菲特已多次成为亿万富翁。他没有继承任何财产，他持有伯克希尔公司30%多的股份，这是一家投资控股公司，它拥有大量的股票、债券、现金、其他投资品种以及众多的实业公司。因为巴菲特持有大量伯克希尔的股票，自然伯克希尔公司就体现了他的智慧结晶。

伯克希尔公司的出色业绩可以同美国任何一家企业相媲美。巴菲特虽然在金融领域很有名气，但是在1991年出面拯救华尔街的所罗门公司之前却鲜为人知。他的办公地点就在内布拉斯加州中等城市奥马哈一栋很不起眼的大楼里。多年来，巴菲特已创造出数十亿美元的股东价值，为几十位的早期投资伙伴缔造了更多的财富！

开发商的稳赚不赔

从国土局那里通过出让的方式，以30万/亩的价格圈地，然后再找事务所之类的中介公司，要求评估到50万，当然评估费，还有……是少不了的，银行拿着评估报告，以5成贷给开发商，开发商的钱，转到一个圈，又回来了；开发商找建筑商，要求垫资修房，一般情况按月支付进度款。当投资超过30%的时候，开发商就可以申请预售许可证了，预售许可证一旦拿到，就可以又开始圈银行的钱了。如果房子不好卖，开发商就会找人做假贷款，这就是所谓的骗贷，反正，一个楼盘，从征地到开工建设，到开始销售，大部分都是银行的钱。当然，所有手续都是合法的，完备的，盘根错节，一环扣一环。

人生大部分的学习，其基本观点之一，就是从他人的成功中汲取经验。利益是如此的实际而富有魅力，使人很难抵挡它的诱惑，走入富豪阶层已经成为众人迫切的追求。读书聪明和赚钱完全是两码事。读书人往往呆头呆脑，墨守成规，而赚钱要打破陈规，灵活多变。这跟你的意愿无关，它涉及到你所使用的方法，也就是参照那人是怎么去做的。

别人能够做到的，你同样也能够做到。只要走进使他们成功的经验中，不需要花费像他们那样多的时间，也许不多久就可以达到像他们那样的成就。

第七章

金钱战争的战场

——基金之间的游戏

立足于金钱游戏之中，不在游戏中死亡，就在游戏中暴发！

现在的基金已经深入到千家万户和平常百姓！证券投资基金之所以不同于股票，是因为它是典型的“组合投资者”，是“理性投资”的示范者，通过组合投资，分散区域性市场风险，分散个股的非系统性风险，从而获得持续而稳定的收益。

1. 选基金不如选基金经理

你是否还在为买哪种基金而发愁？你知道选择基金与选择基金经理哪个才更重要吗？

事实上，买只好的基金远不如选对一位基金经理来得实际。因为一个好的基金经理，能够给基金带来良好的经营业绩，为投资者谋取更多的利益。从一定程度上来讲，投资者购买一只基金产品，首先要看操作这只基金的基金经理是否优秀。如果选对了基金经理，那么就等于是抓牢了钱袋子。

2007 十大基金经理

“你不理财，财不理你”，面对股票、基金、房地产等等这些琳琅满目的理财工具，到底该选哪一种？其实无论是哪一种，对大多数居民来说，把钱攒起来存入银行换成一张张存折，早已是过去式了。

他们手中往往掌控着几十亿的资金，从而拥有了市场中不可一世的能量；一个判断、一个念头，都可能产生挥斥方遒的效果，身后追随者众多。这就是基金经理。从沃伦·巴菲特、彼得·林奇到乔治·索罗斯，这一系列神话般的名字，都成为了基金经理的象征。在一般人心目中，基金经理的形象就是开着高档轿车，穿着价格不菲的西装、衬衫，大多具有博士背景，手中掌控着数十上百亿资金，他们能够分析让人费解甚至看不懂的“财富曲线”，他们经常在世界各大城市之间飞来飞去……

一只基金的业绩与基金经理有着很大的关系，2007 年，新浪财经为了让基民更全面地了解基金经理，在 58 家基金公司的基金经理中，特次评选了十大基金经理。

■ **张晓东——富兰克林国海弹性市值基金经理**

评选理由：张晓东拥有 16 年的杰出投资经验，非凡的管理业绩，以及海外对冲基金投资经历，这些奠定了他在基金界的地位。由他管理的规模超过 50 亿元的国海富兰克林弹性市值基金在 2007 年上半年收益超过 80%，在证券市场周刊评选的十大蓝筹基金中名列榜首，也被中国银河证券基金研究中心评为 5 星基金。

■ **孙延群——上投摩根阿尔法基金、内需动力基金经理**

评选理由：孙延群在 2006 年上投摩根阿尔法基金在同类基金回报率中排名第二，取得了 173% 的投资收益。孙延群一直以稳健的投资风格著称——以基本分析为主，对目标企业进行了全面深入、抽丝剥茧的分析，买入后则长期持有，较少考虑市场因素，也较少进行时机选择；他在投资组合时十分讲究均衡，从不在一个行业一只个股上赌得太重。

■ **肖坚——易方达策略成长基金经理**

评选理由：易方达策略成长基金于 2007 年被银河证券基金研究中

心评定为“过去一年”、“过去二年”、“过去三年” 三个项目下的五星级基金，是2007年基金市场上罕见的大满贯五星级基金。

■ **刘明——大成基金经理**

评选理由：精选个股、集中投资、长期持有，是大成基金投资副总监、景宏基金经理刘明的投资风格。基金景宏2005年业绩在全国27只大盘封闭式基金中排名第三、2006年业绩排名第二，由于基金景宏的优异表现，刘明荣获2006年度晨星大盘封闭式基金经理奖。

■ **张娅——友邦华泰上证红利ETF基金经理**

评选理由：该基金经理管理的基金自2007年8月中旬以来绩效表现突飞猛进，以绝对优势领先其他指数型基金。以截止到2007年9月18日的基金统计数据来看，可比的15只指数基金在前一个月内的平均净值回报率达16.88%，而上证红利ETF以28.44%的期间涨幅高居首位，在整个股票型基金分类中同样排名榜首。

■ **王亚伟——华夏大盘基金经理**

评选理由：管理的华夏大盘精选基金单位净值已突破7元，2007年以来一直雄踞“最贵基金”的宝座。前三季度，华夏大盘精选基金以净值增长率高达212.94%的业绩稳居第一宝座。

■ **朱平——广发基金经理**

评选理由：管理的广发基金，2007年取得了不俗的业绩，基金整体规模成功突破一千亿。根据银河证券基金研究中心统计，广发基金的股票投资管理能力2005年在34家基金公司中排名第一位，2006年度在45家基金公司中排名第三位。朱平认为，做投资一定要稳健，先不要亏钱，才谈得上赚钱。

■ **庞飒——汇添富优势精选和均衡增长基金经理**

评选理由：2005年8月，由庞飒管理的汇添富优势精选基金成立。

2006年全年净值增长率达155.19%，列偏股型开放式基金第一位，并获得2006年度开放式混合型基金金牛奖；2007年以来则实现了超过130%的净值增长率。而庞飒参与管理的另一只基金，于2006年8月成立的汇添富均衡增长基金，成立以来也已获得超过200%的净值增长率，在同期成立的同类基金中名列前茅。

■ **肖强——长盛同智优势成长基金经理**

评选理由：所管理的长盛同智优势成长基金由原封闭式基金——基金同智“封转开”而来。基金同智自2000年由长盛基金公司管理以来，业绩表现优异，曾于2004年和2005年连续获得由《中国证券报》评选的年度“封闭式金牛基金”和“持续优胜金牛基金”。

■ **王晓明——兴业趋势基金经理**

评选理由：2006年度回报率160.21%，是所有LOF基金中业绩最好的一只。根据2007年10月12日的统计数据，兴业趋势投资基金累计净值已达6元以上，这意味着该基金自2005年11月3日成立以来，不足两年的时间内，为投资者创造了超过560%的投资回报。

投资者在购买基金时，要特别关注基金经理，这是必不可少的。一位好的基金经理，将给基金带来良好的经营业绩，谋取为投资者带来更多的分红回报。从现实来看，仅看基金经理的履历表是不够的，仅凭短期的基金运作状况也难以发现基金经理的潜在优势。时刻关注基金业的明星们，有利于投资者做出正确的选择。

做个聪明的投资人

基金经理可以说是现代社会最挣钱的职业之一，有人戏称基金经理是一群“三高”人群——高薪、高压、高风险。其实无论基金业绩做得多么糟糕，都不会妨碍基金管理人员的百万年薪。据有关统计，基金经理的平均年薪为37万元，基金投资总监年薪往往在100万元以上，部分明星基金经理年薪甚至超过了300万元，这已经和美国总统40万美元的年收入相当了。而另一方面，基金经理收益和风险根本不成正比：亏损51亿元，还能够获得数十亿元的管理费。因为契约上明确规定，不管盈亏都要给基金管理人员交一定的管理费。也就是说，基金的盈亏与基金经理无关。

作为基金投资人，应该明白，基金是个长期理财的有效工具，而不是短期投机炒作的发财工具。在信息无法完全对称的股市中，机构永远是先知先觉的。他们能够很成功地套利，迎接红筹股，或者打新股，或者等着漂洋过海，去世界各地一展拳脚，准备打拼中国的对冲基金。种瓜得瓜，播种是寂寞的。基金用十几亿、几十亿做一个股票，投资者用几十万、几百万做股票。股票的差价就是基金的盈利来源，这种差价绝不是天上掉下来的馅饼，它们往往就是投资者亏进去的钱。

投资基金，一定不要急于求成，因为到这个市场来的人都是想赚钱的，没有一个人是为了亏钱而来的。但为何亏钱的总是你，那是因为基金的一举一动都是冲着投资者来的，只是你不知道罢了。在股市中，亏损与盈利都是很正常的，但是当投资者亏损时，他们常常诅咒的是机构，很少反省自己，更不会去寻找机构的弱点。要知道，这里原本就是一个合法的财富再分配市场。

在基金市场中由于存在很多的不利因素，从而使投资者在选择基金和评价基金经理时面临一定的困惑。但频繁更替基金经理是不可取的，进行基金经理的短期排名，也不利于对基金经理进行公正、客观的评价。投资者在选择基金经理时，应学会从多方面入手。

首先，选择保持稳定状态的基金经理。因为只有稳定才能发展。证券市场发展有一定的阶段性，股价变化也有一定的周期性，国民经济更有一定的运行规律。不考虑这些周期性因素和阶段性变化对基金资产配置品种的影响，基金的运作业绩很难通过周期性的变化体现出来。因此，基金经理的更替也应当在遵循资产配置规律的前提下进行。以避免一个良好的资产配置，还没有享受到资产配置带来的收益时，因基金经理的变换而不得不进行持仓品种的调整，从而打破原有的资产配置组合。长此以往，基金的运作业绩可想而知。一只基金能不能保持基金净值的持续增长和基金份额的稳定，对提升投资者信心是具有积极意义的，也是衡量一只基金运作好坏的重要判断标准。另外，在更换基金经理时千万不要以年份的长短来衡量，而应当以资产配置的周期性长短来衡量。

其次，不要选择过分突出个性的基金经理。基金的个性化运作规律应是基金产品的运作规律，是资产配置组合的运作规律，而不是以基金经理的个人投资风格来决定，更不是个人投资策略的简单复制。一只基金运作的好坏，应是基金经理背后团队的力量。作为基金经理应是指挥和引导基金团队运作的带头人。因此，崇拜基金经理个人应当转变为崇拜基金运作的团队。过分地宣扬个人人格魅力的基金经理的往往也是不可取的。

第三，基金经理应该是多面手人才。通过对基金经理的履历可以发现，研究型的基金经理较多。基金研究在基金产品的运作中起着十分重要的作用。但实践证明，具有丰富实战投资经验的基金经理，在基金运作中的胜算指数更大。投资离不开研究，但研究的根本目的是为了更好地运用于投资。因此，一个良好的基金经理，应当是一个包括研究和投资、营销在内的多方位人才。

投资者一定要保持清醒的头脑，对自己的盈利有一个基本的预期，不要人云亦云。身边炒股炒得很好的基金经理，他们有一个共同的特点那就是心态极好，绝不浮躁，也不贪心，选股有自己的原则，持股和卖股才显示了水平。对基金经理选择的品质兼优的价值品种，投资者们大可不必惶恐，只要选对基金经理就行。

深处股市，有人忙于收获，有人忙于播种。所谓“种瓜得瓜，种豆得豆”，关键在于选择好种子，播种是寂寞的。如果选错了种子，结果不但是收获寂寞，而且还要去吃“夹心饼干”——寂寞加痛苦。

基金经理在一家基金中的角色，相当于人体的大脑，掌控投资人资金的操作大权，是基金成败的关键。如果基金经理能力不佳，往往会造成基金绩效不理想，投资人赔钱的结果；而如果基金经理能力较强，则可以让投资人获得较理想的投资报酬率。因此投资者在选择基金经理时一定要认真对待，以免后患。

聪明的基民，选择优秀的基金经理！成功的基民，通过基金经理获得收益！优秀的基金经理，能够为您打开财富的大门，陪您一起畅游“基金海洋”！

2. 投机取巧，“黑基金”乘虚而入

黑基金，新生代的金钱名词，善于投机取巧的诈钱方式，让多少梦想发财的投资者欲哭无泪！剔除金钱陷阱，势在必行！

在国内基金投资火爆的同时，基金赚钱效应也时刻吸引着人们的注意力，个人投资者扎堆基金，基金持有人散户化已经日趋明显。在人们理财热情高涨时，一些不法分子和不法机构通过网络购买的神秘“地下基金”，在人们热衷于投资而疏于防备的时候，悄悄掀起了另一波热销高潮。这些号称来自境外投资集团的“黑基金”，打着诱人的牌子，面向中老年退休人员制造了一个又一个的金钱漩涡，贪婪的目光盯上他们的钱袋子，编织着各种“财富陷阱”，吞噬着投资者血汗钱的同时，还拆散了他们幸福美满的家庭。

“黑基金”编织的财富陷阱

互联网上曾有一个叫“麦肯基金”的黑基金，就是以极诱人的方式诈取他人钱财。它所采用的投资方式非常简单，只要客户进入系统注册后，在国际电子计算系统开启账户并且投入资金到计划项目，从第二天起，投入的资金就开始获得利润，预先说明的利润提成就开始进入客户的电子账户。

“麦肯基金”之所以能够招揽人们大批投资，就在于它极具诱惑性的高额投资回报。它的投资方案有 ABCD 四类，每个投资周期为 8 个月（按 22 天/月计算）：A 类投资额为 2000 元，日利息为 2%，期满合计

回报为7040元；B类投资额为8000元，日利息为2.2%，期满合计回报为30976元；C类投资额为2万元，日利息为2.5%，期满合计回报为8.8万元；D类投资额为2.8万元，日利息为3%，期满合计回报为14.784万元。另外，它还脱离了基金的一般动作框架，设了一个“推广项目”，加入“推广项目”的投资者不仅可以获得不菲的佣金，还包括直接推荐红利。如推荐1－2人，奖金为新投资额的10%；推荐3－5人，为13%；推荐6人以上，为15%，要直接介绍6人或以上才有享受权。除此之外，它还包括基础红利，按代计算，可以层层抽利，奖金比例为2%。

这种基金看似是非常赚钱的，但是岂知，天上不会掉馅饼。2006年11月，张先生在网友的介绍下，接触到了一种号称来自美国的“麦肯基金”。“项目好，收益高，风险大”，是网友对“麦肯基金”特点的概括。并且蛊惑张先生不要错失良机，经过一段时间的考虑，11月底，张先生按照“麦肯基金”网站上的要求，注册成为会员，开始将钱汇到介绍人指定的账户上。

起初，他只是投入了很少的资金要试探一下。但是没过几天，他在基金网站上的账户里果然开始有了收益。尝到“甜头”后，张先生又投进去很大一笔资金，看着自己网上的账户不停攀升，张先生真是高兴坏了，可是，到了12月下旬“麦肯基金”的网站不好进了，28日后就彻底打不开了。张先生的投资一下子就不知去向。凑巧的是，此时正好赶上地震造成台湾海峡光缆断线，许多国外网站无法打开。“麦肯基金”网站的关闭并未引起他的重视。一直到年初“麦肯基金”被央视曝光后，网上的兑付渠道再也打不开了。张先生的几万元投资彻底石沉大海了，这时他才恍然大悟。

除了“麦肯基金”外还有一个名叫“金汇基金”的黑基金，只对国外公司客户提供服务。它的购买也很简单，只要投资者在瑞士基金网站注册账户，用美元购买基金份额，也可以由投资顾问内部转账，还可以通过银行购买，只要开通任何一家银行的网银服务，仅需2%的手续费，时间是3到5天。这种基金的标榜投资收益是300%，该基金不单投资国外的股票，例如南非、日本的股票等等，国外很多种理财产品都会涉及。但网上银行境内外汇转账在法律上都是不允许的，更何况对境外外汇转账。据调查显示，购买这只基金的投资者大都对这种基金及其网络操作不甚了解，所以投资者往往是把人民币直接交给介绍人，全权委托介绍人操作。开始可能会有所顾虑，但在看到介绍人第一个月拿到的10%的收益率后就会安心购买，所以在全国各地就有大量的投资者在购买该基金。

“麦肯基金”和“金汇基金”这两种投资基金从法律角度而言，都是直接将人民币投资到境外市场，这在国内是不允许的，是违法的行为。更何况这些“黑基金”的服务器都设在国外，那些被“黑”的资金最终很难追回。因此，市民如果要投资基金，最好到正规机构，不要相信网上“黑基金”的谎言，因一时的利益诱惑而陷入基金漩涡。

北京中鼎鑫运作“黑基金”被查

中鼎鑫向人们描绘了一幅宏伟蓝图：高管年薪200万元，投资将获高额回报……于是迅速吸纳了大量资金，但是其员工慢慢发现，总裁和公司本身都充满了疑点。

2007年4月21日，中鼎鑫创业投资有限公司三名主要负责人被警方刑拘，原因是涉嫌非法吸收群众存款。

■ 筹备期高薪挖人

沈聪原是一家信托投资公司的中层管理人员，2006年10月底，他认识了中鼎鑫创业投资有限公司（以下简称中鼎鑫）总裁陈子涵。

沈聪说，陈子涵向他描绘了一幅宏伟蓝图：中鼎鑫是国内首家在国家发改委备案的投资银行，将在浙江、上海、广东等地设立分公司……将在国内以及东南亚投资50到100个高回报项目……给即将加入公司的高管200万元的年薪……陈子涵称公司将先发行基金融资，运作一个阶段后便会进入银行、地产界，并投资一系列金融衍生产品。11月底，沈聪加入了中鼎鑫。

随后，融资部、投资项目部等各部迅速组建，各高管开始招兵买马。

2006年12月，公司搬入金融街中国再保险大厦10层。在看到1亿元注册资金到账后，沈聪觉得吃了定心丸。

■ 因“高额回报”迅速扩张

中鼎鑫融资部一名总监刘丽称，陈子涵不仅描绘了诱人的前景，还让大家感觉到有丰厚的奖励。

有关人士看到了一份中鼎鑫的奖励办法：开业当天单笔融资 100 万奖励 5 万，每增加 100 万增奖 5 万，1000 万以上奖励 60 万，100 万到 1000 万之间可以提成 4%……

据刘丽讲，中鼎鑫在各销售分部下设高级总监、高级经理一直到见习经纪人等多级别销售人员，上级根据下级销售业绩提成。

中鼎鑫的网站上称投资“中鼎鑫创投基金”不仅可以得到比银行利率高一倍的利息，同时该基金还可转售。中鼎鑫还声称自己是国家金融改革创新的一个试点和新举措。

根据中鼎鑫的宣传，买 3 年期的基金 5 万元，综合收益 8.06%，三年后收益 12090 元，而 5 年期的综合收益达 8.71%。中鼎鑫融资部的黄女士说，公司承诺是保本基金，她也投了 5 万元购买了 3 年期基金。公司以高额回报吸引员工和投资者，并吸引大家拉亲朋好友加入。很快，公司员工就达到 300 多人。

中鼎鑫高管沈聪向有关人士出示了一份“投资人信息登记表”，根据表上登记的信息，从 3 月 25 日到 4 月 7 日，开业仅十余天，部分账目显示吸纳资金额已超过 1.3 亿元（其中 1 亿元显示未到账）。

有关人士根据登记表上的信息随机联系了几个投资人。其中投资 5 万元的李大爷说，他是通过邻居知道“中鼎鑫创投基金”的，邻居的原同事在中鼎鑫工作，当时觉得他们自己人都买，应该没问题。

■ 高管发现种种疑点

沈聪说，陈子涵曾说几个高管无试用期，月薪十几万元，但从 2006 年 11 月到春节一直未发工资。陈子涵给的理由是正在发改委备案，资金被冻结。

不过，直到后来离开，沈聪他们也没有领到工资。

融资部的总监刘丽讲，“中鼎鑫创投基金”说明会中总会讲：“我们是和各个地区的政府合作投资的，政府‘一路绿灯’，为我们提供一切保障。就算我们的公司没了，还有政府在，投资者完全可以放心投资。”不过，公司一直没有说明具体的投资项目，这让大部分人都很迷惑。

此外，如果发行基金，须在证监会备案，作为公司高管都应附上详细简历，但是公司直到开始融资都没有要求高管备案。公司里面只有高管入职时填的一张简历表。

这一切，让沈聪等公司高管对陈子涵充满怀疑。

据沈聪讲，陈子涵40岁，说话很有气势。在公司另一高管董刚的印象中，陈子涵是个很会演说的人，随机应变能力很强。

陈子涵称自己安徽科大少年班毕业，后来到英国剑桥读数学博士，之后在中保国际欧洲部、港中保任总裁，此前刚从中保国际企业年金部总经理位置离开。

董刚说他曾见到陈子涵的身份证，上面的名字是“陈青春”。陈子涵说，算命先生说自己的名字里带水会有财运，所以改了名。令董刚起疑的是，每次他用英文说一些金融方面的术语，陈子涵要么没反应要么岔开话题，而陈子涵曾宣称自己通晓6国语言。

■ “剑桥博士”原是农民

中鼎鑫定于2007年3月28日开业，但直到3月27日营业执照还没有办下来。

沈聪说他心里不踏实，上网查询发现查不到公司的注册信息。他跟几个手下又到证监会和银监会、发改委查询，发现中鼎鑫根本没有备案。沈聪说，他当时就出了一身冷汗，随即提出辞职，但陈子涵不同意，说开业后再谈。

3月28日开业，29日公司拿到营业执照。沈聪说陈子涵未给大家看原件，只拿出一张复印件。沈聪等发现法定代表人并不是一开始定的，经营项目中也没有融资，注册名称是：中鼎鑫创业投资有限公司，并不是宣称的中鼎鑫创业投资（基金）有限公司。而证监会的备案手续依然没有。

同时，董刚和几个朋友调查发现，陈子涵过往辉煌的经历都是编造的，他的真实身份是安徽某县城的一个农民，还在当地行过骗。

融资部人员知道这些情况后，告诉手下员工不要再去上班了，“这里不可靠”。沈聪、董刚等人在公司开业几天后离开，并向警方报案。

2007 年 4 月 21 日，中鼎鑫主要负责人陈子涵、赵晓阳、乔仝童在西城区国宏宾馆被抓。经查，“中鼎鑫创投基金”未经过证监会备案、批准，属于非法基金。

地下“黑基金”大多都是以高额回报来吸引投资者去购买他们的产品，实际上这些高额回报是很难在现有的市场情况下去实现的。所以，投资者应合理地、理性地去参与证券市场，远离黑基金。

“黑基金”实际上就是一次性投资、多次分配的骗局，但这种骗局往往是“成也人数，败也人数”。人数多，它的收益就高；人数少，这场游戏也就该宣布结束了，而身受其害的往往是游戏接近尾声才加入的人。“黑基金”是非法传销的一个变种，只是披上了基金投资的漂亮外衣，如果人们被它华丽的外表所吸引，盲目地为其投资，最终结果只会是血本无归。

“黑基金”是有心人士的骗局，是“小人”智慧的结晶，与之相斗，必能在基金游戏中掀起另一波的金钱战争！

3. 金钱与诚信的较量，谁在火中取栗？

玩金钱游戏，还是诚信经营？在基金市场，金钱与诚信哪个更重要，它们之间的较量结局会如何？究竟是谁在火中取栗？

基金市场，很多基金公司的管理者都在玩金钱游戏，想方设法投机取巧，以期求得更多的利益，这其实是在冒险，无异于火中取栗，将自己置于危险的边缘，随时都可能面临崩溃和瓦解。

投资基金不仅仅是一种金融工具，它更代表着一种责权明晰、相互关联、相互制约的投资机制。投资基金作为一项代人理财的金融制度，其富有效率的运作必须构筑在基金管理人和托管人对信托财产理性的自由管理与保管之上，构筑在基金管理人和托管人积极性、主动性和创造性的充分挖掘与发挥之上。可以说，否定基金管理人和托管人理性的自由就不可能有投资基金这一伟大的制度发明。但同时，纵容基金管理人与托管人背信弃义等“败德”行为则将使基金投资者蒙受损失，还会导致道德的沦丧和社会的动荡。诚信对于基金业尤为重要，基金管理者应以诚信求发展。

海外基金之金钱游戏

据说，美国康涅狄格州集县是世界上最富有的一个县。巨额财富在这里产生，重要的金融规则在这里被改写。一些超级对冲基金就蛰居在这里，操纵着影响华尔街主流的核心业务。在 2003 年之前的三年里，美国股市有大约 7 万亿美金的财富蒸发，但是这些钱没有就此消失，一些操作对冲基金的短线玩家从下跌趋势中大发横财。然而这一切无可厚非。对冲基金本来就是设计在牛市和熊市中都要盈利的。一些最好的对冲基金在 1990 年的牛市中狂赚，又在接下来的熊市中同样获利。面对这样诱人的成绩，即使最谨慎的投资者也要垂涎三尺。那些主要玩家为那些鲜为人知的公司工作，在绝密情况下运作数十亿美元。在华尔街的大多数人都处境尴尬的时候，对冲基金的高阶管理人却是在暗中掌握着巨大权力的投机商，他们一直是烛光晚会和金钱世界的风云人物。

大玩家们处于对冲基金的顶层，有很多经理人拥有上亿甚至几十亿个人资产。他们被视为商业传奇，往往不肯在公众场合露面，甚至连美国顶级的 CEO 们也对他们所知甚少。这些人当中有穆尔基金的路易斯·贝肯，图多集团的保罗·图多·琼斯，杜克森基金的德鲁斯丹，以及正处于上升期的新秀诸如肯·格里芬和斯梯芬·曼德尔。这些传奇故事中有许多和于连·罗伯逊的老虎基金有关。该基金一度是对冲基金中的明星，作为价值型基金，它成了高科技狂热之下的牺牲品，于 2000 年 3 月份宣布关闭。

对于芝加哥的对冲基金大腕们来说，最令他们痛苦的是该如何持续发展。一个简单的事实是，对冲基金容易爆裂。著名的长期基金在 1998 年分裂，迫使美联储为了防止市场崩溃而插手；相对平淡的则是 2000 年罗伯逊的老虎基金之收场。经营这些大基金如同在管理一个庞大而松散的家庭，掌权者虽然可以一时登顶，却往往不能善始善终。

大基金为何会发生爆裂现象？一个显而易见的事实是本身的耗费，每天管理几十亿美元更是折磨。策略缺乏弹性则是另一个麻烦。基金投资人的多变性也是重要原因。对冲基金投资者不比投资于其他共同基金的人，他们要付出巨额费用，一旦基金开始亏损，立刻就会抽走投资。这样的赎回行为要求基金卖掉一些基金单位，但若亏本出售，就会导致情形恶化，引发雪崩。最严重的是管理问题，作为企业的一种，对冲基金仍然需要制度、CFO、办公室、人员以及风险管理等。然而大多数基金经理却一直痴迷于怎样获得最大的利润，却无心去诚信地经营企业。

鹏华基金之诚信经营

鹏华基金一直以诚信来打造“百年老店”，把“诚信”作为鹏华基金品牌内涵的核心。这其中有三层意思：首先，基金公司作为“受人之托，代人理财”的专业投资机构，要切实履行好受托责任，始终把投资者利益放在首位；其次，基金公司的运作应合法合规，为投资者和基金公司获取正当、合理的收益；第三，用良好的客户服务，树立良好的市场形象。毫无疑问，优秀的业绩对基金公司十分必要。鹏华的投资理念是做长跑运动员，既然是长跑，比的不是速度，而是耐力。因此，公司在对投资人员的考核上，通常都会用一个比较长的时间周期，这也借鉴了国外的经验。鹏华基金较早地成立了与投资人进行沟通的组织“鹏友会”，并采用“请进来，走出去”的策略。一方面，与渠道合作举行各种形式的投资者报告会；另一方面，将渠道的工作人员和投资者请到公司，以便使之对该公司有更进一步的了解。

在基金销售火爆的情况下，基金公司最大的挑战是就是投资者的教育问题。新基民越来越多，大多数人对基金的风险性认识不够，有盲目趋从的心理。实际上，不同类型的人群对风险的承受能力是不一样的，投资者应根据自己的风险承受能力选择不同的产品。如一些上了年纪的退休人员就不太适合投资风险较高的股票型基金，而应该选择债券型基金或保本型基金，从而回避股票市场波动带来的风险。无论是发新基金，还是老基金的持续营销，银行的态度都比较积极。应该说，基金公司和银行的利益是一致的，只有保持基金规模的稳定，才有利于基金的投资运作，基金公司和银行才有长期稳定的收入来源。所以就银行渠道来说，对新基金发行和老基金的持续营销，态度是一样的。至于为什么新基金好卖，老基金持续营销难，主要还是投资者的认识问题。投资者教育是一个长期的过程，不可能在短期内取得立竿见影的效果。因此，鹏华基金更多是采用顺势而为的策略，即在认为必要时，进行大比例分红或者分拆等营销手段。例如，“鹏华中国 50”基金作为一只老基金，经历了多次分红后，净值仍在 1.45 元左右，却一直处于净申购中。这说明投资者已经开始意识到，基金风险高低与否，与基金净值高低没有必然联系。当他们发现只有持有基金才能赚钱的时候，就会改变以往的做法。从这个意义上来说，市场也会不断教育投资者，作为基金公司来讲，也需要遵循这个规律，不能操之过急。

百亿基金的诞生是在众多因素的共同影响下决定的。首先，公司要有比较好的过往业绩；其次，营销工作要做得比较扎实；再次，处在一个比较好的市场状况下。至于基金公司、基金经理以及投资者之间可能出现的矛盾，在鹏华并不明显。在国外，基金经理的薪酬通常与管理基金的规模挂钩，管理的基金规模大，薪酬就高。鹏华上百亿规模的基金，通常由几人组成的投资团队共同管理。对投资者来说，只要选对了公司，自身利益才能得到保障。

鹏华基金从没辜负投资者的信任。当然，要建立品牌，还有很多工作要做。除了优秀的业绩和良好的服务之外，公司的市场形象、员工的素质等等，都将对公司品牌产生影响。鹏华基金正是以诚信而赢得了众多投资者的信赖和支持。

“信诚”基金之诚信经营

信诚基金 CEO 石志成满载诚信、全力以赴地投身基金业，使公司取得了很好的成绩。2007 年信诚基金旗下共有信诚四季红和信诚精粹成长两只基金，业绩表现相当稳定。信诚基金承诺过四季红，坚持季季分红，而且事实上他们也做到了。

市场上有一种说法：2007 年是中国的基金年，中国的基金市场硝烟四起，同时，受着股市“荡气回肠”的牵连，原本持续爆发式增长的基金申购有了紧缩，中国基民的不成熟在这个时候显现出来。面对这些，石志成认为，中国股市的大势还是好的，阶段性的调整并不可怕。他用亲身经历的印度股市的发展轨迹来看待同样处于发展中的中国证券市场，五六年前印度的股指也经历了类似于中国股市目前的阶段，但从长期来看，印度股市一直都在稳步前进之中，可能当年谁也不曾想到印度股指会冲破万点大关。随着市场的发展，投资者会逐渐意识到投资基金是价值投资而不是投机。同样，信诚基金也始终如一地坚持价值投资的理念，通过扎扎实实的基本面研究，挑选有价值的投资标的。这种投资理念也反映在公司的产品定位上，例如，信诚精粹成长基金就是国内第一只重点投资于内生增长型上市公司的股票型基金，它的推出正是缘于公司始终坚持的价值投资的理念而设立的。石志成的这种看定大势、从容不迫的态度带给信诚基金同样的气魄和风范，当然，毋庸置疑，这样的眼光和心态来源于石志成在金融业多年的历练，也与他当年服兵役期间做海军舰长击退马六甲海盗的无畏，以及做新加坡总统助理时练就的统揽全局的眼光和意识有着必然的联系。

石志成的职业生涯历程，使他练就了不同一般的大局观和发展观，他把这些融合到对信诚基金的管理上。他说：“管理公司也要像理财，配置好自己的业务形态，寻求可持续发展。”石志成说，中国的证券市场迎来了发展的大好时代，基金公司更要把握时机，寻求创新多元化的业务经营模式，争取更多的发展机会。当然，这种多元化的业务模式也是为了更好地为客户提供多元化理财服务，“满载诚信，全力以赴”。当然，这些同样需要对投资者进行不断的教育，不断地修正他们的投资理念，培养他们良好的投资意识。面对证券市场的暗流涌动，跌宕起伏，中小投资者最重要的一点就是要克服贪婪和恐惧，不要抱有投机的心态，追涨杀跌，成为市场的牺牲者。信诚基金一直本着诚恳做事的态度帮助投资者。

“幼非博客”在网上非常有名，这正是信诚基金的董事曹幼非先生本着坦诚的心态与广大投资者心对心的交流，正是这样诚恳坦诚的态度感动了投资者，得到了真诚的拥戴。2007 年，信诚基金已经将幼非博客的内容集结成册，供更多人参考。类似这样的例子还有很多，一场场的投资者教育活动都满载着信诚全力以“富”投资者的诚心。同时，公司诚信的态度吸引了一大批优秀的人才，石志成强调，“人”是信诚基金发展的根本，对内信任员工，对外则以诚信的态度对待客户。

用诚信作为经营理念，信诚基金上下齐心，在基金市场披荆斩棘，谱写着一个个基金市场的传奇。

“没有规则，人们甚至不能在道路上相互通过。”信用是比金钱更重要的东西，它带来的价值远远超越金钱。诚信乃是基金行业成长和发展的基石，基金作为大众的理财产品，若想拥有更为广阔的发展空间，被大众充分接受，需要用时间去证明。除了对基金知识的熟悉之外，更重要的是“信”的问题，对基金管理者而言是要“诚信”而取“信”于人的问题，因为想要打动投资者，首先必须让其对基金公司产生信任感。

古人云：人而无信，不知其可也。可见，信用对于人来说是多么重要！同样，基金市场中更需要信用，以诚经营，以信服人！基金之于诚信，犹如鱼之于水也！

4. 摘下基金的面具，透析基金赚钱黑幕

有人说，基金是人们理财的最佳途径，那么，为何会爆发“老鼠仓”事件，基金赚钱为何黑幕频出？基金的面具之下究竟涌动着怎样的暗流？

日常生活中，如果有人以比别处高的收益和专业玩钱的高手等理由，请你把钱交给他来打理，然而你却忽然发现，这笔原本所有权利都属于你的投资，它的知情权、表决权、投资方向都不再属于你，就连对其的收益权都变得捉摸不定，而且你无法质疑的高额佣金不管是否亏钱都会被人截留……这个时候你的第一反应会是什么？你肯定是想用法律来捍卫自己的合法权益，可是这时法律却告诉你：只要你们之间的契约一成立，你对该项投资的所有其他权利就在约定中被剥夺了，而这是被法律认可的“合法”行为……在这种情况下你会怎么做？

也许你想拨打110，报告有人非法集资；也许你还会想到消保委投诉，举报有人违反合同法、用霸王条款行使欺诈；也许是寻求司法援助和行政诉讼……

但是，这时你会发现你面临着一个完整的法律屏障，使得所有侵权的行为投诉无门时，也许你只能落荒而逃、抱头鼠窜、远离这个是非之地。但你不可能逃掉，因为这不是一个虚拟的故事，而是中国基金业的现实。

“老鼠仓”揭开基金黑幕

由于基金市场制度的不完善，一些从事基金业的人们便开始钻空子，往自己的口袋里装钱。一些基金管理者，在建仓后如果股票上涨幅度大，则压缩利润报小数，让基民看到净值有涨就行了，把中间差价利润独吞；如建仓后股票下跌，则又可扩大损失报大数，反正基民所看到的也是股票下跌，至于基金建仓的股票有没有跌或跌多少，除了他们自

己之外基民是不得而知的；还有最黑和最大胆的，那就是判断出股市要调整了，于是卖出股票锁定利润，而随着股票下跌还照旧虚报净值也跟着下降，而广大基民并不知晓基金的持股情况，看到股市下跌也就认了净值也下降的现象，而基金在股票跌得快要反弹时，基金管理者则再重新买入，而这期间的暴利也就于无声中进入了自己的口袋。

唐建为2007年年度中国基金业的“第一人”，可是这个“第一”并不是那么光彩。中国证监会经查实表明，上投摩根基金公司成长先锋基金经理唐建私设“老鼠仓”，酿成我国证券市场涉嫌内幕交易被查处的第一案。

所谓的“老鼠仓”是指一些人在公有资金拉升股价之前，先用自己个人（机构负责人，操盘手及其亲属，关系户）的资金低位建仓，待用公有资金拉升到高位后个人仓位率先卖出获利，当然，最后亏损的是公家资金。

2007年5月16日，唐建因卷入“老鼠仓”的漩涡，其所在的上投摩根基金管理公司对其公开辞退，而且极有可能成为中国基金史上因涉嫌内幕交易而被查处的第一人。在上投摩根基金公司督察部两位工作人员的监督下，唐建被勒令收拾包裹走人。一贯高调张扬的唐建，这时却是那么凄凉黯淡。

唐建自担任基金经理助理起便让其父建立第三人账户，先于基金建仓前买入新疆众和（600888），总共获利逾150万元。上投摩根称，免去唐建成长先锋基金经理等职务，并保留追究其法律责任的权利。

2003年，年仅29岁的唐建被《新财富》评为计算机行业研究员第一名。此时，他的从业时间只有3年，在申银万国证券研究所任IT行业分析师。

2004年，唐建顺利地进入了上投摩根，主要负责IT、医药、电力设备等行业的研究工作。第二年，唐建便担任研究部副总监、阿尔法股票基金经理助理，同时负责食品饮料、钢铁、有色及银行等行业研究。当时的唐建可以说是踌躇满志，事业上一片艳阳天。

业内人士认为，唐建的投资风格造成了如今的被动。唐建操作风格凶悍，短线买卖频繁，隔天买卖时有发生，更时常涌现涨停建仓的

"经典"案例。2006年成长先锋基金在连续多个涨停之后买入新疆众和，就曾受到证监会基金部的询问。

几年前的基金黑幕是否会重演，这是所有人都在担心的问题，这时唐建却成为第一个出场的主角。

有关的业内人士说："唐建太缺乏技巧，竟犯下如此简单的错误，为人太高调张扬，最终还是付出了惨重的代价。"

真所谓是：一石击起千层浪。如果更多的"老鼠仓"问题不断暴露出来，其对市场的影响将会升级。一家知名基金公司的基金经理爆出"老鼠仓"问题，那其他基金经理同样也可能有"老鼠仓"。如果所有的基金经理都沉醉于自己的"小算盘"，那么基金投资人的利益又如何保障。

由"唐建事件"发生后，有人提出了一个较为敏感的问题，究竟有多少基金经理在私下设立"老鼠仓"？这个问题其实很难说清楚，经过多年更新换代，"老鼠仓"在形式上花样翻新，几乎已经无法界定。

很多基金公司从业人员也都认为，如果管理机制不完善，没有科学的监控体系，查处"老鼠仓"也难免流于形式，达不到根治的作用。

由此可见，曝光和查处"老鼠仓"，对于稳定和巩固证券基金市场的发展基础，净化基金市场环境，增强投资者信心和热情，有着重大的现实意义和必要性。"唐建事件"本应是一个见怪不怪、并非特殊的事件。之所以被炒得沸沸扬扬，主要是因为其伤及了市场公正和其他基金投资者利益。基金市场还需要进一步的发展和完善，尽快摆脱不成熟的状态。

基金确实是现代人们理财的一种好的方式，但在大多数人眼里，想到的却只是基金可以赚大钱，往往不知道基金赚钱的黑幕，结果即使赔了钱也不知道原因何在，与其等到赔钱的时候欲哭无泪，倒不如对基金多一些了解，了解了基金赚钱的黑幕，那么风险投资就会多一份保障。面对基金黑幕的不断上演，只有向基金公司套上"紧箍咒"，其发展才会更迅速、基金黑幕的发生才会更少直至杜绝。

摘下基金的面具，了解基金赚钱的黑幕，从根本上杜绝黑幕的再次上演！让基金真正成为人们理财的最佳方式，构建和谐的社会！

5. 基金拆分，谁瘦谁肥

何谓基金拆分？基金市场为何刮起声势汹涌的拆分热潮，拆分有何优势？基金拆分，到底是机遇还是挑战？

基金拆分的初衷只是基金公司为了能够持续营销的一种手段而已，由于投资者都有占便宜的心理，因此，拆分后将会引起申购量的激增，基金规模也会得到不断扩大。但拆分的基金必须是得到市场认同的绩优基金，反之，很快就会遭到赎回。

关于基金拆分

基金拆分是指在保持投资者的总资产规模不变的前提下，改变基金份额净值和基金总份额的对应关系，把一份净值较高的基金“变身”为若干份净值较低的基金，重新计算基金资产的一种方式。基金拆分的优势对申购者而言，可以让其以低价格买到绩优老基金。面对日益激烈的竞争，老基金纷纷展开拆分的持续营销策略，在基金热潮中与新基金争抢客户资源。但是毫无疑问，能够实施拆分的都是有着良好既往业绩的优质老基金，是通过了时间和市场检验的绩优品种。

在基金拆分当天，基金的价格要以拆分公告为准，一般为1.00元左右。同时从当天开始，价格会根据市场的变化有所波动，可能高于1元，也可能低于1元。基金拆分后是否存在封闭期，以各基金的公告为准。一般而言无封闭期，投资者可以于拆分后第2个工作日随时赎回基金。但是，鉴于拆分可能会吸引一定的集中申购，出于基金平稳投资运作的需要，一般在基金拆分后都会采用限量申购的方式，当达到预定规模时，该基金将暂停申购。基金份额拆分可将基金份额净值精确地调整为1元，是通过直接调整基金份额数量达到降低基金份额净值的目的，不影响基金的已实现收益、未实现利得、实收基金等会计科目及其比例关系，对投资者的权益无实质的不利影响。其实在基金拆分前后申购对投资者都没有实质性影响。不过，在拆分前买入可能更为合算。投资者看好某只基金，大可不必等到拆分的时候再买。如果在拆分日之前买入基金，有可能分享拆分日前股市上涨带来的部分收益，在拆分日投资者可以获取更多的基金份额。而且，从现在基金的销售行情来看，拆分基金很有可能采取按比例配售，但在拆分之前买入却可以不受规模上限的制约，投资者可以根据自己的资金情况和投资需要，买入自己想要投资的份额。当然，如果投资者在心理上偏好低净值的基金，觉得拆分后的基金净值对自己更有吸引力的话，可以在基金拆分当天或之后再进行申购。

举个简单的例子，假如某投资者手中持有10000份基金A，当前的基金份额净值为1.60元，则其对应的基金资产为1.60×10000=16000元。对该基金按1:1.60的比例进行拆分操作后，基金净值变为1.00元，而投资者持有的基金份额由原来的10000份变为10000×1.6=16000份，其对应的基金资产仍为1.00×16000=16000元，资产规模不发生变化。不管拆分与否，其实该投资者持有的基金总值还是没变，还是保持16000元。为什么基金公司要做拆分处理呢？按照基金公司的解释，基金拆分可以降低投资者对价格的敏感性，有利于基金持续营销，有利于改善基金份额持有人结构，对基金经理更为有效的运作资金十分有利，贯彻了基金运作的投资理念与投资哲学。

工银瑞信核心价值基金于2007年11月16日实施拆分，限量发售100亿元。工银瑞信核心价值基金成立于2005年8月31日，截至2007年9月30日，基金份额累计净值达到4.4921元，累计净值增长率超过400%。因表现优异，2007年4月，在“2006年度明星基金”评选中，本基金荣获“股票型明星基金”。之所以实施拆分，主要出于三方面的考虑：首先，是为了满足投资者购买优质老基金的需求。随着投资者对基金的了解越来越深刻，对优质老基金的青睐程度日见高涨。优秀的老基金由于净值较高而让投资者“望而却步”。因此通过拆分，来满足投资人购买优质老基金的需求。其次，通过拆分，优化基金组合和持有人结构。从长期来看，随着基金规模的扩大，基金经理可以把握拆分的时机调整优化组合，适应经济战略转型下整个行业结构的变化以及股票市场投资机会结构分化的趋势和改变。再次，扩大规模，提升投资管理空间。随着基金净值不断上涨，优质老基金申购减少，赎回在增多，导致基金规模出现萎缩，难免对基金的后续投资操作产生某些不利影响。通过拆分，优化结构，适度扩大规模，有助于提高基金的投资管理能力，为投资者带来更多的价值。同时，在拆分后，由于规模的扩大，有利于减少申购赎回对基金投资的冲击。

基金拆分与大比例的分红相比，拆分的基金不需要卖出依然看好的持有股票，可以避免因出售优质股票而踏空的风险，有利于保护现有基金持有人的利益，对基金投资的影响更小。同时与新基金相比，拆分基金不存在封闭期和建仓期，可以有效减少建仓成本。而拆分基金多是经过市场长期考验的优质老基金，能够更好地分享市场的上涨机会。同时，随着越来越多优质大盘股的上市，比如中国神华、中国石油，利用拆分带来的新增资金，基金经理可以不断地优化投资组合，从而找到更多更好的投资机会，用以提升基金的回报能力。

基金拆分，有人欢喜有人忧

2007 年 3 月份的基金拆分热潮过后，4 月份又有几只基金为这股浪潮推波助澜。截至 4 月 16 日，我国已有近 10 只基金实施了拆分。从 2006 年 7 月 17 日富国天益价值成为中国开放式基金发展史上第一只进行拆分的基金，到 2007 年 4 月 9 日的南方稳健成长二号基金，如火如荼地演绎了一场我国基金市场上狂热的拆分浪潮。

每个人都希望购买基金时能够享受到“物美价廉”的待遇，大多数投资者都有“恐高”的症状，在购买基金时，往往对价格因素非常敏感，不愿意购买份额净值较高的基金，主要原因是“基金净值高，感觉太贵，投资风险大”。而在基金拆分后，原来的投资组合不变，基金经理不变，基金份额增加，而单位份额的净值减少，就好比是股票的

"送股"，而且还可以与低净值基金进行同一水平线的竞争。实施拆分的基金，把单位净值降到1元，可以满足一些新的投资者购买低价基金的心理，争取到更多的客源。同时，老基金通过拆分实现规模增大，可以弥补新基金数量不足导致的投资需求不对称，为股市提供更多的增量资金。因此，在这层意义上，基金拆分对于投资者来说是一次购买优质老基金的大好机会。

基金拆分与新发行基金相比，占有一定的优势。在新的申购资金进入后，基金经理要根据市场情况在两周内快速建立基金仓位，并保持较高的持仓比例，相比新基金3到6个月的建仓周期，其无疑提高了投资者的机会成本。同时，投资者在老基金拆分前后都可以随时申购赎回，不受新基金发行期和封闭期的限制，而且拆分前投资者持有的基金份额占基金份额总数的比例不会发生变化，同时，拆分对基金持有人的收益也不会产生多大的影响。

对于基金公司，拆分基金可以说是"机遇与挑战并存"。选择实施拆分的基金，一般都是基金公司旗下的绩优旗舰基金，且规模中等偏低。基金拆分还充分显示了强大的募集能力。

第一只基金拆分是富国天益基金，其实施拆分后，规模由拆分前的6.09亿份增加到38.86亿份，其资产涨幅6倍多；大成精选增值基金的资产规模拆分前不足10亿扩充到90多亿份，其资产涨幅10倍多。由于基金拆分引来了巨量申购，交银精选做出了拆分后将规模控制在100亿份的承诺。随后实施拆分的景顺长城优选、招商优质成长、宝康消费品、建信恒久价值、国投瑞银创新动力、南方稳健成长2号等基金，为防止昔日的巨量申购，真正保护投资者的利益，也都开始赶时髦，做出了"限量申购，比例确认"等承诺。基金拆分扩大了基金的资产规模，壮大了基金公司的资金实力，对基金公司的发展提供一个更大的舞台。同时，基金拆分也是对基金公司一个巨大的考验。这主要是对基金经理的一个莫大挑战，基金经理基本适应与规模相匹配的投资风格，小规模基金的灵活优势被业内普遍认同。一旦由一个"小盘子"变成一个"大盘子"可能会有一个过渡的过程，基金经理可能会出现某种不适应，原持有人的利益可能会受到一定影响。但是，基金拆分的决定权又不在于原持有人。所以，原持有人惧怕听到基金拆分的消息。原持有人只能被动地接受基金拆分。若拆分后业绩不佳，只能无奈用脚投票，选择赎回。面对机遇和挑战并存的局面，基金公司只有始终坚持以投资者利益最大化的理念为指导，积极地去应对市场风险，努力做好业绩，从而尽可能多地为投资者创造收益。

基金拆分确实为投资者提供了一个良好的投资机会，但是投资者要想获得收益应该树立长期投资的习惯和理念。投资者在介入拆分基金之前，一定要明确风险，找到适合自己投资风格的基金才是最重要的。投资者在选择基金品种的时候，除了大家所应关注的过往业绩、基金公司实力、基金管理团队外，还要考察该基金的收益率。市场风险不断加大，对每个投资者来说，基金公司的风险控制能力才是首先应该考虑的问题。所以，投资者应当全面考虑拆分基金的方方面面，从而做出理性的投资决策，避免盲目跟风。

然而，出人意料的是，基金公司如愿以偿地通过拆分将基金规模做上去之后，基金的业绩却下来了。晨星最早拆分的四只四星级基金有三只下降为三星级，一只则迅速降为两星级。另外，拆分后的基金大多规模较大。而统计显示，大基金的业绩比小基金平均低20%－30%，绩优基金在拆分后由于规模过于宏大，以致很难再现昔日的风光。

当初在富国天益实施拆分时，主要是为了解决基金高净值与资产规模过小之间的矛盾，使更多的投资者能够享受到优秀基金经理的理财服务。拆分前富国天益是典型的“一流的业绩，三流的规模”。但后来的拆分明显偏离了这个初衷，不管基金业绩好不好都要拿来拆一拆，令人困惑的是，一些规模适中的基金也来凑热闹。同时，规模扩张过大的拆分也会对老持有人的利益造成损害，因为，老持有人如果不同意拆分，只能选择赎回，这时必定得向基金公司支付赎回费；而如果愿意拆分，老持有人则将面临收益下降的风险。

拆分热潮在一定程度上，可以说是由于渠道积极推动的结果。在新基金发行节奏明显放缓的情况下，渠道不愿意自己的资源闲置，加上投资者的投资热情高涨，托管行急欲趁机扩大托管规模，基金公司也愿意趁着好行情扩大规模。并且，拆分只需经过管理层批准，而不需要召开持有人大会进行投票表决，由于拆分在程序上十分简单，所以被很多基金公司竞相采用。

基金拆分其实只是基金公司利用人们爱买便宜基金的心理，通过拆分迅速扩大规模，从而达到多提取一些管理费的目的。而拆分后规模的扩张，对于基金公司的管理能力、基金经理的投资能力以及老持有者的利益，都是一个巨大的挑战。因此，不管在什么样的行情下，基金拆分都会对基金后市的表现造成巨大的压力。

基金拆分，谁瘦谁肥，可想而知！坚守初衷，正常经营，肯定会有一个圆满的结局！否则，只能是“赔了夫人又折兵”，事与愿违！

6. 防毫厘之失，积跬步之功

古语说：“不积跬步，无以至千里；差之毫厘，谬以千里。”这句话对基金投资来说，至关重要！

一些投资者因为对基金不了解，而且没有一定的投资理财知识，在申购（认购）基金时较为随意，仅仅因为别人的推荐或者看到别人这么做就轻易的跟风购买，而没有对基金有系统的了解和分析。同样是股票型基金，资产配置差不多，风格也几乎相同，有的基金不管是短期的业绩，还是最近一年、最近两年或者更长时期的业绩都非常优异，表现出良好的稳定性和业绩的持续性，有的却没有如此好的业绩。

2006年至2007年，随着股市的好转，基金也得到了较大的发展，不仅基金的数量突破200只（开放式），而且总的规模是越来越大，同时，基金的风格也越来越丰富。从大的方面来说，基金可分为五种类型：股票型、债券型、配置型、保本型、货币型；或者按照所投资股票的特征可分为价值型、收益型、成长型等；同时一些创新的品种，如ETF、LOF产生得到了较大的发展。每一种风格的基金其投资的范围、目标、策略等都不尽相同，这些都可能在基金的业绩上显示出来。作为一个投资者，一方面要看基金的业绩，还不能忽略基金的风格，也就是说，收益高的基金不一定就比收益低的基金好，因为即使某只基金表现好，也不一定适合任何投资者。投资者应根据自身的财务状况，风险偏好和风险承受能力，预期收益目标，投资金额、投资期限等因素出发，对基金的安全性、收益性、流动性等方面做综合权衡，来选择最适合的基金。

基金投资需要精打细算

投资基金的目的就是赚钱，这需从节省申、购、赎回费用等开支起步。只有选择一个好的投资组合，并且坚持长期持有，才能获得不错的收益。

俗话说：“会赚钱还要会省钱”。所以投资基金一定要精打细算，因为投资基金是需要费用的，这些费用包括认购费、申购费和赎回费等。

基金投资人在基金发行募集期内购买基金单位时所交纳的手续费称为认购费；申购费则是指投资人购买基金单位需支付的费用，主要用于向基金销售机构支付销售费用和其他营销支出。申购费有两种支付方法，可在投资人购买基金单位时支付，即前端申购费，也可以在投资人卖出基金单位时收取，即后端申购费，其费率一般按持有期限递减。而赎回费则是指投资人在卖出基金单位时所支付的费用。赎回费与后端申购费不同，后端申购费属于销售佣金，赎回费则是针对赎回行为收取的费用。后端申购费的收入由基金管理公司所支配，而赎回费收入归基金投资人所有。

例如一投资者投资10000元申购某开放式基金10000份，申购费为2.0%，其申购费用就是200元。按基金平均年收益率10%计算，该投资者投资满一年时赎回，赎回当日基金净值为1.1元，假设该基金赎回费率是0.5%，该投资者应交纳赎回费用55元。可以得出，投资10000

元满一年的收益是1000元，再减去255元的申购赎回手续费，投资者可净赚745元。

但是，如果该投资者将此10000元一年内申购赎回4次，在基金单位初始净值、申购费率和赎回费率相同的情况下，就要求该投资者4次投资的累计收益率达到15%左右才能赚到745元，这无疑加大了赚钱的难度。

在一个成熟的、理性的市场，基金投资人必须以长期投资作为理念，注意基金费用的高低，尤其是长期运作费用对长期收益率影响重大，即使是丝毫的长期费用差异也会因复利效应引起巨大的长期收益差异，正所谓“差之毫厘，谬以千里”。

很多基金都忙着“现金分红”，实际上还有“红利再投资”这一分红方式。基金的红利再投资是将分得的红利，按照权益登记日的净值，直接用于申购该基金。因为红利再投资可以免除申购费用，所以可以降低申购成本。

从表面上看，虽然1%-1.5%的申购费率看似不高，但对长期投资而言，考虑到复利效应，细微的费用差异将能引起长期收益的巨大差距。

从另一个方面来讲，在股市好的行情下，红利部分晚一步参与投资，就晚一步享受基金净值上涨的收益。而选择红利再投资，就可以在分红当天实现“利滚利”。所以红利再投资是一个不错的中长期投资的省钱法子。俗话说“不积跬步，无以至千里”，固定收益投资是低风险低收益的投资，争取的是低波动的、长期的、稳定的投资回报率。

基金投资要注意风险的控制

基金投资是固定收益投资，固定收益投资对于风险控制的要求更加严格，必须时刻控制好各类风险，利率风险、信用风险、流动性风险以及交易风险。

基金最终的风险性和收益率的高低是由投资方向决定的，也许从表面上来看差别不大，但在实际上却有着很多的悬殊。如有一款股票型基金，其累计净值增长率超过164%，这一数据非常吸引投资者的目光，但是同时也应该看到高收益背后所隐藏的高风险。但是，作为投资者也不能因噎废食般地排斥所有的高风险投资，货币型基金是保险一点，但收益率比银行存款利息也高不出多少，达不到真正理财的目的。

所以，作为投资者在选择基金的时候最好做一下分配，制定一种与自己财产状况相符的投资比例，从而达到一种真正理财的效果。

重视基金投资中的“细节”

基金投资是一件简单的事情，同时也是一件复杂的事情。简单的是，其交易方式环节少，只涉及申购、赎回，并享受从申购到赎回中产生的收益；复杂的是，优选基金并观察基金净值的变化。投资基金既简单，又复杂，但一个都不能少。这是因为所有基金投资的收益和损失，基金营销的成败和得失，都与这简单和复杂有关。

从投资基金的简单方面来看，基金的购买方法有认购和申购之分。投资者对一只基金产品的建仓期充满信心，享受一次新股中签的感受和愉悦，可以选择在基金认购时买入。而对基金的建仓期收益不确定，可选择基金认购的方式。在基金投资中，收益都隐藏在这“细节”之中。

如果购买一家基金管理公司旗下的多只不同类型的基金，可以根据基金配置品种的市场变化，进行同一家基金管理公司不同类基金产品之间的转换，这样不但可以起到灵活投资的目的，还可以减少不必要的申购、赎回费用。当然，这也是“细节”在起作用。

另外，注重基金投资理念中的“细节”，还能产生基金投资中的额外收益。基金产品的申购、赎回费率是比较高的，特别是持有基金产品的时间越短，基金的申购、赎回费率就越高。为此，基金管理公司开发了保本型的基金产品和设置了不同的费率标准。投资者只要坚持长期投资理念购买基金产品，不但可以享受到较低的费率，还能享受到避险期内免除费率的优惠。由于基金投资没有额度的限制，只要投资者有长期的投资理念，就算没有强大资金支持，同样可以实现高于基金产品本身运作所带来的高收益。

以投资基金的复杂方面来讲。基金投资简单之法中的“细节”是指基金营销中的费率精计算、巧节省。但这些在基金购买过程中，充其量是赚些基金投资的小钱，在基金运作业绩不佳的情况下，降低一些损失。但如果想要真正捕捉基金中的“黑马”，分享由基金净值的高增长而带来的高收益，还需要把握基金投资中的复杂方面。

一是选择优秀的基金管理公司。优秀的基金管理公司不但内控制度健全，经营业绩稳健，而且基金运作水平高，社会信誉度高，给投资者的分红回报多。特别是一些综合管理能力很强的基金管理公司，如果一只基金因市场因素影响业绩时，投资者可以在节省费用的前提下进行基金产品之间的转换，起到一箭双雕的作用。

二是要时刻关注基金的净值变动。基金的净值变动与其配置资产相关市场的联动影响极大。投资者通过基金净值增长的结果，观察和了解基金净值变化的过程，特别是基金配置品种的收益变化，对“高抛低吸”赚取基金差价也是很有帮助的，特别是净值出现剧烈波动时，购买股票型基金是比较适宜的。这就是投资基金中必须注意的复杂“细节”。

“细节”往往从某种程度上可以决定一件事情的成败，在基金投资中只有注意“细节”，才可以“防毫厘之失，积跬步之功”。

基金的投资是件既简单又复杂的事情，若想操作自如，在投资过程中，就要精细打算，对投资的风险进行严格的控制，并且能够注意到一些投资的“细节”。为什么会出现那么多的富豪？为什么他们就能够拥有人们无法估量的财富？其实他们能够拥有财富的关键原因就在于他们懂得投资的方法，能够做到理性投资。如果在投资基金的过程中，你能够做到“防毫厘之失，积跬步之功”，那么你离成为富豪就不远了。

做一个“防毫厘之失，积跬步之功”的理性投资者，成就你的富豪之梦！

读后感言

《货币战争》的问世给我们带来的惟一感受就是震憾。他以特立独行的方式让人们深深地记在了心里，而主要的并不是其恢弘的气势，真正提高档次的却是其内容。真实、可读、独到、大气配合的近乎完美！

是的，正如书中所说：“钱是个好东西，没有人能离开它。多少人在钱的驱动下，杀人越货；多少人在钱的驱动下，背信弃义，不顾廉耻；又有多少人，常年资助贫困失学儿童；又有多少人，别人有难，慷慨解囊……在公平正义和阴谋诡计之间，在高尚与卑鄙之间，”金钱“究竟会偏向于谁？”

《货币战争》彻底颠覆了我们以往的认识，让我们突然意识到看似平静的空间表象下还隐藏着如此浩大的无烟战争！相信看过《货币战争》的人都会在意犹味尽之余为诸多的财富故事所折服。在这里，我们暂不论它在同类书中带来了多大的冲击，仅对很多人命运的改变就足以证明其不凡。

相信很多人都会觉得《货币战争》已达到了巅峰，若想有所超越必是难事。然而这是一部金融方面比较专业的普及著作。对于大众来说，虽然该书揭露了一些东西，但是更实际的一些东西还没有说明，例如：谁在发行股票？谁在购买股票？是字面游戏还是金钱战争？谁在挥手上亿元？谁在一毛毛地数？一滴汗到底值多少钱？股市到底能走到哪？为什么股市大跌不止？基金为什么把那么多人都忽悠了？

就在这个问题解决不了的时候，王宇先生的著作《金钱战争》出现了。而这一次，《金钱战争》又以一种登峰造极的姿态让人们大大跌破了眼镜。在当今这个高消费的时代，如何把钱收入自己的囊中，成为每个不同阶层的人的共同目标。《金钱战争——破译富豪赚钱的“数字”游戏》，不得不承认这十几个文字组合而成的句子像是一顿迎合众人口味的美味，诱人的同时又如此的贴心。

在惊叹和喜爱的同时，也许会有另一种感受萦绕脑际，从《货币战争》到《金钱战争》，这两种脱颖而出的蜕变是为何如此打动人呢？

仅从其封面我们就可以隐约找到一些答案，“星斗棋盘的经济时代，波云诡谲的经济风波，谁能翻云覆雨？股市风云变幻，到底是谁在主导？牛市、熊市，只有谁才不会被套？银行大街小街密布，是谁能通过它呼风唤雨？”在读完《金钱战争》一书后，你会发现，这是一个创造人生奇迹的机遇，它揭示了富豪不为人知的创富内幕。在读着书中犀利而生动的文字之时，你会有一种身临战场的感觉。在你淋漓畅快地游走在真实创富故事的同时，书中也在为你的创富之路提供着财富箴言，致富之梦马上会变为现实！

人要生活就离不开金钱，世上有金钱，就注定关于金钱的游戏会无休止地继续下去。《金钱战争》为人们解答了在金钱与数字的游戏中，富豪是如何呼风唤雨的，他们又是如何打赢了这场没有硝烟的战争的……等一系列问题。而《金钱战争》也告诉我们，人生需要有大智慧，赚钱同样需要有大智慧！告诉我们富豪是用脑袋实现了创富道路上的一种飞跃，这也是富翁队伍中一道独特的风景，也是每一个想成为富豪的人值得学习的地方。

《货币战争》和《金钱战争》有着异曲同工之妙，但却有着各自的精彩。它们除了给我们带来无尽的感动之外，更多的却是无形的财富。

在如今的市场经济环境下，一些勿视质量、给人带来负面影响的书比比皆是，有几本真正的好书实属凤毛麟角。因此，《货币战争》和《金钱战争》让人们的心为之一震，也摧毁了人们以往的财富心理、以无可媲美的本质稳居了人们的生活。翻完《金钱战争》这本书，让我终于明白：从房产到股市，原来一切都远没有我们所想的那么简单。一个穷小子能摇身一变，成为一位众人仰望的身价百亿的富豪，这并非靠运气，也远非好运气那么简单。

每读一次都会给你带来震撼，每读一次都会将你推上一个人生高度。